.

Hans Günter Gassen

# Mörderisches Erbe

Wie das Böse in unsere Köpfe kam

Hans Günter Gassen

# Mörderisches Erbe

Wie das Böse in unsere Köpfe kam

Die Deutsche Nationalbibliothek verzeichnet diese
Publikation in der Deutschen Nationalbibliografie;
detaillierte bibliografische Daten sind im Internet über
http://dnb.d-nb.de abrufbar.

© 2013 by WBG (Wissenschaftliche Buchgesellschaft), Darmstadt
Die Herausgabe des Werkes wurde durch die Vereinsmitglieder
der WBG ermöglicht.
Satz: Lohse Design, Heppenheim
Redaktion: Christiane Martin, Köln
Einbandabbildung: Mann mit großem Messer
© gebphotography – Fotolia.com
Einbandgestaltung: Peter Lohse, Heppenheim
Gedruckt auf säurefreiem und alterungsbeständigem Papier
Printed in Germany

Besuchen Sie uns im Internet: www.wbg-wissenverbindet.de

ISBN 978-3-534-25614-3

Die Buchhandelsausgabe erscheint beim Primus Verlag
Einbandabbildung: © picture-alliance/chromorange
Einbandgestaltung: Christian Hahn, Frankfurt a. M.
ISBN 978-3-86312-374-1
www.primusverlag.de

Elektronisch sind folgende Ausgaben erhältlich:
eBook (PDF): 978-3-534-73712-3 (für Mitglieder der WBG)
eBook (epub): 978-3-534-73713-0 (für Mitglieder der WBG)
eBook (PDF): 978-3-86312-930-9 (Buchhandel)
eBook (epub): 978-3-86312-931-6 (Buchhandel)

# Inhaltsverzeichnis

# Vorwort

Im Jahre 1938 geboren und in der Nachkriegszeit erzogen, war ich der festen Meinung, dass sich Vergleichbares wie die „Rampe" in Auschwitz, die Brandnacht in Dresden und der millionenfache Mord an Wehrlosen in Russland nicht wiederholen könnten. Nach den Erfahrungen des Zweiten Weltkriegs sei die Menschheit gegen solche sinnlosen Verbrechen gefeit, so glaubte ich.

Der Vietnamkrieg, der Völkermord an den Tutsi, das Massaker in Srebrenica und nicht zuletzt die aktuellen religiös motivierten Selbstmordanschläge haben diese Hoffnung zunichtegemacht. Das Töten aus Habgier, aus religiösem Fanatismus oder aus schierer Lust am Morden scheint wie der Überlebenswille des Individuums zur menschlichen Natur zu gehören.

Die Erziehung von Kindern und Jugendlichen zur friedlichen Konfliktlösung und zur Achtung der Würde aller Menschen mag Umfang und Häufigkeit des Tötens reduzieren, aber Historie und Gegenwart lehren uns, dass individuelle Gewaltanwendung wie legalisiertes Töten zum Alltag menschlicher Gesellschaften gehört. Eine Suche nach Gründen für solches Handeln führt auch zu der Frage, ob möglicherweise Erfahrungen aus der Frühzeit der Menschwerdung, als beim Überlebenskampf noch jedes Mittel recht war, um die eigene Population zu erhalten, so in unserem Gehirn gespeichert sind, dass sie heute noch unser alltägliches Leben bestimmen. Leben wir also in einer hoch technisierten Welt, in der das Verhalten der Individuen einer Gesellschaft durch die Lebensweise prähistorischer Sippen bestimmt wird?

Der Verdacht liegt nahe, dass das Töten von Mitgliedern der eigenen Art ein Teil unseres biologischen Erbes ist und damit als Handlungsanweisung entweder in unseren Genen oder in unserem Gehirn oder in beiden nicht löschbar verankert ist. Deshalb gilt es in jene Zeit der Evolution der Menschen zurückzublicken, als das heute Verwerfliche noch das Notwendige war.

Man sollte sich nicht der Illusion hingeben, dass Menschen als moralisch „Gute" geboren werden und es lebenslang bleiben. Die von unseren Ahnen übernommene „Erbsünde" kann nicht gelöscht werden und der Daseinskampf verringert oft gutes Wollen. Ohne Wehrhaftigkeit gibt es keine Durchsetzung der Menschenrechte, ohne Schutz vor Angst und Verfolgung keine Freiheit. So werden wir auch weiterhin unsere Feinde erkennen und bekämpfen müssen, damit jene, die sich zur unteilbaren Würde eines jeden Menschen bekennen, in Freiheit und Glück leben können.

*Hans Günter Gassen, Reinheim, im Frühjahr 2013*

# 1.

## Vom Urknall zu intelligenten Lebewesen – Zufall oder Notwendigkeit?

Sind wir als Menschen überhebliche Egozentriker, wenn wir darüber nachdenken, ob die Erschaffung des Universums nur das Ziel hatte, Menschen als vernunftbegabte Wesen hervorzubringen? Falls wir diese Frage bejahen, würden wir in einer gewollten Welt leben und wir müssten uns fragen, wer der Auftraggeber zur Erschaffung unserer belebten Welt war. Gleichzeitig kann aber niemand die naturwissenschaftlichen Befunde negieren, nach deren Daten die Entstehung des Universums ein rein zufälliges Ereignis war. Wenn wir ganz puristisch sind, so sind wir alle aus Sternenstaub gemacht, der vor 14 Milliarden Jahren aus dem Nichts in einer gewaltigen Explosion entstand.

Blicken wir in sternenklaren Nächten zum Himmel empor und sehen Tausende von Sternen als Leuchtpunkte in einem ansonsten schwarzen Firmament, so schwanken wir zwischen Begreifen-Wollen und heiligem Schaudern. Denn das Funkeln der Sterne, zum Beispiel aus einem Sternbild wie dem „Großen Wagen", erreicht uns erst nach Milliarden von Lichtjahren und hat in dieser Zeit eine ebenso lange Strecke zurückgelegt. Unvorstellbare Zeiten und Distanzen für Menschen, die in Jahren oder Lebensaltern denken.

# Mit dem Urknall entstand das Universum

Das Universum begann mit dem Urknall vor etwa 14 Milliarden Jahren. Zur Zeit Null wurde ein Energieäquivalent der Masse von 10 000 Milliarden mal Milliarden mal Milliarden Sonnen in einem einzigen Augenblick, das heißt in $5 \cdot 10^{-44}$ Sekunden freigesetzt. Das Entstehen von Zeit, Raum und Materie aus einem Zentrum unendlich großer Energie ist zwar von den physikalischen Daten her einsehbar, bleibt uns aber als Ereignis unverständlich. Man bezeichnet den Zustand vor dem Urknall als Singularität: ein Zustand unendlich großer Dichte in einem unendlich kleinen Volumen, auf den die heute gültigen physikalischen Gesetze nicht anwendbar sind. Somit kann die Frage, was vor dem Urknall war, prinzipiell nicht beantwortet werden, da es weder Zeit noch Raum gab. Erst mit dem Urknall entstanden Materie, Raum und Zeit. In der ersten Phase der Weltallentstehung wird ein Teil der Energie in Materie verwandelt. Erst danach erlangen physikalische Gesetze wie die Massenanziehung, die Schwerkraft und die Zentrifugalkraft ihre Geltung und bestimmen die Gestaltung des Universums.

Nach einer Million Jahren nach dem Urknall geriet die Materie stärker unter den Einfluss der Gravitation und es bildeten sich großräumige Strukturen. Zuerst entstanden sogenannte Halos aus dunkler Materie, in denen sich die für uns sichtbare Materie sammelte. Als sich die Gaswolken verdichteten und kollabierten, bildeten sich die ersten Sterne. Diese waren wesentlich massenreicher als unsere Sonne, sodass sie sehr heiß waren und sich im Inneren hohe Drucke bildeten. Bedingt durch Hitze und Druck wurden die Elemente wie Kohlenstoff, Sauerstoff und Eisen durch Kernfusion erzeugt. Wegen ihrer großen Masse war die Lebensdauer dieser Sterne mit 3 Millionen bis 10 Millionen Jahren relativ kurz; sie explodierten in einer Supernova. Während der Explosion wurden durch Neutroneneinfang schwerere Elemente als Eisen wie zum Beispiel Uran gebildet, die in den interstellaren Raum gelangten. Weiterhin verdichtete der Explosionsdruck angrenzende Gaswolken, sodass neue Sterne entstanden. Da mit Metallen angereicherte Gaswolken schneller auskühlen, bildeten sich massenärmere und kleinere Sterne mit schwächerer Leuchtkraft, aber längerer Lebensdauer. Nach und nach bildeten die Sterne zuerst Kugelhaufen und im Weiteren Galaxien.

Nach dem Urknall verteilten sich Wasserstoff- und Heliumatome nicht wie ein ideales Gas im verfügbaren, sich expandierenden Raum, sondern es entstanden lokale Verdichtungen, die wohl die Vorläufer der heutigen Galaxien waren. Durch den Druck der sich verdichteten Gasmassen im Zentrum dieser Bereiche stiegen Druck und Temperatur derart an, dass sich das Gas zum Plasma (Gas, das nur aus geladenen Teilchen, aus Ionen besteht) verdichtete und daraus ein massenreicher Stern wurde. In seinem Kern fusionierten Wasserstoffkerne zu Heliumkernen. Das entstandene Helium verdichtete sich dann zu höheren Elementen wie Kohlenstoff, Sauerstoff und Stickstoff. Bei jedem dieser Fusionsprozesse wird hinreichend Energie freigesetzt, sodass immer schwerere Elemente bis zur Stufe des Eisens gebildet werden. Die übrigen 66 natürlich vorkommenden Elemente bis hin zum Uran mit einer Ordnungszahl von 92 entstehen bei Supernova-Explosionen extrem massereicher Sterne. Der Lebenszyklus eines jeden Sterns endet in einer Supernova-Explosion. Die Überreste verteilen sich im interstellaren Gas, reichern sich mit schweren Elementen an, verdichten sich und bilden einen neuen Stern.

Unser Sonnensystem ist Teil der Milchstraße, einer Galaxie, die mehrere 100 Milliarden Sonnensysteme enthält und einen Durchmesser von 100 000 Lichtjahren aufweist. Die Milchstraße gehört wiederum zu einem Haufen weiterer Galaxien, der sogenannten lokalen Gruppe. Die lokale Gruppe ist Bestandteil eines Galaxien-Superhaufens, von denen es im Universum eine große Zahl gibt. Unsere nächste große Nachbargalaxie ist der Andromedanebel. Er ist 2,2 Millionen Lichtjahre entfernt und besitzt einen Durchmesser von 200 000 Lichtjahren.

## Die Entstehung des Sonnensystems

Die zurzeit gängige Theorie der Entstehung des Sonnensystems basiert auf der Kant'schen Nebularhypothese, nach der alle großen Himmelskörper etwa zeitgleich aus einer rotierenden Wolke aus Gas und Staub entstanden sind. Die Idee der Urwolke hatte der Philosoph Immanuel Kant 1755 in seinem Werk „Allgemeine Naturgeschichte und Theorie des Himmels" formuliert. Vor etwa 4,7 Milliarden Jahren bewegte sich anstelle unseres Sonnensystems eine ausgedehnte Materiewolke um ein gemeinsames Zentrum innerhalb des Milchstraßensystems. Die Wolke bestand zu über 99 Prozent aus den Gasen Wasserstoff und Helium sowie einem geringen Anteil winziger Teilchen, die sich aus schweren Elementen wie Eisen und Verbindungen wie Wasser, Kohlendioxid, Ammoniak und Stickstoffverbindungen zusammensetzten.

Vor rund 4,6 Milliarden Jahren wurde dann unser Sonnensystem geboren, neun große Körper, die um einen riesigen Gasstern kreisen. Es umfasst die Sonne, die sie umkreisenden Planeten und deren natürliche Satelliten, die Zwergplaneten sowie andere Kleinkörper wie Kometen und Asteroiden und alle Gas- und Staubteilchen, die durch die Anziehung der Sonne in einer himmelsmechanischen Ordnung zusammengehalten werden. Die Sonne ist ein ganz normaler Fixstern, wie die anderen Sterne, die wir am Nachthimmel beobachten können.

Eine mit Wasserstoff gefüllte Blase mit einer Größe von 200 mal 600 Lichtjahren bewirkt, dass die Region um unser Sonnensystem weitgehend frei von galaktischem Staub ist. Durch diese Blase werden Meteoriten von der Erde ferngehalten.

In Sonnennähe kondensierten schwerflüchtige Elemente und Verbindungen, während leichtflüchtige Gase durch den Sonnenwind weggerissen wurden. So entstanden die inneren Planeten wie Merkur, Venus, Erde und Mars mit festen silikatischen Oberflächen. In den kälteren Außenregionen konnten die entstehenden Planeten auch leichtflüchtige Gase wie Wasserstoff, Helium und Methan festhalten. Es bildeten sich die Gassterne Jupiter, Saturn, Uranus und Neptun. Ein Teil der Materie, der nicht von den Planeten eingefangen wurde, verdichtete sich zu kleineren Objekten, den Kometen und Asteroiden.

Die Sonne macht 99,86 Prozent der Gesamtmasse des Systems aus. Ihr Durchmesser beträgt 1,39 Millionen Kilometer, das entspricht 1,3 Millionen Erdkugeln, womit sie bei Weitem größer als alle anderen Objekte im System ist. Sie besteht fast ausschließlich aus Wasserstoff und Helium. Die Sonne ist im Inneren etwa 15 Millionen und an der Peripherie immerhin noch 5500 Grad Celsius heiß.

## Unser blauer Planet

Die Erde wird meistens als Kugel bezeichnet, ist aber ein an den Polen abgeflachtes Ellipsoid, das man als Geoid bezeichnet. Der Äquatorradius beträgt 6378 Kilometer, der Äquatorumfang 40 076 Kilometer. Die Erde hat eine Masse von $6 \cdot 10^{24}$ Kilogramm.

Da die Erdoberfläche zu 70 Prozent mit Wasser bedeckt ist, erscheint die Erde aus dem Weltall als strahlend blauer Planet. Für die 940 Millionen Kilometer lange Strecke um die Sonne benötigt die Erde ein wenig mehr als 365 Tage. Die Rotationsachse der Erde steht nicht senkrecht auf ihrer Umlaufbahnebene, sondern bildet mit ihr einen Winkel von 66 Grad. Diese Neigung ist die Ursache für die Jahreszeiten und ferner dafür, dass

| Die Erdzeitalter | Zeitspanne | Dauer |
| --- | --- | --- |
| Hadaikum | 4,6 Mrd. bis 4,0 Mrd. Jahre | 600 Mio. Jahre |
| Archaikum | 4,0 Mrd. bis 2,5 Mrd. Jahre | 1,5 Mrd. Jahre |
| Proterozoikum | 2,5 Mrd. bis 542 Mio. Jahre | 1,958 Mrd. Jahre |
| Phanerozoikum | 542 Mio. bis 0 Jahre | 542 Mio. Jahre |

**1.1** Übersicht über die Erdzeitalter vom Entstehen der Erde bis heute.

Tage und Nächte nicht gleich lang sind. Der sich dadurch ändernde Einfallswinkel der Sonnenstrahlen bedingt sowohl den Wechsel der Jahreszeiten als auch die klimatischen Schwankungen. Die Erdoberfläche zeichnet sich durch eine große Varietät an einzigartigen Landschaften aus. Sie ist Heimat für etwa 2 Milliarden unterschiedliche Lebewesen, darunter Mikroorganismen, Pflanzen und Tiere wie auch Menschen. Während es vor einer Million Jahren mehr Affen als Menschen gab, haben sich die Menschen in den letzten 100 Jahren explosionsartig auf mittlerweile 7 Milliarden vermehrt. Sie verteilen sich auf eine nur teilweise bewohnbare Landfläche von 149 Millionen Quadratkilometern.

Im Hadaikum, vor 4,6 bis 4,0 Milliarden Jahren, besaß die Erde noch keine feste Oberfläche. Die Masse des ursprünglichen Protoplaneten wuchs durch Einschläge von Körpern aus dem Sonnensystem, welche die Erde aufgrund ihrer großen Masse anzog. Eine besonders mächtige Kollision ereignete sich vor 4,5 Milliarden Jahren mit dem Protoplaneten Theia. Zum Glück streifte Theia nur die Erde; ein zentraler Treffer hätte das Aus für unseren blauen Planeten bedeutet. Nach der Kollisionstheorie soll sich aus den Trümmern der Kontrahenten der Mond geformt haben. Die frühe Atmosphäre wie die zahlreichen Einschläge großer, glühend heißer Meteoriten verhinderten das schnelle Abkühlen der Erdkruste. Ein zu schnelles Erkalten der Oberfläche hätte den Erdball aufgrund der hohen Temperaturdifferenz zum flüssigen Erdkern zum Explodieren gebracht. Vor 3,8 bis 2,5 Milliarden Jahren sank dann die Temperatur der Oberfläche auf unter 100 Grad Celsius und die Erdkruste verfestigte sich zunehmend.

Die Erde ist konzentrisch schalenförmig aufgebaut. Auf einen Kern mit einem Radius von 3470 Kilometern folgt der 2850 Kilometer mächtige Mantel, darüber liegt die Kruste. Diese misst im Bereich der Kontinente 30 bis 40, in dem der Ozeane knapp 10 Kilometer. Die Kruste bildet mit

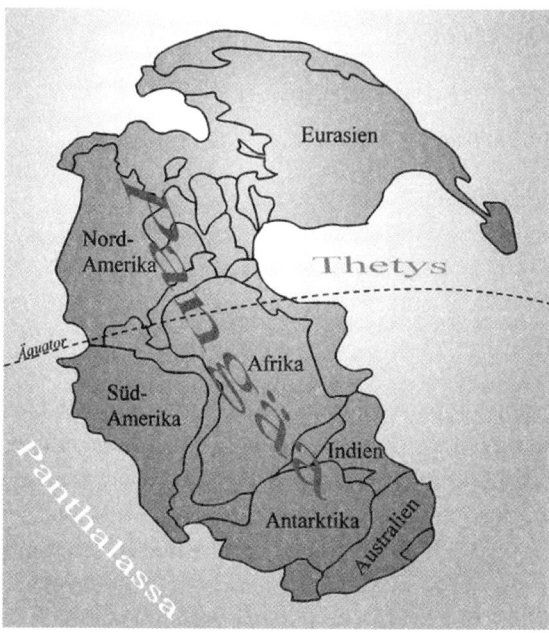

**1.2** Die Lage der Kontinente während des geologischen Zeitalters des Perm vor etwa 280 Millionen Jahren.

den obersten 70 Kilometern des Mantels die feste und starre Lithosphäre. Sie besteht aus acht größeren und vielen kleineren gegeneinander verschiebbaren Platten, die auf der zähflüssigen darunterliegenden Asthenosphäre, einem Bestandteil des Mantels, schwimmen. Sie formieren unter anderem die Kontinente, die sich allerdings in ihrer Lage zueinander ständig verändern.

Als Verursacher der Platten- bzw. Kontinentalverschiebung werden aufsteigende, vom Erdmantel ausgehende Konvektionsströme angesehen. Die Geschwindigkeit der Plattenbewegung reicht von Millimetern bis zu über 10 Zentimetern pro Jahr. Die Verschiebung der Platten gegeneinander ist die Ursache für häufige Erd- und Seebeben in Regionen, in denen sich die Platten übereinanderschieben.

Durch konvergente Plattenbewegungen entstehen Gebirge im Sinne lang gestreckter tektonisch deformierter Krustenbereiche. Die bedeutendste Gebirgsbildung des Känozoikums war die sogenannte alpidische Gebirgsbildung. Der entstandene Gebirgsgürtel erstreckt sich von den Pyrenäen über die Alpen, die Karpaten und die Türkei bis hin zum Himalaya. Diese Auffaltungen sind mitbestimmend für die klimatischen Bedingungen auf der Erdoberfläche.

# Die Entstehung der Erdatmosphäre

Die Entstehung der heutigen Atmosphäre lässt sich in mehrere Abschnitte unterteilen. Die erste Gashülle, die Uratmosphäre, bestand aus Wasserstoff und Helium sowie aus etwas Methan und Ammoniak. Diese Hülle war jedoch aufgrund der geringen Erdanziehung und der schnellen Erdrotation nur schwach an den Planeten gebunden. So konnte ein starker Sonnenwind die dünne Atmosphäre beseitigen. Dazu kam die hohe Temperatur, die durch Meteoriteneinschläge und den Zerfall von radioaktiven Substanzen hervorgerufen wurde.

Vor etwa 4 Milliarden Jahren dürfte die Erdatmosphäre zu 80 Prozent aus Wasserdampf, zu 10 Prozent aus Kohlendioxid und zu 5 Prozent aus Schwefeldioxid mit Spuren von Stickstoff, Kohlenmonoxid und Wasserstoff bestanden haben. Stoffe wie Schwefeldioxid sind vulkanische Produkte, wie sie auch heute noch in die Atmosphäre abgegeben werden. Der hohe Anteil des Wasserdampfs ist das Resultat der hohen Temperatur in der Atmosphäre. Deshalb gab es zu dieser Zeit auch noch kein flüssiges Wasser auf der Erde.

Nachdem die Erde ausreichend abgekühlt war, kam es zu einem 40 000 Jahre während den Dauerregen, der die Vertiefungen auf der Oberfläche mit Wasser füllte; die Ozeane entstanden. Die Herkunft des Wassers ist ungewiss. Ein Teil entstammt dem Magma, also dem Erdinneren, ein Teil kam mit Kometen und Asteroiden.

Viele der in der Atmosphäre vorhandenen Gase wie zum Beispiel Kohlendioxid lösten sich im Wasser der Ozeane und bildeten die Karbonate als schwerlösliche Salze. Weiterhin erhöhten im Wasser lebende Bakterien den Gehalt an Stickstoff und Methan. Da aber Stickstoff mit nichts reagiert und sich nicht in Wasser löst, ging er vom Wasser in die Atmosphäre über.

Im Proterozoikum änderte sich die Zusammensetzung der Atmosphäre in Richtung Lebensentstehung. Die Anreicherung mit Sauerstoff spielte die wichtigste Rolle bei der Entstehung von höherem Leben. Der größte Teil des Sauerstoffs wurde durch im Meer lebende Cyanobakterien mittels der Fotosynthese aus Wasser produziert. Der in den Ozeanen verfügbare Sauerstoff wurde aber zuerst zur Oxidation der im Meer gelösten Stoffe verbraucht. Gelöste Eisenionen wurden zu unlöslichen Eisenverbindungen oxidiert und fielen aus; die Meere verrosteten förmlich. Die heutigen Bändereisenerze in den Gesteinsformationen geben noch Zeugnis von dieser Periode der Erdgeschichte.

Erst vor etwa 2,3 Milliarden Jahren begann der Sauerstoff aus dem Meer in die Atmosphäre zu entweichen und erreichte innerhalb von einer Milliarde Jahren eine Konzentration von 3 Prozent der gasförmigen Verbindungen. Vor 1,5 Milliarden Jahren traten die ersten Organismen auf, die Sauerstoff zur Nahrungsverwertung nutzten und dadurch ein Mehrfaches an Energie im Vergleich zu den bisherigen Mikroorganismen gewinnen konnten. Durch die zunehmende Sauerstoffkonzentration kam es vor etwa 750 Millionen bis 400 Millionen Jahren zur Bildung von Ozon in den höheren Schichten der Atmosphäre und damit zu einer Abschirmung der Erdoberfläche vor UV-Strahlen, was für den Wechsel der Tiere vom Meer auf das Land eine entscheidende Rolle spielte. Die heutige Sauerstoffkonzentration von 18 Prozent der Gesamtgase wurde vor 350 Millionen Jahren erreicht.

## Die Sonneneinstrahlung bestimmt das Klima auf der Erde

Als Solarenergie bezeichnet man die Energie der Sonnenstrahlung, die auf der Erde in Form von elektrischem Strom, Wärme oder chemischer Energie genutzt werden kann. Sonnenstrahlung ist dabei die elektromagnetische Strahlung, die auf der Sonnenoberfläche wegen ihrer Temperatur von 5500 Grad Celsius als Schwarzkörperstrahlung entsteht und die auf Kernfusionsprozesse im Inneren zurückgeht. Die Solarkonstante, das heißt die durchschnittliche Intensität, beträgt an der Grenze der Erdatmosphäre $1,367$ kW/m$^2$. Ein Teil der Sonnenenergie wird in der Atmosphäre oder auf der Erde in Wärme umgewandelt. Die auf die Erdoberfläche auftreffende Strahlung beträgt noch im Tagesdurchschnitt 165 W/m$^2$. Diese Menge ist hinreichend für die Fotosynthese, die Fotothermik und die Fotovoltaik. Die gesamte auf die Erde auftreffende Energiemenge ist etwa 5000-mal größer als der Energiebedarf der Menschheit. Letztlich wird fast die gesamte Energie der Sonne wieder in den Weltraum abgegeben. Trotzdem sind alle irdischen Bedingungen wie die Wind- und Wasserkreisläufe und damit auch alle biologischen Parameter wie die Fotosynthese und die abgelagerten energiereichen Substanzen vom Licht der Sonne abhängig.

Über lange Zeiten gesehen, ändert sich das Klima aufgrund schwankender Sonneneinstrahlung. Dies zeigt sich am eindrucksvollsten in Zeitphasen, in denen die Polkappen und angrenzende Gebiete vereisen, das heißt während der sogenannten Eiszeiten. Die letzte dieser Kaltperioden, die im Alpenraum als Würmeiszeit, in Nordeuropa als Weichseleiszeit bezeichnet wird, ist seit etwa 11 700 Jahren abgeschlossen. Erdgeschichtlich ist aber dieses jüngste Eiszeitalter noch nicht beendet, da das Holozän nur eine Warmzeit innerhalb des känozoischen Eiszeitalters ist.

## Gibt es intelligentes Leben außerhalb unseres Sonnensystems?

Mit der Frage nach Leben auf fremden Gestirnen, der Exobiologie, befasste sich schon Immanuel Kant 1755 in seiner Schrift „Von den Bewohnern der Gestirne". Im 19. Jahrhundert schlug Franz von Paula Gruithuisen vor, in den Weiten Sibiriens riesige Steckrübenpflanzungen in Form des pythagoreischen Lehrsatzes anzulegen, um mit Mondbewohnern in Kontakt treten zu können.

Mit der Evolutionstheorie und den Erfolgen der Astrophysik sowie mit den vom Hubble-Teleskop übermittelten Bildern von fernen Galaxien intensivierte sich das Interesse an außerirdischer Intelligenz. So begeisterten sich Millionen von Zuschauern für Filme wie „Der Krieg der Sterne" und „Alien" oder für Fernsehserien wie „Raumschiff Enterprise".

Falls auf einem Planeten innerhalb des Universums ähnliche physikalische Bedingungen wie auf der Erde herrschen, müssten sich auch hier notwendigerweise Lebensformen ausbilden. Damit erdähnliches Leben entstehen kann, müssen die Durchschnittstemperaturen unter 100 Grad Celsius liegen, Wasser muss in seinen drei Aggregatzuständen vorkommen, Kohlenstoff in Form von Kohlendioxid existieren, und es bedarf eines Systems, das Sonnenenergie in Masse verwandeln kann. Im Jahr 2007 wurde der 20 Lichtjahre von der Erde entfernte „Gliese 581c" als erster Planet mit erdähnlichen Bedingungen entdeckt. Er wird als zweite Erde bezeichnet und gab Anlass zu Spekulationen über dort mögliches Leben.

Die Suche nach intelligentem außerirdischem Leben wird als SETI – Search for Extraterrestrial Intelligence – bezeichnet. Man sucht nach Radiowellensignalen, die von Außerirdischen stammen könnten. Neuerdings bringt man an interstellaren Raumsonden goldene Plaketten mit Bild- und Audioinformationen über die Erde an, die von intelligenten Außerirdischen entziffert werden können.

## 2.

# Mehr als 4 Milliarden Jahre
# chemischer und biologischer Evolution

Seit Menschen über ihr Sein nachdenken, haben sie sich mit dem „Wunder" der Lebensentstehung befasst. Als minimale Eigenschaft für die Existenz eines Lebewesens gilt das Prinzip der Selbsterschaffung (Autopoiesis): die Fähigkeit, sich selbst zu erhalten und sich identisch zu reproduzieren. Das Keimen einer Pflanze aus einem Samen oder das Werden eines Kükens in einem Ei konnten unsere in der Antike lebenden Vorfahren aufgrund ihrer geringen physikalischen und biologischen Kenntnisse nicht erklären. Thales von Milet (624–546 v. Chr.) postulierte, dass Leben aus Wasser entstanden sei. Wasser als wandlungsfähiger Stoff erfülle den Anspruch, allem zugrunde zu liegen und jegliche Gestalt annehmen zu können. Heraklit (520–460 v. Chr.) dagegen sah im Feuer den Beginn des Lebens: „Diese Weltordnung, dieselbige für alle Wesen, hat kein Gott und kein Mensch geschaffen, sondern sie war immerdar und ist und wird sein ewig lebendiges Feuer, nach Maßen glimmend und nach Maßen erlöschend." Diese These übernimmt später der römische Philosoph Lukrez (vermutlich 97–55 v. Chr.) in seinem Werk „De rerum natura": „Aus den Elementen schafft die Natur und ernähret und mehret alles; auf diese zuletzt führt sie alles wieder zurück, wenn es vergeht." In seiner Schrift „De

Anima" definierte Aristoteles (384–322 v. Chr.) das Belebte als das Beseelte. Er unterscheidet drei Gruppen von Leben, die er nach ihrem Seelenvermögen hierarchisch anordnet. Auf der untersten Stufe steht das durch Ernährung und Fortpflanzung bestimmte Leben der Pflanzen, darauf folgt das durch Sinneswahrnehmung und Bewegung bestimmte Leben der Tiere und auf der obersten Stufe steht das durch Denken bestimmte Leben der Menschen.

Die Weltreligionen unterteilen Leben in zwei Bereiche: die irdisch-biologische Form und das „Ewige Leben", das wissenschaftlich nicht beschrieben werden kann. Im „Ewigen Leben" sehen die Religionen einen Zustand, der eine unvergängliche, von der Materie zu unterscheidende Seinsform ist, die in der Schöpfung und im göttlichen Wirken ihren Grund hat.

Auch unter Naturwissenschaftlern gibt es für die biologische Definition des Begriffs „Leben" unterschiedliche Formulierungen. Am einfachsten klingt die Festsetzung der amerikanischen „National Aeronautics and Space Administration" (NASA): „Leben ist ein chemisches System, fähig zur Darwin'schen Evolution." Erweitert man diese Definition, so lautet sie: Ein Lebewesen verbraucht Energie, hat einen eigenen Stoffwechsel, steht dabei mit der Umwelt im Stoffaustausch und kann sich identisch vermehren. Nach der NASA-Variante muss Leben die Fähigkeit besitzen, sich an eine veränderliche Umwelt anzupassen. Zwar vererben Lebewesen ihre Merkmale im Prinzip identisch an ihre Nachkommen, aber durch Mutationen im Erbgut kommt es immer wieder zu geringfügigen Veränderungen. Entsteht per Zufall ein Merkmal, das einen Selektionsvorteil für das Individuum besitzt, so setzt sich diese Veränderung innerhalb der Art durch. Diese Form der Anpassung an eine Welt im Fluss ist etwas, was leblose Dinge definitiv nicht können.

## Der komplizierte Weg zum Entstehen von Leben auf der Erde

Unter chemischer Evolution fasst man Hypothesen zur Entstehung organischer Moleküle aus anorganischer Materie im Hadaikum, das heißt vor etwa 4,6 Milliarden bis 4,0 Milliarden Jahren, zusammen. Da es darüber kein empirisches Wissen gibt, versucht man mithilfe von Laborexperimenten, welche die physikalischen und chemischen Bedingungen des Hadaikums nachahmen, zu verstehen, wie im Rahmen der chemischen

Evolution Moleküle wie Aminosäuren, Nukleoside oder Zucker entstanden. Aufgrund der bis zu 100 Grad heißen Tagestemperaturen vor 4 Milliarden Jahren konzentrierten sich die Substanzen in der Ursuppe und könnten – katalysiert von der energiereichen Strahlung der Sonne – Großmoleküle wie Proteine, Nukleinsäuren oder Kohlehydrate gebildet haben.

In der biologischen Phase der Entstehung von Leben mussten zwei Dinge erreicht werden: die Konstruktion einer Hülle für die Makromoleküle sowie die Entwicklung eines Moleküls, das die identische Vermehrung der Konstrukte ermöglichte. Diese Aufgabe wurde von dem Erbmolekül Desoxyribonukleinsäure, üblicherweise abgekürzt als DNS oder DNA (Kapitel 7) übernommen. Die DNA hat sich vermutlich bereits wenige Hundert Millionen Jahre nach dem Erkalten der Erde gebildet, aber aufgrund ihrer komplexen chemischen Struktur bleibt die Geschichte ihrer Entstehung ein Mysterium. Einer solchen Vorstellung folgt der französische Molekulargenetiker Jacques Monod, der in seinem Buch „Zufall und Notwendigkeit" die Entstehung des Lebens für nichts anderes als einen Zufall hält: „Ist der einzelne und als solcher wesentlich unvorhersehbare Vorfall aber einmal in die DNA-Struktur eingetragen, dann wird er mechanisch getreu verdoppelt und übersetzt; er wird zugleich vervielfältigt und auf Millionen oder Milliarden Exemplare übertragen. Der Herrschaft des bloßen Zufalls entzogen, tritt er unter die Herrschaft der Notwendigkeit."

Da im Hadaikum die Oberfläche der Erde für das Entstehen und die Existenz von Lebensformen, die mit den heutigen vergleichbar sind, völlig ungeeignet war, könnten frühe Lebensformen auch in der Tiefsee entstanden sein. Einen Hinweis dafür liefern Methan produzierende Archaebakterien, die im Bereich von Vulkanschloten, aus denen heißes Wasser und Mineralien strömen, existieren. Es kann sogar nicht ausgeschlossen werden, dass primitive Lebensformen mit Meteoriten (Panspermie-Theorie) auf die Erde kamen.

## Die Evolution der Arten

Der Begriff Art oder auch Spezies ist der Grundbegriff der biologischen Systematik oder Taxonomie. Der Artbegriff fasst eine Gruppe von Organismen zusammen, die so viele unverwechselbare morphologische und physiologische Merkmale gemeinsam haben, dass sie anhand der Kombination der Merkmale gegenüber jeder anderen unterscheidbar sind. Neuerdings definiert man eine Art als eine geschlossene Fortpflanzungs- und Abstammungsgemeinschaft, die eine genetische, ökologische und evolutionäre Einheit bildet. So ist eine Art auch eine Gruppe von Individuen (Population), die sich zwar untereinander vermehren können, mit Vertretern anderer Arten aber nicht fortpflanzungsfähig sind.

Naturforscher wie der Systematiker Carl von Linné (1707–1778) hatten weder eine Vorstellung von der Vielfalt der Arten auf der Erde noch von deren evolutionärem Entstehen. In dem Glauben, Gott habe mit der Schöpfung eine diskrete Zahl an nicht mehr veränderbaren Arten geschaffen, begann man diese nach Merkmalen zu ordnen. Linné ist auch der Erfinder der Doppelnamen in der Systematik der Lebewesen, zum Beispiel für den Menschen die Bezeichnung *Homo sapiens*.

Lebewesen mussten sich während der Evolution ständig geologischen und klimatischen Veränderungen anpassen. Da die Kontinente als Teile der erkalteten Erdkruste auf der flüssigen Masse des Erdmantels schwimmen, ändern sie ihre Lage zueinander ständig und dominieren damit Klimaveränderungen und Wasserkreisläufe (Kapitel 1). Anfang des 21. Jahrhunderts waren etwa 1,5 Millionen Arten beschrieben, unter ihnen rund 500 000 Pflanzen. Nach einer Schätzung von 2011 gibt es 9 Millionen Arten, davon leben etwa 2 Millionen im Meer. Die Gesamtzahl aller Tier- und Pflanzenarten, die in den letzten 500 Millionen Jahren auf der Erde entstanden sind, schätzt man auf 1,6 Milliarden. Ungefähr 130 000 ausgestorbene Arten wurden bisher wissenschaftlich beschrieben.

Die ältesten Mineralien bildeten sich vor 4,1 Milliarden Jahren und die Sedimentgesteine datieren 3,8 Milliarden zurück. Die ersten Lebensformen im Präkambrium waren kernlose Einzeller (Prokaryonten), zumeist Bakterien, die sich im Kambrischen Meer bildeten. Von ihnen gibt es nur fossile Spuren, da sie noch keine Kalkhülle als Schutzpanzer besaßen. In 3,5 Milliarden Jahre alten Stromatolithen – auch als Teppichsteine bezeichnet – fand man in Australien und Südafrika Fossilien, die runden und fadenförmigen Bakterien ähneln. Sie scheinen von fotosynthetischen Organismen zu stammen, die möglicherweise schon Sauerstoff produzierten.

Falls man akzeptiert, dass Teppichsteine frühe Lebensformen sind, sollte das Leben schon vor 4 Milliarden Jahren entstanden sein, also nur 600 Millionen Jahre nach dem Entstehen der Erde. Mehrzellige Tiere mit aus Kalk gebildeten Stützskeletten entwickelten sich in den Meeren. Das Land war möglicherweise schon teilweise von Cyanobakterien besiedelt. Im Ordovizium begann die kaledonische Gebirgsbildung, und die Vielfalt

| Beginn vor Mio. Jahren | Zeit-alter | Epoche | Lebensformen |
|---|---|---|---|
| ca. 2 | Erdneuzeit | Quartär | Auftreten des Menschen, Mammut, Riesenhirsch<br>Pflanzen und Tiere der Eiszeit |
| 70 | | Tertiär | Pflanzen und Tiere nähern sich den heutigen Formen<br>Blütenpflanzen |
| 135 | Erdmittelalter | Kreide | Vögel, Ende der Saurier<br>Laubhölzer und Gräser |
| 190 | | Jura | Hauptzeit der Saurier<br>Nadelhölzer |
| 220 | | Trias | Saurier, erste Säuger<br>Riesenformen von Schach-telhalmen und Farnen |
| 290 | Erdaltertum | Perm | Entfaltung der Wirbeltiere<br>Erste Nadelhölzer |
| 360 | | Karbon | Erste Reptilien und Amphibien<br>Erste Wälder (Bärlappe, Schachtelhalme) |
| 410 | | Devon | Größte Mannigfaltigkeit der Fische, erste Insekten<br>Erste Baumfarne |
| 435 | | Silur | Panzerfische<br>Erste Landpflanzen |
| 500 | | Ordovicium | Erste Fische<br>Meeres- und Süßwasseralgen |
| 600 | | Kambrium | Leben nur im Meer Wirbellose<br>Meeres- und Süßwasseralgen |
| 5–6 Mrd. | Erdurzeit | Präkam-brium | Entstehung des Lebens, einfache Lebensformen, z.B. Korallen, Bakterien, Algen |

2.1 Die Entwicklung der Arten über einen Zeitraum von mehr als 4 Milliarden Jahren.

der Tierwelt in den Ozeanen steigerte sich. Blaualgen und Kalk bildende Grünalgen bevölkerten vor allem die Brackwasserbereiche. Im Silur besiedelten die ersten Pflanzen – Psilophyten (Nacktfarne) – das ufernahe Festland, und so bildete sich eine erste terrestrische Biosphäre. Im Devon nahm die Vielfalt der Pflanzen noch deutlich zu. Es entstanden baumgroße Bärlappgewächse, Schachtelhalme und Farne. Insekten breiteten sich aus, und die ersten Wirbeltiere kamen aus dem Wasser an Land. Im Karbon wurden durch die variskische Gebirgsbildung die Meere nach Norden verdrängt. Der hohe Sauerstoffgehalt in der Atmosphäre begünstigte die Bildung von Rieseninsekten sowie von Amphibien und Reptilien.

Im Perm kam es zu einer einschneidenden Klimaveränderung; es wurde nach und nach immer trockner. Nadelbäume, die Samen bildeten, verdrängten die Sporenbildner. Durch die Kontinentalverschiebung entstand der Superkontinent Pangaea. Die dadurch verursachte Klimaänderung führte zu einer extremen Trockenheit im Inneren des Kontinents. Die neuen klimatischen Bedingungen begünstigten das Absterben der im Karbon entstandenen Wälder, und damit fehlte vielen Tieren die Ernährungsgrundlage. Aufgrund der Vereisung sank der Meeresspiegel und die freiwerdenden Schlammmassen banden einen Großteil des atmosphärischen Sauerstoffs. Am Ende des Perm starben fast 95 Prozent aller Pflanzen und Tiere aus. In der Trias, der ersten Periode des Erdmittelalters, besetzten die überlebenden Arten die freigewordenen ökologischen Nischen. Es begann die große Zeit der Amphibien, Saurier und Krokodile.

In der nachfolgenden Zeit, dem Jura, zerbrach der Kontinent Pangaea und wurde durch das Thetis-Meer in die Kontinente Gondwana und Laurasia unterteilt. Es erschien der Urvogel *Archaeopteryx*, der als Brückentier Merkmale der Reptilien und der Vögel in sich vereinte. An Land lebten die großen Dinosaurier wie zum Beispiel der *Brontosaurus*. Mit der alpidischen Faltung entstanden die heutigen Hochgebirge Alpen, Karpaten, Kaukasus, Himalaja, Rocky Mountains und die Anden. Möglicherweise durch einen Meteoriteneinschlag bildete sich in der Atmosphäre eine riesige Staubwolke, welche die Sonne verdunkelte, und als Folge wurde es erheblich kälter. Viele Tierarten, unter anderem die Dinosaurier, starben aus. Mit dem Tertiär, dem ersten Abschnitt der Erdneuzeit, kam es erneut zur Entwicklung vieler Vogel- und Säugetierarten. Weiterhin entwickelten sich die Blütenpflanzen und mit ihnen die Insekten. Das Quartär war geprägt von wechselnden Eis- und Warmzeiten. Unter den Tieren setzten sich Mammut, Wollnashorn und Säbelzahntiger durch, und die Gattung „Mensch" begann, sich auf der Erde zu etablieren. Nach dem Ende der letzten Eiszeit vor 11 500 Jahren begann der Mensch, allmählich die Biosphäre zu dominieren. Man kann vom Beginn des Anthropozäns sprechen, wenn man die Dominanz des Menschen bei der Gestaltung der unbelebten wie belebten Welt hervorheben will.

# 3.

## Der aufrechte Gang unterscheidet den Vormenschen vom Affen

Die moderne Paläoanthropologie ist Teil der Evolutionsbiologie und der Geowissenschaften und basiert auf deren Theorien. Ihre Hypothesen beruhen auf zwar lückenhaften Fossilienfunden, die es aber erlauben, die Evolution des Menschen nachzuzeichnen. Trotz vielfältiger Funde humaner Fossilien fehlen im Puzzle der Stammesgeschichte der Hominiden mehr als 99 Prozent der Teile, die unsere Herkunft zweifelsfrei belegen könnten (vgl. Schrenk 2003). Somit gibt es weiten Raum für Anleihen sowohl aus anderen Wissenschaftsgebieten als auch für die Spekulationen fantasiebegabter Zeitgenossen. Da unser evolutionäres Alter auch die heutige Lebensführung beeinflusst, erklärt die Paläoanthropologie viele nicht in die Zeit passende Verhaltensweisen des modernen Menschen.

### Die ersten Funde menschlicher Fossilien

In Taung nahe Johannesburg in Südafrika bargen 1924 Steinbrucharbeiter einen etwa 2 Millionen Jahre alten Kinderschädel, der von dem Anatomieprofessor Raymond Dart der Fachwelt als *Australopithecus africa-*

*nus* (südlicher Affe aus Afrika) vorgestellt wurde. Da die Austrittsstelle des Rückenmarks aus dem Gehirn, das Hinterhauptsloch oder *Foramen magnum,* an der Unterseite des Schädels lag, sollte das Kind bereits auf zwei Beinen gegangen sein. Während man aber bisher annahm, dass die ersten Menschen in Asien oder Europa entstanden waren, musste man nun einräumen, dass auch Afrika als die Wiege der Menschheit in Betracht kam. Bei fossilen Schädelfunden entscheidet die Lage des Hinterhauptslochs über die Zuordnung Mensch oder Affe: Liegt das Loch hinten im Schädel, so handelt es sich um einen Affen, der auf vier Beinen läuft, liegt es unten, handelt es sich um einen Vormenschen, einen Zweibeiner. Zumeist müssen sich die Paläoanthropologen mit Funden einzelner Zähne von Unterkiefern und Schädelkalotten zufriedengeben. Schon ein leidlich intakter Schädel ist als Fund eine Sensation. Auch die Altersbestimmung war lange Zeit ein Ratespiel. Mit den heutigen Methoden aber kann man das Alter der Skelettreste mit einer Unsicherheit von einigen Hunderttausend Jahren bestimmen.

Zur Einordnung in eine Zeitskala muss man allerdings auch die im Umfeld gefundenen Knochen von Säugetieren, die Gesteinsformationen und Klimadaten einbeziehen. Weitere Funde, die den Zeitraum von 6 Millionen bis 3 Millionen Jahren Menschheitsgeschichte abdecken, machten es sehr wahrscheinlich, dass sich aufrecht gehende Affen, die man heute als Vormenschen (Definition nach Friedemann Schrenk) oder als Australopithecinen bezeichnet, an mehreren Stellen gleichzeitig im äquatorialen Afrika entwickelten und nach Norden und Süden hin ausbreiteten.

Vorerst gab es aber noch keine systematische Suche nach fossilen Resten von Vor- oder Frühmenschen. Es waren zufällige Funde von Amateuren, die in Steinbrüchen und Höhlen nach fossilen Knochen von ausgestorbenen Tieren und Menschen suchten. 1726 beschrieb der Züricher Arzt Johann Jakob Scheuchzer ein menschenähnliches Fossil, das er in einem Steinbruch bei Öhningen gefunden hatte. Er interpretierte seinen Fund als Opfer der Sintflut und nannte ihn *Homo diluvii testis.* Heute trägt er den Namen *Andreas scheuchzeri* und gilt als die Überreste eines Riesensalamanders.

Die ersten fossilen Knochen von Menschen fand man 1830 in Engis in Belgien und 1848 in Gibraltar, ohne dass allerdings erkannt wurde, dass es sich um die Überreste von Neandertalern handelte. Beim Abbau von Kalkstein in einer Grotte im Neandertal bei Düsseldorf stieß man dann auf Knochenreste, die aufgrund ihres Unterschieds zu Knochen des modernen

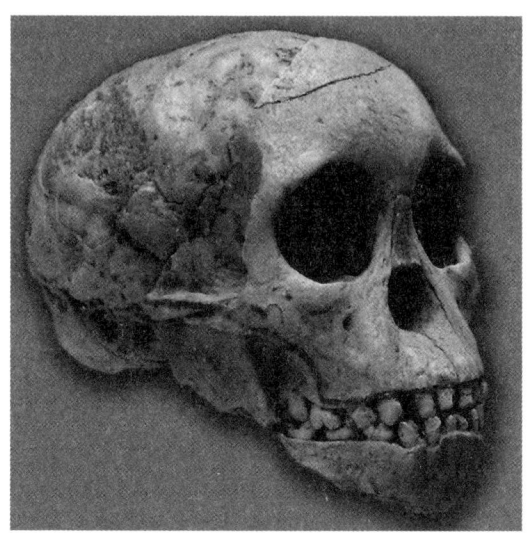

**3.1** Rekonstruktion des Schädels des Taung-Kindes, eines Vormenschen vom Typ *Australopithecus africanus.*

**Systematik**

| | |
|---|---|
| Teilordnung | Altweltaffen (Catarrhini) |
| Überfamilie | Menschenartige (Hominoidea) |
| Familie | Menschenaffen (Hominidae) |
| Tribus | Hominini |
| Gattung | Homo |
| Art | Mensch |
| wissenschaftlicher Name | *Homo sapiens* |

**3.2** Die Einordnung der Art Mensch in die Überfamilie der Menschenartigen (Hominoidea).

Menschen das Interesse von Naturforschern weckten. Es ist das Verdienst des Gymnasiallehrers und Vorsitzenden des Naturwissenschaftlichen Vereins für Elberfeld, Johann-Carl Fuhlrott, dass er das Alter der Knochen erkannte und sie als Überreste von in der Eiszeit verstorbenen Vormenschen bezeichnete. Einflussreiche Wissenschaftler vertraten jedoch eine ganz andere Meinung. Der Bonner Anatom August Friedrich Mayer hielt die Funde für die Knochen eines in den Befreiungskriegen umgekommenen mongolischen Kosaken und der Pathologe Rudolf Virchow war der Meinung, es handele sich um die Überreste eines durch Rachitis pathologisch veränderten modernen Menschen. Unterstützung erhielt Fuhlrott dagegen von dem englischen Wissenschaftler William King, der auch den Namen *Homo neanderthalensis* – die damalige Schreibweise für „Neandertal" war „Neanderthal" – schuf, sowie vom Bonner Anthropologen Hermann Schaafhausen.

1891 wurden unter der Leitung des holländischen Militärarztes Eugen Dubois auf Java Funde menschenähnlicher Wesen gemacht, die er als *Pithecanthropus* – Affenmensch – bezeichnete. Heute wissen wir, dass es sich um die Reste des *Homo erectus* handelte. Dubois hatte sich extra nach Java versetzen lassen, um Überreste der von dem Zoologen Ernst Haeckel geforderten Zwischenform zwischen Affe und Mensch, dem Affenmenschen, zu finden. Haeckel hatte in seinem 1868 erschienenen Buch „Natürliche Schöpfungsgeschichte" vorgeschlagen, nach einem *Pithecanthropus alalus*, einem stummen Affenmenschen, zu suchen. Sprachfähigkeit war für ihn das Kriterium, das Menschen von Affen unterschied. Da er den Gibbon als den menschenähnlichsten Affen ansah, vermutete er Reste des Affenmenschen in Indonesien, da dort das größte Verbreitungsgebiet von Gibbonarten bestand. Die Funde von Dubois wurden in der damaligen wissenschaftlichen Welt nicht anerkannt. Bis zu seinem Tode 1940 verteidigte er seine Auffassung, der von ihm entdeckte *Pithecanthropus* sei ein Gibbon, der sich aufgrund der Lebensumstände in ein menschenähnliches Wesen verwandelt habe. Er blieb lebenslang ein Anhänger der von Haeckel vertretenen Theorien. Tröstlich mag für ihn sein, dass sein Gefühl für den Fundort Indonesien richtig war. Kürzlich fand man auf der Insel Celebes als einen neuen Menschentypus den kleinwüchsigen *Homo floriensis*.

Als ab etwa 1920 die Paläoanthropologie als Wissenschaft anerkannt war und die Entstehungsgeschichte des Menschen durch vielfältige Skelettfunde in die öffentliche Diskussion geriet, wurde sie neben dem alten Vorwurf der Gotteslästerung mit einem weiteren emotionalen Problem konfrontiert. Nun stritt man sich in Europa darüber, in welchem Land der moderne Mensch entstanden sei. Besonders Afrika als der schwarze Kontinent war als die Wiege der Menschheit nicht besonders angesehen. Um Europa und vor allem England als Ursprungsort des Menschen zu retten, wurde eine berühmte Fälschung inszeniert. 1913 fand sich in einer Kiesgrube bei Piltdown in England ein Fossil, das, wie sich später zeigte, aus einem Hirnschädel eines modernen Menschen und dem Unterkiefer eines Orang-Utans zusammengesetzt war. Obwohl die Fälschung leicht zu erkennen war, wurde der Fund von berühmten Anatomen in England als Sensation behandelt und jahrelang als echt angesehen. Der Fund passte eben in das wissenschaftliche und politische Weltbild (vgl. Schrenk 2003). Positiv zu bewerten ist, dass durch die nationalen Bewegungen auch die Suche nach der Wiege der Menschheit und damit nach den ersten Menschen in Ländern wie zum Beispiel in China entscheidend gefördert wurde.

## Die Stammesgeschichte des Menschen

In der Evolution haben sich Menschenaffen von den Altweltaffen vor etwa 20 Millionen Jahren getrennt. Die noch heute vorkommenden Menschenaffen entstanden vor ungefähr 14 Millionen Jahren. Gibbons, Siamangs und Orang-Utans sind in Asien verbreitet, Bonobos, Gorillas und Schimpansen leben dagegen in Afrika. Bei der Erforschung der Menschheitsgeschichte hilft es, dass sich Körperbau und vermutlich auch das Verhalten der Schimpansen erstaunlicherweise von damals bis heute nicht geändert haben und dass Paläoanthropologen Skelettreste ausgegraben haben, die uns ein Bild der Entwicklungsgeschichte des Vormenschen über einen Zeitraum von 7 Millionen Jahren erlauben. Die Liste der Vormenschen beginnt wohl mit dem *Ardipithecus* (Bodenaffe) vom Typ *Sahelanthropus tschadensis*, der vor 7 Millionen bis 5 Millionen Jahren gelebt hat.

1994 entdeckte man schließlich das 4,4 Millionen alte, fast vollständig erhaltene Skelett einer Hominidengattung, die man als *Ardipithecus ramidus*, das heißt als wurzelfressenden Bodenaffen, bezeichnete. Seine kleinen Eckzähne wiesen auf eine friedliche Lebensweise hin, und aus der Lage des Hinterhauptslochs schließt man auf eine aufrechte Gehweise.

Die Vormenschen der Gattung *Australopithecus* entstanden vor etwa 4 Millionen Jahren. Die ältesten Funde von Australopithecinen, des *Australopithecus anamensis*, sind 4 Millionen Jahre alt und stammen aus der Nähe des Turkana-Sees. Sie unterscheiden sich von dem späteren *Australopithecus afarensis* durch den gewaltigen Kauapparat und die massiven Extremitätenknochen. Während der Schädel des *A. anamensis* noch sehr schimpansenähnlich aussieht, gleicht der Bau der Extremitäten schon dem des modernen Menschen. So dürfte das Laufen auf zwei Beinen bei den älteren Vormenschen seltsamerweise besser ausgebildet gewesen sein als bei seinen Nachfahren. 1974 wurde dann ein zu 40 Prozent erhaltenes Skelett von *Australopithecus afarensis* gefunden, das unter dem Namen „Lucy" weltbekannt wurde. *A. afarensis* war etwa 30 bis 50 Kilogramm schwer, etwa 1,20 Meter groß, und die Gehirngröße entsprach der des heutigen

**3.3** Mehrere An-
läufe – das Sich-
Entfalten und das
Wieder-Verschwin-
den – kennzeichnen
den evolutionären
Weg des Menschen.
Die Größe der
schraffierten Flä-
chen symbolisiert
die Verbreitung und
die Existenzzeit der
Vor- und Urmen-
schen.

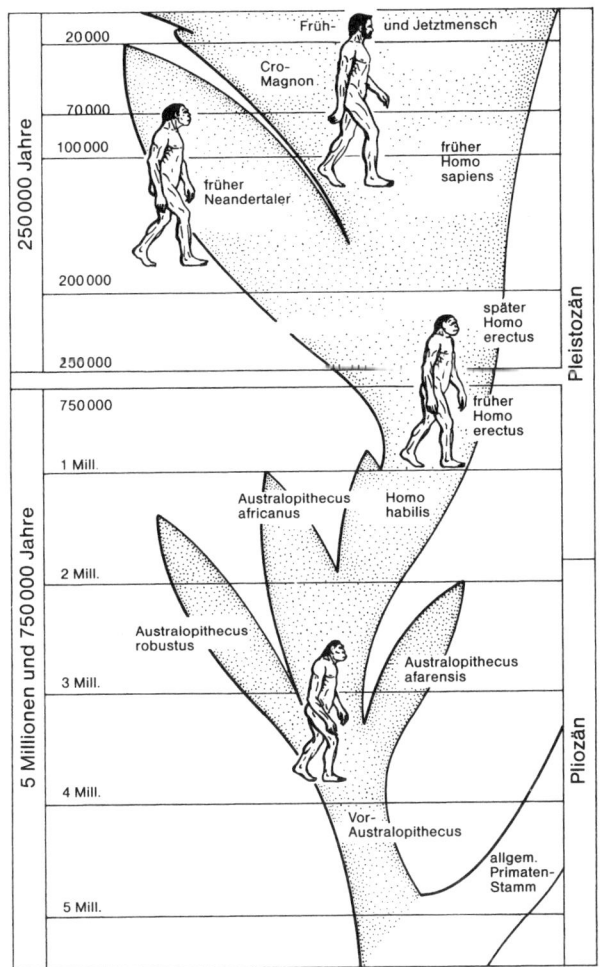

Schimpansen. *Australopithecus anamensis* war der Vorläufer des *Homo erectus*, während *A. afarensis* als einer der vielen Irrwege der Evolution ausgestorben ist.

Die sogenannten Australopithecinen ernährten sich vorwiegend von Pflanzen, worauf die kräftigen Backenzähne hinweisen; sie könnten aber auch proteinreiche Nahrung in Form von Kleintieren oder Aas zu sich genommen haben. Das Kauen von Wurzeln und das Knacken von Nüssen verlangte aber auch eine sehr starke Kaumuskulatur. Der mächtig ent-wickelte, paarige Musculus temporalis, der den Unterkiefer hebt und nach

**Australopithecinen-Stammgruppe**

*Australopithecus anamensis* (4,2 – 3,8 Mio. Jahre): Kanapoi, Allia Bay (Kenia)
*Australopithecus afarensis* (3,7 – 2,9 Mio. Jahre): Laetoli (Tansania), Hadra,
Maka, Dikika (Äthiopien)

**Geographische Varianten der Australopithecinen**

Westafrika: *Australopithecus bahrelgazali* (3,5 – 3,2 Mio. Jahre): Bahr el gazal
(Tschad)
Ostafrika: *Kenyanthropus platyops* (3,5 – 3 Mio. Jahre): Lomekwi (Kenia)
Nordostafrika: *Australopithecus gahri* (ca. 2,5 Mio. Jahre): westlich von Awash
(Äthiopien)
Südafrika: *Australopithecus africanus* (3 – 2 Mio. Jahre): Taung, Sterkfontein,
Makapansgat, Gladysvale (Südafrika)

**Robuste Australopithecinen (Paranthropus)**

*Paranthropus aethiopicus* (2,6 – 2,3 Mio. Jahre) Omo (Äthiopien, Lomekwi (Kenia)
*Paranthropus bosei* (2,5 – 1,1 Mio. Jahre): Olduvai Gorge, Peninj (Tansania,
Koobi Fora (Kenia), Omo, Konso (Äthiopien), Malema (Malawi)
*Paranthropus robustus* (1,8 – 1,3 Mio. Jahre): Kromdraai, Swartkrans, Drimolen
(Südafrika)

**3.4** Stammgruppe der Vormenschen oder Australopithecinen nach Subtyp, Alter und
Fundort.

hinten bewegt, zieht sich bei dieser Spezies vom Kinn zu den Schädelsei-
ten nach oben und bildete auf der Mitte des Schädels einen Schädelkamm,
den Cristae sagittalis. Die kräftigen Überaugenwülste absorbieren die Kräfte, die beim Kauen die Supraorbitalregion belasten. So bestimmten die Kaumuskulatur und die Augenwülste das Aussehen der Australopithecinen.

Als nach und nach die Vormenschen vorwiegend Hände und Werkzeuge
zur Zerkleinerung der Nahrung nutzten, änderten sich die Kaumuskulatur
und das Gebiss. So fand man keinen kielartigen Knochenwulst mehr auf
dem Kopf, und es bildeten sich eine ausgeprägte Stirn und damit ein Stirn-
hirn aus. Der Gesichtsschädel wurde flacher und glich damit schon mehr
dem der heutigen Menschen.

# Warum begannen Gruppen von Affen, auf zwei Beinen zu laufen?

Wenn wir die Evolution der Vormenschen betrachten, so beurteilen wir eine Zeitspanne von etwa 6 Millionen bis 3 Millionen Jahren. In diesem Zeitraum hat sich in Afrika, besonders im Äquatorialraum und den angrenzenden Gebieten, das Klima mehrfach geändert. Klimatologen schließen aus Gesteinsformationen und Fossilien von Säugetieren, dass vor 5 Millionen Jahren das Klima trockner wurde und sich als Folge die Regenwälder zurückbildeten und die Savannen sich ausdehnten. Beiderseits des Äquators schrumpften aufgrund des trockneren Klimas und der stärkeren jahreszeitlichen Temperaturschwankungen die Urwaldgebiete und dafür nahmen die Savannen und die dazwischenliegenden Auwälder zu. Mit dem Klima änderte sich auch die Vegetation, und die Tierwelt passte sich dem geänderten Nahrungsangebot an. Großtiere wanderten entweder vom Äquator in die südliche und nördliche Peripherie oder umgekehrt von Süd- oder Nordafrika wieder zurück in die Äquatorialzonen. Alle diese Änderungen vollzogen sich nach unseren Maßstäben unendlich langsam, das heißt im Bereich von 100 000 Jahren.

Bei einer wachsenden Populationsdichte und sich verengenden Lebensräumen unterlagen eventuell die frühen Menschen im Nahrungswettbewerb mit den restlichen Primaten und mussten sich deshalb neue Lebensräume suchen. So zwangen ständiger Hunger und die Angst vor Raubtieren sowie vor aggressiven Artgenossen einzelne Sippen, ihren Lebensraum Urwald zu verlassen. Sie verließen den schützenden Wald mit seinen Flucht- und Schlafbäumen und versuchten in der Steppe oder in den Auwäldern zu überleben. Die offene Savanne hatte allerdings für die neuen Bewohner nur Nachteile. Entfernt voneinander stehende Bäume boten nur wenige sichere Schlafnester in der bedrohlichen Nacht, und im Sprint von Baum zu Baum waren unsere Ahnen Löwen und Tigern hoffnungslos unterlegen. Natürlich sieht ein Aufrechtgeher mit einer Augenhöhe von etwa 1,50 Metern, der sich im Gras der Savanne bewegt, mehr als ein Affe im Knöchelgang, aber er wird von Raubtieren auch leichter entdeckt.

Somit kann man der Vermutung von Carsten Niemitz folgen, dass die Australopithecinen ihren neuen Lebensbereich nicht in der Steppe, sondern in den Auwäldern fanden, die sich aufgrund der Klimaveränderungen als Grenzzone zwischen Regenwald und Savanne gebildet hatten. Bei der Nahrungssuche in Tümpeln, kleinen Wasserläufen und flachen Seen war die aufrechte Körperhaltung von großem Nutzen. So waren lange Beine für das Waten im flachen Wasser ein klarer Überlebensvorteil. Im Laufe der Millionen Jahre passte sich ihr Skelett dieser Lebensweise an. Die Zweibeinigkeit förderte auch die Umgestaltung der vorderen Gliedmaßen zu Armen und Händen als universell nutzbare Greifwerkzeuge.

Die aquatische Nahrung, die aus Muscheln und anderen Mollusken bestand, war nicht nur gefahrloser zu erlangen, sondern sie enthielt auch genau die Proteine, Fette und Phosphorverbindungen, welche die Vormenschen zur evolutionären Entwicklung, besonders zur Bildung größerer Gehirne brauchten.

Die aufrecht gehenden Primaten wären als Fehlgriff der Evolution wohl bald wieder verschwunden. Nur ihr einzigartiges Habitat, die Auwälder, die ihnen reichlich Nahrung boten und sie weitgehend vor Feinden schützten, bewahrte sie vor dem Aussterben.

## Veränderungen des Bewegungsskeletts als Anforderung des Aufrechtgehens

Menschen können den Kopf oben tragen, da das Hinterhauptsloch, die Stelle, wo das verlängerte Mark vom Gehirn in die Wirbelsäule übergeht, unten am Schädel liegt und nicht wie bei den Affen am Hinterkopf. Daher sieht der Mensch mühelos nach vorn, wenn er aufrecht steht. Der Affe dagegen sieht in aufrechter Haltung nach unten, nur wenn er auf allen Vieren läuft, kann er nach vorne sehen. Weiterhin sind die Füße des Menschen zum Laufen auf flachem Gelände optimiert, während Schimpansen einen Greiffuß haben.

Hüft- und Kniegelenke des Menschen erlauben ein Strecken der Beine bis zur Geraden. Schimpansen dagegen können die Knie nicht durchdrücken und deshalb ist für sie das Laufen auf zwei Beinen sehr anstrengend. Die Hüftgelenke im Becken des Menschen ermöglichen es, den Oberschenkelknochen in eine vertikale Stellung zu bringen. Weil die Füße nahe unterhalb des Körperzentrums liegen, ergibt dies eine größere Stabilität beim Gehen und Rennen. Während des Gehens und Rennens würde er schnell müde, wenn sich der Schwerpunkt zu weit außerhalb des tragenden Fußes befände. In der aufrechten Stellung geht das Kniegelenk in eine eingeklinkte Position, welche die Muskeln beim Stehen entlastet. Der Affe dagegen kann sein Kniegelenk nicht ganz strecken, sodass er mit gekrümmten Beinen gehen muss, was es unmöglich macht, weite Strecken schnell zu laufen. Die

Beine des Menschen sind etwa halb so lang wie der ganze Körper. Dies ermöglicht es, längere Strecken zu gehen oder zu rennen.

Auch die Anatomie der Füße musste sich von den Affen als Baumbewohnern bis zum *Homo erectus* stark ändern. Der Affe hat einen handähnlichen Fuß, der zwar das Greifen von Ästen erleichtert, aber das Gehen erschwert. Zwischen dem Fußballen und der Ferse bildet der Fuß des Menschen einen flachen Bogen. Das ermöglicht bei unebenem Boden ein besseres Gleichgewicht.

Der gerade Rücken des Menschen führt dazu, dass sich der Kopf beim Stehen senkrecht über den Hüften befindet. Die Wirbelsäule des Menschen ist leicht S-förmig gekrümmt, die des Affen hingegen C-förmig. Wenn der Affe auf allen Vieren geht, ist seine Wirbelsäule entspannt. Beim Menschen ist sie entspannt, wenn er aufrecht geht. Auffällig im Gesicht der Schimpansen wie der Vormenschen sind die fliehende Stirn, die stark ausgeprägten Augenwülste und das vorspringende Kinn. Diese Merkmale haben sich im Laufe der Evolution zurückgebildet und es entstand das flache Gesicht des *Homo sapiens*. Eine solche Gesichtsform ist für einen Aufrechtgeher optimal, da er sowohl nach vorne wie mit einer leichten Kopfneigung nach unten sehen kann. Außerdem schafft sie Platz für das große Gehirn späterer Menschentypen.

Obwohl sich die anatomischen Veränderungen im Bewegungsskelett, die zum Aufrechtgehen nötig waren, über einen Zeitraum von 5 Millionen Jahren entwickelt haben, sind sie so vielfältig und zielgerichtet, dass sie nicht auf ungerichteten Erbgutveränderungen beruhen können. Das Aufrechtgehen muss für eine Subpopulation der Primaten einen solchen Überlebensvorteil gehabt haben, das er über Millionen von Jahren als Selektionskriterium fungierte.

Die vorwiegend in den Bäumen lebenden Menschenaffen und die auf dem Boden aufrecht gehenden Vormenschen haben sich den Lebensraum Urwald geteilt. Beide Gruppen konnten sich aber auch sowohl in Bäumen wie auch auf dem Boden fortbewegen. Beim Klettern und Hangeln waren die Schimpansen ihren zweibeinigen Vettern aufgrund ihres geringeren Körpergewichtes und der zum Bewegen von Ast zu Ast optimalen Fußform überlegen.

Die noch großen Eckzähne bei *Australopithecus afarensis* könnten darauf hindeuten, dass auch unsere Vorfahren schon Gelegenheitsjäger waren. Eventuell zogen sie hinter den Herden her, um als Aasfresser sich mit Geiern und Hyänen um die Reste des Löwenmahls zu streiten, oder sie spezialisierten sich auf das Töten neugeborener oder kranker Tiere.

# Vermutungen über die Lebensweise der Vormenschen

Vor etwa 5 Millionen Jahren waren die Urwälder Afrikas, neben unzähligen anderen Tierarten, von Schimpansen, Bonobos, Orang-Utans und von Affenmenschen und Vormenschen bevölkert. Sie teilten sich das Nahrungsangebot, das, falls man vom Speiseplan der heutigen Schimpansen auf damals schließen kann, aus Früchten, weichem Pflanzenmaterial und Kleintieren bestand. Die Menschenaffen fanden ihre Nahrung in den Bäumen, die Vormenschen suchten am Boden nach Kleintieren und in den Bäumen nach Früchten und Schösslingen. Schimpansen gehen gemeinsam auf die Jagd. Sie stellen kleinere Affen in den Baumkronen, zerreißen sie in Stücke und fressen das Fleisch. Schimpansen zertrümmern mit einem Stein sogar die Hirnschale ihrer Beute und genießen die weiche, knochenfreie Hirnmasse.

Den Australopithecinen fehlten noch die Mittel, um größere Tiere oder ihresgleichen zu jagen, zu töten und aufzufressen. Die Eckzähne der meisten Vormenschen waren zum Töten durch Bisse nicht geeignet. Sie konnten höchstens wie die Schimpansen als Gruppe ein Tier ergreifen und es in Stücke reißen. Zur Jagd in den Baumkronen waren sie aber zu schwerfällig und auf dem Boden zu langsam. Deshalb benutzten sie wohl schon Knüppel als Waffen. Besonders ein Oberschenkelknochen mit dem Gelenkkopf eignete sich als Keule, um Tier oder Mensch den Schädel einzuschlagen.

Die Vormenschen dürften als Aasfresser auch schon durch Steinwürfe Hyänen und Geier von einem Wildriss vertrieben haben. Dass sie dabei bereits eine „Zugleich"-Strategie entwickelt hatten, das heißt, dass sie ihre Steinwürfe koordinierten, kann man nur vermuten. Unbekannt ist auch, ob sie scharfkantige Steine gezielt aussuchten, um sie über eine Entfernung von etwa 30 Metern so zu werfen, dass die Steine dem Opfer tödliche Verletzungen zufügten.

Wie bei anderen Säugetieren sollten auch die männlichen Australopithecinen, um dem angeborenen Trieb zur Arterhaltung zu folgen, gegen mögliche Rivalen mit körperlicher Gewalt vorgegangen sein. Ob sie dabei den unterlegenen Bewerber wegen der Gunst der möglichen Sexualpartnerin nur vertrieben oder ihn vorsorglich töteten, ist unbekannt. Schließt man jedoch vom Verhalten der Menschenaffen auf das der Vormenschen, so hat der stärkste Mann in der Gruppe die schwächeren Rivalen nur auf Distanz gehalten.

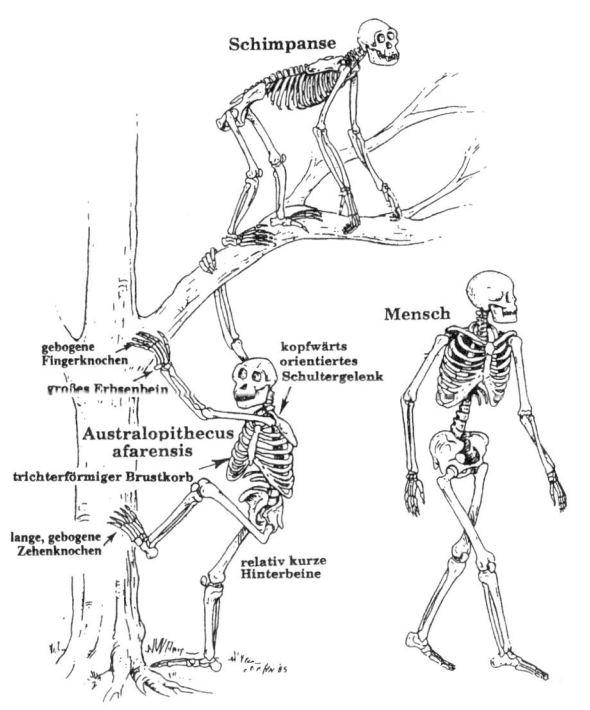

Für Übergriffe zur Erweiterung der Jagdgründe jedoch war die Besiedlungsdichte zu gering, da die einzelnen Familien weit voneinander getrennt lebten. Die kleinen Gruppen von etwa 30 Mitgliedern machten auch nicht durch dauerhafte Lagerstätten oder Feuerstellen auf sich aufmerksam. Weiterhin fehlten ihnen Besitztümer, welche die Habgier von Mitgliedern fremder Gruppen hätten wecken und sie zu Raubzügen hätten ermutigen können. Ihre kleinen Gehirne aber waren zum strategischen Denken, das heißt zu einer gezielten Angriffsplanung kaum fähig. So war ihr Leben wohl nicht durch Aggression gegen die eigene Art, sondern durch Nahrungsmangel und Angst vor Raubtieren bestimmt.

Wie gestaltete sich das soziale Miteinander der Vormenschen innerhalb eines Verbandes, wie man ihn heute noch bei den Schimpansen vorfindet? Lebten die Vormenschen zum Beispiel monogam oder polygam? Nimmt man wieder andere Primaten als Vergleich, so deutet vieles auf Promiskuität hin, das heißt, der stärkste und mutigste Mann befruchtete möglichst viele Frauen. Der ausgesprochene Sexualdimorphismus bei vielen Vormenschen, das heißt, dass Männer schwerer und größer als Frauen waren, deutet auf polygames Verhalten hin. Polygamie hatte den Vorteil, dass vorwiegend die „guten" Gene des stärksten Mitglieds einer Gruppierung weitergegeben wurden. Bei kleinen Gemeinschaften hätte ein solches Verhalten aber auch die Inzucht gefördert. Während Männer ihre Gene möglichst intensiv verbreiten wollen, das heißt, dass sie möglichst viele ihnen ähnliche Nachkommen zeugen wollen, steht bei Frauen in ihrer Funktion als Gebärende die Versorgung der Nachkommen im Vordergrund. Somit könnten sich auf Bestreben der Frauen auch bereits Familien mit einer festen Partnerbeziehung gebildet haben, in denen der Mann die Nahrungsversorgung sowie den Schutz von Partnerin und Nachkommen übernahm. Mit der Entwicklung von Sippen mit mehreren Familien und über 100 Angehörigen sollte sich das monogame Verhalten verstärkt haben. Eine „Liebesbeziehung" zwischen Mann und Frau und damit die gemeinsame Verantwortung für die Nachkommen wäre der Beginn eines „sittlichen" Verhaltens bei den Vormenschen gewesen. Solches Handeln dürfte dann als soziale Kompetenz im emotionalen Bereich des Gehirns der Vormenschen etabliert worden sein.

## Warum vergrößerte sich das Volumen des Gehirns der Vormenschen nicht?

Das Hirnvolumen hat sich bei den Vormenschen über einen Zeitraum von 6 Millionen bis 3 Millionen Jahren kaum vergrößert, was darauf hindeutet, dass es dafür keinen Bedarf gab. Die Vergrößerung des Gehirns hätte den Energiebedarf der Mutter während der Schwangerschaft und den des Säuglings enorm vergrößert. Weiterhin wäre das Sterberisiko aufgrund des engen Geburtskanals der Gebärenden gestiegen. Beides wäre von großem Nachteil für die Erhaltung der Art gewesen.

Allerdings sagt das Hirnvolumen nichts über die physiologischen und neuronalen Fähigkeiten des Gehirns der Vormenschen aus. So können sich über einen Zeitraum von 3 Millionen Jahren Änderungen im Gehirninneren vollzogen haben, die Voraussetzung für die Optimierung der Gehirnleistung beim späteren *Homo erectus* gewesen sind.

Die Struktur der Innenseite der Schädelkalotten weist darauf hin, dass sich die Gehirnoberfläche von heutigen Schimpansen und Vormenschen unterschieden. Die Paläoanthropologen postulieren anhand solcher Abdrücke sogar die Existenz eines Sprachzentrums bei den Vormenschen. Weiterhin können sich Bereiche in der Hirnrinde herausgebildet haben, welche die Geschicklichkeit des Hand-Finger-Systems verbesserten, im Kleinhirn wurde eventuell die Raumsteuerung des Zweifüßers verbessert, und im Limbischen System entwickelten sich Gefühle für Gemeinsinn und soziale Verantwortung. Die Vormenschen brauchten für ihre Lebensweise keine neuen Gehirnfunktionen wie etwa ein Langzeitgedächtnis. So verfügten sie – analog zu den Schimpansen – über ein nur eingeschränktes Erinnerungsvermögen und somit über kein dem modernen Menschen vergleichbares Gedächtnis. Erst mit dem *Homo habilis* entstand ein Bedarf für neuartige Gehirnfunktionen. Dazu gehören vor allem die Weitergabe von Kenntnissen zur Anfertigung von Werkzeug und Waffen sowie die verbesserte Kommunikation durch eine ausdrucksfähigere Sprache.

Auch Menschenaffen können sich durch willentlich gestaltete Laute verständigen, aber dem Menschen vergleichbar sprechen können sie nicht. Der Kehlkopf des Menschen liegt tief im Rachen, sodass Raum für die Bewegungen der Zunge und damit für die Lautformung bleibt. Ob der Kehlkopf bei den Vormenschen wie bei den Affen noch weiter oben im Rachen saß, ist unbekannt. Somit kann man nur spekulieren, inwieweit sich Vormenschen mithilfe einer Sprache verständigen konnten.

## Die Gabelung der Evolution in einen biologischen und einen kulturellen Zweig

Bedingt durch die vor ungefähr 3 Millionen Jahren einsetzende Abkühlung und die resultierende Trockenheit auf der Erde mussten sich die Vormenschen an harte pflanzliche Nahrung wie Wurzeln und Nüsse gewöhnen. So entwickelten sich vor etwa 3 Millionen Jahren die robusten Arten wie *Paranthropus robustus*, *P. boisei* und *P. aethiopicus* mit ausgeprägten Kaumuskeln und bis zu 2 Zentimeter breiten Backenzähnen. Die Entwicklung der robusten Arten war die evolutionäre Antwort auf eine Änderung des Klimas und damit der Ernährungsbedingungen.

Bei den Angehörigen vom Stamm *Australopithecus afarensis*, also den als zierlich bezeichneten Vormenschen, verstärkten sich dagegen weder Kaumuskeln noch Mahlzähne, sondern sie passten sich dem veränderten Nahrungsangebot durch verbesserte Fähigkeiten an. So entwickelten sie aus Steinen Werkzeuge, sogenannte „pebble tools", um erlegte Tiere auszuweiden und das Fleisch mundgerecht zu zerteilen. Die robusten Arten der Vormenschen starben aus, während sich Nachkommen des Australopithecinen *A. afarensis* zum Urmenschen des Typs *Homo erectus* entwickelten.

Diese mentale Anpassung an geänderte Lebensbedingungen ist der Beginn der Aufspaltung der Evolution in einen Zweig, in dem die anatomische Entwicklung dominiert, und einen zweiten Zweig, in dem die Biologie durch eine kulturelle Entwicklung ergänzt wird. Diese Gabelung in einen nur biologisch an die Umweltbedingungen angepassten Menschen und in eine zweite Spezies, die ihre Überlebenschancen durch intelligente Lösungen, das heißt durch Werkzeuggebrauch verbessert, ist ein dramatischer Schritt in der Evolution hin zum *Homo sapiens*. Nur bei der Spezies *Homo sapiens* werden fortan biologische Defizite durch eine vom Gehirn bestimmte Kreativität kompensiert und sogar perfektioniert.

## Beeinflusst die Lebensweise der Vormenschen unser heutiges Verhalten?

Über einen Zeitraum von 6 Millionen bis 3 Millionen Jahren war der Alltag der Vormenschen durch den Kampf ums Überleben geprägt. Nur das einzigartige Habitat Auwälder mit angrenzender Buschsteppe begünstigte das Überleben der Australopithecinen. So ist dem modernen Menschen die Liebe zum Wasser geblieben (vgl. Niemitz 2004). Wir wohnen mit Vorliebe an Seeufern, wir schwimmen gerne im klaren Wasser oder segeln und surfen auf Seen und Meeren. Selbst das Schönheitssymbol „lange Beine" mag ein Überbleibsel vom Waten im seichten Wasser sein.

Ansonsten haben uns die Vormenschen die Sorge ums Überleben überliefert. Vermutlich hat sich die Angst vor dem Verhungern, vor Spinnen und Schlangen, vor Raubtieren wie Krokodilen, vor Gefahren der dunklen Nacht und vor unerklärlichen Erkrankungen als Instinkte so in die Gehirne eingegraben, dass sie noch heute einen Wesenszug moderner Menschen darstellen. So wurde „Lebensangst" ein nicht zu löschendes Verhaltensmerkmal unserer Zeitgenossen.

# 4.

## Der Gebrauch des Feuers – ein großer Schritt zur Menschwerdung

Vor ungefähr 2,5 Millionen Jahren begann in Zentralafrika die Entwicklung eines Menschentyps mit größerem Skelett, robustem Knochenbau und massiven Schädelknochen. Er erhielt von den Paläoanthropologen die Ehrenbezeichnung *Homo*, eben Mensch, mit Zusätzen wie *habilis*, *erectus* oder *ergaster*, das heißt der Geschickte, der Aufrechte oder der handwerklich Begabte. So entwickelten sich Menschentypen, die den aufrechten Gang und damit viele anatomische Merkmale von den Australopithecinen übernahmen, deren Gehirngröße aber kontinuierlich über die nächsten 2 Millionen Jahre zunahm. Funde aus der Olduvai-Schlucht in Tansania erhielten die Bezeichnung *Homo habilis*, Funde im Bereich des Turkana-Sees – früher nach dem österreichischen Thronfolger als Rudolfsee bezeichnet – den Namen *Pithecanthropus rudolfensis* oder kurz *Homo rudolfensis*. Der Letztere wird als einer der Urväter aller Hominiden vom Typ *„erectus"* angesehen. Zwischen den beiden Fundstellen beträgt die Entfernung mehrere Tausend Kilometer, aber beide gehören zu dem afrikanischen Riftgraben, der aufgrund seines Reichtums an Wasser, an Pflanzen- und Tierarten gute Bedingungen für eine evolutionäre Entwicklung der Hominiden bot. So kann man die 3000 Kilometer lange Senke, die von Malawi über Kenia, Äthiopien bis zum Roten Meer und zum Golf von Aden reicht, aufgrund ihrer guten Lebensbedingungen für alle Arten von Hominiden nach Friedemann Schrenk auch als Hominidenkorridor bezeichnen. Schrenk bezeichnet die unterschiedlichen Menschen vom Typus *Homo erectus* als Urmenschen und grenzt sie aufgrund ihrer Gehirnmasse von über 600 Kubikzentimetern von den Vormenschen ab.

Über lange Zeit sah man den *Homo erectus* als eine außerafrikanische Form intelligenter Menschen an, die sich in Europa und in Asien entwickelt hatte. So fand man die meisten etwa 1,5 Millionen bis etwa 300 000 Jahre alten Fossilien des *Homo erectus* in Europa und in Asien, etwa im mediterranen Raum, in Mitteleuropa, in Indonesien und in China. Die ersten Funde von Überresten prähistorischer Hominiden wurden 1981 in Sumatra und 1907 in der Gegend von Heidelberg gemacht (Kapitel 3). In einer Sandgrube bei Mauer nahe Heidelberg fand der Sandgräber Daniel Hartmann einen ungefähr 650 000 Jahre alten Unterkiefer, den der Heidelberger Privatdozent Otto Schoetensack dem *Homo erectus* zuordnete; Schoetensack schuf daraufhin die Bezeichnung *Homo heidelbergensis*.

Ab ungefähr 1950 entdeckte man in vielen afrikanischen Grabungsstätten, in denen man zuvor nach Vormenschen gesucht hatte, auch Überreste des Urmenschen vom Typ *Homo erectus*. Der älteste Fund war dabei der *Telanthropus,* der Zielmensch, den man 1949 in Swartkrans fand. Die aufregendste Entdeckung (1984) war das fast vollständige Skelett eines ungefähr 16-jährigen Jugendlichen, des sogenannten Turkana-Boys, der als Erwachsener circa 1,80 Meter groß geworden wäre. Das Hominidenskelett, das an der Westseite des Turkana-Sees gefunden wurde, ist etwa 1,6 Millionen Jahre alt und wird dem *Homo erectus* oder *ergaster* zugerechnet. Aus dem *Homo erectus* entwickelte sich in Europa über den *Homo heidelbergensis* der Neandertaler und in Afrika der *Homo sapiens*; in Asien und Europa starben der *Homo erectus* wie sein Nachfolger, der Neandertaler nach einer Existenz von rund einer Million Jahren aus.

*Homo habilis* könnte eine Übergangsform zwischen den Australopithecinen und dem *Homo erectus* gewesen sein, da er im Skelett zwar noch weitgehend den Vormenschen glich, aber mit ungefähr 600 Kubikzentimetern bereits über ein größeres Hirnvolumen als seine Vorfahren verfügte. Die entsprechenden Fossilien wurden an Stellen gefunden, an denen man schon die Überreste der Australopithecinen gefunden hatte. So haben vermutlich Vormenschen und Urmenschen eine längere Zeit nebeneinander gelebt. Zwar deuten DNA-basierte Erbgutanalysen heutiger Menschen aus verschiedenen Ethnien auf eine einzige Urmutter für das Entstehen der Hominiden hin („Out-of-Africa-Theorie"), aber diese Daten sind zu ungenau, um auszuschließen, dass unterschiedliche Menschen vom Typus *Homo erectus* an vielen Stellen in Afrika existiert haben.

## Die Beschleunigung der Entwicklung der Hominiden durch die Nutzung des Feuers

Die größte Errungenschaft, welche die Entwicklung von den Vormenschen zu intelligenteren Menschentypen erst ermöglichte, war die Nutzung des Feuers, die vor 1,5 Millionen bis eine Million Jahren einsetzte. Die frühesten Hinweise auf den kontrollierten Gebrauch von Feuer stammen aus Koobi Fora in Kenia, wo man 1,5 Millionen Jahre alte schwarz verfärbte Knochen fand und sie als Spuren von Feuernutzung interpretierte. Die Schwarzfärbungen können allerdings auch von manganhaltigen Mineralien stammen. In der Wonderwerk-Höhle in Südafrika wurden dann eine Million Jahre alte verbrannte Knochen und pflanzliche Aschereste gefunden, die auf ein gezieltes Erhitzen der Nahrung hindeuten. So hat sich die Optimierung der Feuernutzung vermutlich über einen längeren Zeitraum hingezogen und sich an vielen Orten gleichzeitig entwickelt.

In den Mythologien aller Völker spielt die Beherrschung des Feuers eine besondere Rolle. Heraklit (um 520–460 v. Chr.) sah im Urfeuer auch den Beginn des Lebens: „Diese Weltordnung, dieselbige für alle Wesen, hat kein Gott und kein Mensch geschaffen, sondern sie war immerdar und ist und wird sein ewiges lebendiges Feuer, nach Maßen erglimmend und nach Maßen erlöschend." Der antike Dichter Hesiod (geb. um 700 v. Chr.) berichtet von Prometheus dem Feuerbringer, dass er die Menschen bemitleidete und ihnen den Gebrauch des Feuers und die Kunstfertigkeiten vermittelte: „Prometheus, der Sohn des Japetos, nahm den langen Stengel des markigen Riesenfenchels, näherte sich dem vorüberfahrenden Sonnenwagen und setzte so den Stengel in glosenden Brand. Mit diesem Feuerzunder kam er nieder auf die Erde und bald loderte der erste Holzstoß gegen den Himmel" (zitiert nach G. Schwab, „Sagen des klassischen Altertums").

Kein anderer Primat als der Mensch und schon gar nicht andere Säugetiere können das Feuer nutzen. Große Säugetiere wie etwa Elefanten haben beispielsweise vor Buschbränden panische Angst und geraten schon in Unruhe, wenn sie den Rauch eines Feuers nur riechen. Selbst einem

Schimpansen, der in menschlicher Umgebung aufgezogen wurde, kann man nicht beibringen, ein Streichholz anzustecken. Die Feuernutzung ist als eine einzigartige kulturelle Errungenschaft auf den Menschen beschränkt.

So hatten die Vor- und Urmenschen keine Chance, den Umgang mit dem Feuer von zum Beispiel hoch entwickelten Säugetieren wie etwa den Schimpansen zu übernehmen. Vermutlich lernten sie zuerst, dass in Buschbränden getötete und so gegrillte Tiere eine schmackhafte und leicht zu verzehrende Mahlzeit darstellten. Danach dürften die Vormenschen bald von Zufallsgenießern zu Brandstiftern geworden sein. Durch gezielte Brandlegung versperrten sie Tieren die Fluchtmöglichkeiten und begründeten damit eine Frühform moderner Treibjagden.

Die Nutzung des Feuers verschaffte den Vormenschen leicht verdaubares Essen, Licht in der Dunkelheit, Schutz vor Raubtieren und neue Formen der Jagd. Die nächsten Schritte aber, der Transport eines Glutnestes vom zufälligen Buschbrand über eine weite Entfernung zum Lagerplatz, die dortige Entfachung des Feuers und seine Nutzung zum Garen von Fleisch, dürfte mehrere Hunderttausend Jahre gedauert haben. Da die Urmenschen keine Technik hatten, Feuer zu entfachen, mussten sie Feuer transportieren und bewahren können. Feuer mit einem rotierenden Holzstab zu machen oder Funken mit einem Feuerstein zu schlagen, war ihnen als Technik unbekannt.

Da in kalten Jahreszeiten Buschfeuer ausblieben, musste das Feuer über Monate – Tag wie Nacht – bewahrt werden. Das Verlöschen des Feuers konnte den Untergang der Gruppe bedeuten. So dürfte das Sippenmitglied, das für das Bewahren des Feuers zuständig war, innerhalb der Gemeinschaft besondere Achtung genossen haben und eventuell eine Vorform eines Priesters oder einer Priesterin darstellen. Allerdings gab es auch die Möglichkeit, das Feuer von benachbarten Sippen zu stehlen.

Mit der Nutzung des Feuers änderte sich fast alles im Leben der Urmenschen. Vor allem konnten sie große Mengen an proteinreicher Nahrung zu sich nehmen, da der Magen-Darm-Trakt gegartes und damit denaturiertes Protein leichter verdauen konnte. Nach und nach werden die Vormenschen auch gelernt haben, überschüssige Jagdbeute durch Erhitzen im Rauch, das heißt durch Räuchern, zu konservieren und damit über einen Fleischvorrat für Notzeiten und vor allem für längere Wanderungen zu verfügen.

Mit einem Überfluss an protein- und phospholipidreicher Nahrung wurde auch die intrauterine Versorgung der Feten verbessert und die Ent-

wicklung der Säuglinge durch reichliche und nahrhafte Muttermilch gefördert. Durch die dadurch erhöhte Zahl an Nachkommen könnte es in den
nächsten 2 Millionen Jahren eventuell zu einer Steigerung der Besiedlungsdichte auf dem afrikanischen Kontinent gekommen sein.

Mit der Nutzung des Feuers wechselten die Urmenschen vom Sammeln
zum Jagen. Fleisch verschaffte man sich vor der Feuernutzung durch das
Fleddern von Aas aus Raubtierrissen. Keine noch so große Gruppe von An-
greifern konnte nur bewaffnet mit Steinen oder Knüppeln Großwild wie
Elefanten oder Büffel erlegen. Distanzwaffen wie Speere oder Pfeil und Bogen waren aber bei den frühen Vormenschen noch unbekannt. In Spanien
entdeckte man eine komplette Elefantenherde, die vor 300 000 Jahren vermutlich mithilfe von Fackeln in die Sümpfe getrieben worden war. So getötete Tiere konnten dann gefahrlos ausgeweidet werden.

Vor der Beherrschung des Feuers lebten die Vormenschen in ständiger
Angst vor großen Raubtieren wie Löwen. Zwar zogen sie sich in der Nacht
in ihre Schlafnester auf Bäumen zurück, aber auch dort waren sie etwa vor
Leoparden und Schlangen nicht sicher. Ein nächtliches Lagerfeuer schütz-
te sie selbst am Boden vor Raubtieren und bot zusätzlich Abhilfe gegen
die morgendliche Kälte. Mit dem Feuer konnten sich die Sippen Höhlen als
Lagerstätten suchen, da das Feuer Helligkeit in die Höhlen brachte, sie
erwärmte und unerwünschte Vorbewohner wie Bären vertrieb. Ein Feuer
spendet Licht und Wärme und vertreibt so die Angst vor lebensbedrohen-
den Gefahren. Als unsere Vorfahren an dunklen und schon kühlen Aben-
den im Kreis um ein loderndes Feuer saßen, das ihre Glieder wärmte, sie
sich ein Stück Fleisch am Spieß brieten und sie gemeinsam die Aufgaben
des nächsten Tages diskutierten, hatte die Entwicklung der Hominiden einen großen Sprung nach vorne getan. Mit der neuen Form der Nahrungsbeschaffung und dem Schutz gegen Gefahren verschwand die permanente Angst und es entstanden die Vorbedingungen für Kreativität – nämlich
Muße und Fantasie.

## Noch heute lieben und hassen wir das Feuer

Die zwiespältigen Gefühle, mit denen der Mensch dem Feuer gegenüber-
steht, beschreibt Friedrich Schiller in seinem Gedicht „Die Glocke": „Wohl-
tätig ist des Feuers Macht, wenn sie der Mensch bezähmt, bewacht, und was
er bildet, was er schafft, das dankt er dieser Himmelskraft, doch furchtbar
wird die Himmelskraft, wenn sie der Fessel sich entrafft …"

Vom Feuer geht für heutige Menschen eine besondere Faszination aus, die nicht nur aus seinem Nutzen resultiert, sondern vermutlich auch Teil unseres prähistorischen Erbes ist. Wir lieben den Kerzenschein bei einem festlichen Mahl und sitzen voller romantischer Gefühle um ein Lagerfeuer. Wir braten und verbrennen Fleischstücke auf einem Holzkohlegrill, obwohl wir über einen mit allen Schikanen ausgestatteten Elektroherd verfügen. Besonders Jungen lieben es, mit dem Feuer zu spielen und heimlich zu zündeln.

Bei Olympischen Spielen wird die olympische Flamme in Olympia vom Sonnenlicht mittels eines Hohlspiegels entzündet und über Tausende von Kilometern von vielen Läufern zum Ort des Geschehens getragen. Im „Arc de Triomphe" in Paris brennt ein ewiges Feuer zum Gedenken an die für das Wohl des Vaterlandes gefallenen Soldaten. Der Feuerbringer Prometheus dient zahllosen Denkmälern als Symbolfigur, so der Freiheitsstatue in New York.

## Die Entwicklung von Werkzeugen und Waffen

Die ältesten Steinwerkzeuge entstanden vor etwa 3 Millionen Jahren und werden damit noch den Australopithecinen zugerechnet (Kapitel 3). Es handelt sich um sogenannte „pebble tools", das heißt Steine mit einer scharfen Kante, die zum Schneiden und Schaben geeignet ist. Ob solche Steine von den Urmenschen nur gezielt gesucht wurden oder ob sie bereits Steine bearbeiteten, um geeignete Kanten zu erzeugen, ist nicht bekannt. Zum Faustkeil bearbeitete Steine könnten schon vom *Homo habilis* oder *Homo rudolfensis* vor circa 2,5 Millionen Jahren angefertigt worden sein (Kapitel 13).

Welche Gegenstände von den Vormenschen spezifisch als Waffen, wie zum Beispiel als Keulen und als Faustkeule genutzt wurden, lässt sich aufgrund der Fundlage zumeist nicht klären. Hartmut Thieme und sein Team aus Hannover entdeckten allerdings in einem Braunkohletagebau 400 000 Jahre alte Holzspeere. Somit dürften Speere als Distanzwaffen bereits zum Arsenal der Urmenschen gehört haben.

# Der *Homo erectus* besiedelte von Afrika aus Europa und Teile Asiens

Der *Homo erectus* hat sich in einem Zeitraum von einer Million Jahren von Äquatorialafrika über Gesamtafrika, über Europa und große Teile Asiens bis nach China ausgebreitet. 1,8 Millionen bis 1,2 Millionen Jahre alte Hominidenreste wurden in Dmanisi in Georgien sowie in Italien und Spanien gefunden. Die 800 000 Jahre alten in Atapuerca in Spanien gefundenen Relikte werden als *Homo antecessor* bezeichnet, der ein gemeinsamer Vorläufer von Neandertaler und *Homo sapiens* gewesen sein soll. In China entdeckte man in Zhoukoudian und vielen anderen Orten zahlreiche, dem *Homo erectus* zugerechnete Fossilien. Sie wurden als *Sinanthropus pekinensis* bezeichnet und sind 600 000 bis 300 000 Jahre alt. In der Höhle von Longgupo in der Provinz Yunnan gefundene menschliche Überreste sollen sogar 1,9 Millionen Jahre alt sein.

Mit Feuer und Steinwaffen ausgestattet folgte der *Homo erectus* vermutlich den Großwildherden und bewährte sich als erfolgreicher Jäger. Die immer größer werdenden Familienverbände konnten nur durch große Mengen an Fleisch gesättigt werden. Da ein Einzelner aber nicht in der Lage gewesen wäre, Großwild wie Elefanten zu erlegen, mussten die Urmenschen die Jagd schon als Teamwork betrieben haben. Aber warum verließen sie das wildreiche Afrika und zogen in Gebiete wie Nordeuropa oder die Steppen Ostasiens, Gebiete, deren Klima schon von den Eiszeiten bestimmt war? Die einfachste Erklärung ist natürlich, dass in Zentralafrika aufgrund der steigenden Bevölkerungsdichte die Nahrungsressourcen knapp wurden. So folgten die Menschen entweder den Tierherden oder sie erschlossen neue Gebiete mit hohem Tierbestand.

Um zum Beispiel von Afrika aus Zentralchina zu erreichen, mussten die Urmenschen eine Strecke von circa 10 000 Kilometern zurücklegen. Da sie dazu zumindest 300 000 Jahre Zeit hatten, betrug die Wanderungsstrecke weniger als ein Kilometer pro Jahr. Von einer Völkerwanderung, wie wir sie in geschichtlichen Zeiträumen erlebt haben, kann man also nicht sprechen. Erstaunlich ist aber, dass die Verlagerung des Lebensraumes gerichtet erfolgte, also nicht hin und zurück, sondern dass immer neue Lebensräume erschlossen wurden.

## Neue Fähigkeiten erforderten ein komplexeres Gehirn

Das Anwachsen des Hirnvolumens auf über 1000 Kubikzentimeter charakterisiert den Beginn von Langzeitgedächtnis und Bewusstsein in der Entwicklung der Hominiden (Kapitel 9). Körperteile – seien es Organe, Knochen oder Muskeln – passen sich, wenn auch in langen Zeiträumen, geänderten Gegebenheiten an. So muss es vor 2 Millionen Jahren einen Bedarf an erweiterten und auch neuartigen Gehirnfunktionen gegeben haben. Dies gilt für eine verbesserte Bewegungskoordination, für die Entwicklung einer komplexen Sprache und eines erweiterten Langzeitgedächtnisses. Unbekannt ist, ob Sprache nur an einem Ort entstanden ist und sich von dort verbreitet hat oder ob sie an vielen Stellen gleichzeitig entstand. Die letztere Möglichkeit würde zum einen die vielen regionalen Dialekte erklären und zum anderen darauf hinweisen, dass sich die einzelnen Stämme durch den Sprachgebrauch eine eigene Identität verschafften.

## Verschonten die Urmenschen ihresgleichen?

Verfolgt man die schriftlich dokumentierte Geschichte der Menschheit, so kam nach dem Kampf um die Vormacht innerhalb einer Gemeinschaft immer die gewaltsame Auseinandersetzung der Gruppierungen gegeneinander. Je größer die Zahl der Mitglieder in einem Verbund wurde, umso häufiger und gewaltsamer wurden rituelle Kämpfe nach innen und nach außen. So dürfte mit einer eventuell steigenden Besiedlungsdichte in Zentralafrika auch der Kampf um die besten Jagdgründe begonnen haben. Aber vorerst verhinderten die primitiven Waffen größere kriegerische Auseinandersetzungen. Da sich bis in die jüngere Steinzeit keine Fossilien finden lassen, die auf das Erschlagen ganzer Sippen oder zumindest der zugehörigen Männer hindeuten, ist man bei der Frage nach der Gewalttätigkeit unter den Vormenschen auf Vermutungen angewiesen. Weil man aber die Leichen der Erschlagenen nicht bestattete, sind die Überreste solcher Taten schnell verschwunden. Mit verbesserten Waffen dürfte auch die Häufigkeit aggressiver Übergriffe gestiegen sein. Da Fremde kaum über Besitztümer verfügten, das heißt, Diebstahl sich nicht lohnte, und Kannibalismus nicht verbreitet war, dürften die Sicherung oder die Ausweitung des eigenen Territoriums und die Vergewaltigung oder der Raub von Frauen aus anderen Sippen die Triebfedern für die Gewalt gewesen sein. Vermutlich hat man versucht, konkurrierende Sippen zu vertreiben, oder die Männer getötet und die Frauen in den eigenen Stamm übernommen. Ab damals dürfte Frauenraub zur Sicherung der Überlebensfähigkeit einer Sippe oder auch nur zum bloßen Lustgewinn Teil der menschlichen Kultur geworden sein.

Der Einsatz von Gewalt unterlag bei den Vormenschen keinem moralischen Vorteil für die eigene Lebensqualität. Der oft zitierte Artenschutz, das heißt, dass die eigene Art vom Töten ausgenommen wird, existierte unter Menschen wohl nie.

Das Töten von Mitmenschen zum eigenen Vorteil muss sich, ähnlich wie andere Instinkthandlungen, so tief in das Gehirn eingegraben haben, dass es sich als natürlich über Tausende von Generationen bis heute bewahrt hat. So sollte das Töten von Mitgliedern der eigenen Gattung in unseren Genen verankert sein. Vor Millionen von Jahren begannen die Probleme, die wir heute bewältigen müssen.

## Die kulturelle Evolution der Urmenschen beginnt, die Erde zu verändern

Aufgrund der hohen Säuglingssterblichkeit und dem frühen Tod durch Raubtiere oder Mangelernährung konnten sich die Urmenschen nicht ausbreiten und konnten so schon durch ihre geringe Zahl zu keiner Gefahr für das biologische Gleichgewicht werden. Bis zur Nutzung des Feuers waren die Vormenschen eher als Fehlgriff der Evolution selbst ständig vom Aussterben bedroht.

Mit dem Gebrauch des Feuers aber, das heißt mit einer der ersten bedeutenden kulturellen Errungenschaften, begann der Eingriff des Menschen in die natürlichen Ökosysteme. Beginnend mit dem *Homo erectus* wandelte sich der Mensch in 3 Millionen Jahren vom biologischen Wesen zum *Homo culturiensis* und begann alle anderen Lebewesen ausschließlich zu seinem Vorteil zu nutzen.

## 5.

# Der Neandertaler, der bekannteste unter unseren Vorfahren

D er *Homo neanderthalensis* ist ein Zeitgenosse des modernen Menschen *Homo sapiens sapiens.* Der Zusatz *neanderthalensis* erinnert an die ersten Fundorte prähistorischer Relikte dieser Gattung im Neandertal bei Düsseldorf (Kapitel 3). Heute werden die Fossilien aus der Höhle im Neandertal auf ein Alter von 42 000 Jahren geschätzt; somit gehörten die Gebeine zu Individuen, die in der Blütezeit der Gattung *Homo neanderthalensis* lebten. Unter den Jetztmenschen genießt – zumindest in Deutschland – der Neandertaler die größte Aufmerksamkeit, wenn man populärwissenschaftliche Veröffentlichen und Ausstellungen in Museen in Betracht zieht. Für diesen Beliebtheitsgrad kann man eine Reihe von Gründen anführen: Schon der Name „Neandertaler" ist einprägsamer als Bezeichnungen wie *Australopithecus* oder *Homo erectus,* ein wichtiger Fundort liegt in Deutschland und die perfekt erhaltenen Fossilien erlauben eine realistische Darstellung seines Aussehens und seiner Lebensgewohnheiten. So liebte er das Wandern von Süd nach Nord und wieder zurück, er war ein ausgezeichneter Großwildjäger, er glaubte an ein Weiterleben im Jenseits und schlussendlich ranken sich um sein Aussterben vor 30 000 Jahren wundersame Geschichten. Selbst Kinder lieben die putzigen Gesellen, die sie an Zwerge und Gnome aus ihren Kinderbüchern erinnern.

Für die Paläoanthropologen sind gut erhaltene Neandertalerskelette ideale Untersuchungsobjekte, um ihre physikalischen und molekularbiologischen Methoden zu testen. So versuchte man zum Beispiel mithilfe der Synchrotonstrahlung etwas über die kognitiven Fähigkeiten von Kleinkindern herauszufinden und ein Fingerglied eines Neandertaler-Kindes vom Typ „Denisova-Mensch" reichte aus, um das Erbgut dieser 50 000 Jahre alten Bewohner Sibiriens zu bestimmen.

## Aussehen und Lebensweise des Neandertalers

Der *Homo neanderthalensis* entwickelte sich in Afrika vor etwa 200 000 Jahren aus dem *Homo erectus* und starb vor rund 30 000 Jahren aus bisher unbekannten Gründen aus. Vor etwa 150 000 Jahren wanderte er aus Afrika kommend in den Mittelmeerraum ein. Seine Ahnenlinie begann mit dem *Homo ergaster* und verlief über den *Homo erectus* und den *Homo hei-*

5.1 So könnte ein Neandertaler ausgesehen haben.

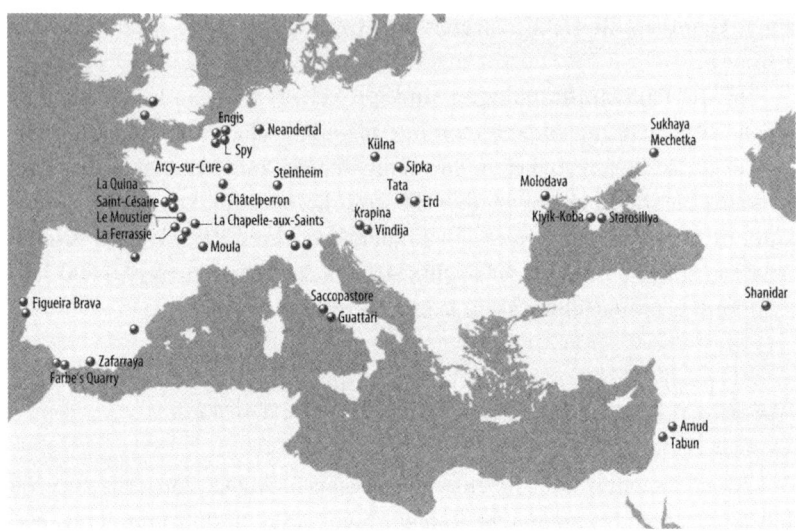

**5.2** Hauptfundorte von Überresten der Neandertaler.

*delbergensis* zu einer dem *Homo sapiens* vergleichbaren Art. Um Gemeinsamkeiten mit dem afrikanischen *Homo sapiens* zu betonen, wird er auch als *Homo sapiens neanderthalensis* bezeichnet und damit gegen den *Homo sapiens sapiens* abgegrenzt. Etwa vor 40 000 Jahren gelangte auch der *Homo sapiens* nach Europa und verdrängte in kurzer Zeit seinen Vetter, den Neandertaler. Die Anerkennung des Neandertalers als eine eigenständige Menschenform setzte sich erst durch, nachdem in einer Höhle bei Spy in Belgien 1886 zwei fast vollständig erhaltene Neandertalerskelette gefunden worden waren. Um das Jahr 2000 waren Skelette und Skelettreste von mehr als 300 Individuen dieser Gattung bekannt. Die Fundlage ist so gut, weil die Neandertaler ihre Toten in Höhlen ablegten oder, wie in einigen Fällen, auch in Erdlöchern bestatteten.

Der Neandertaler unterscheidet sich durch seinen untersetzten Körperbau und vor allem durch die Form seines Schädels von der Statur des heutigen Menschen. Er wurde 1,60 Meter groß und wog ungefähr 70 Kilogramm. Auffällig ist vor allem sein langgezogenes Schädeldach, das ein Gehirnvolumen von etwa 1750 Kubikzentimetern beherbergte. Der dominante Kiefer, die starken Überaugenwülste sowie die fliehende Stirn unterscheiden ihn vom modernen Menschen. Die große flache Nase mit einer ausgedehnten Riechschleimhaut erleichterte das Vorwärmen der Atemluft in der Kälte und stattete unsere Vorfahren mit einem ausgezeichneten Geruchssinn aus. Die sogenannte „Teeth-as-tools-Hypothese" deutet an, dass er seine Zähne auch als Schraubstock und Zange benutzte und so die Tätigkeiten der Hände ergänzte.

Die Lebensweise der Neandertaler wurde hauptsächlich von den klimatischen Bedingungen bestimmt. Während der Warmzeiten zwischen den Eiszeiten wanderten sie nach Norden und kehrten während der Vereisung von Nordosteuropa wieder in den Mittelmeerraum zurück. Da sie sich, besonders im Norden, hauptsächlich von Fleisch ernährten, mussten sie der Wanderung des Großwilds folgen. Während sie aufgrund der niedrigen Temperaturen im eiszeitlichen Norden zumeist fettes Fleisch aßen, bevorzugten sie im Süden eine Mischkost mit viel Obst und Gemüse. Ihre Jagdgewohnheiten glichen den Gebräuchen der nordamerikanischen Indianer, wie wir sie aus Büchern und Filmen kennen. Sie jagten etwa Büffel in Familienverbänden, transportierten das Fleisch zu ihren Lagerstätten und konnten es im kalten Norden auch lagern. Viele der Neandertalerskelette weisen verheilte Knochenbrüche auf. Dies könnte darauf hindeuten, dass entweder das Erlegen von Mammuts und Bisons besonders gefährlich war oder dass sie es liebten, sich gegenseitig umzubringen. An Waffen verfügten die Neandertaler über Keilmesser sowie Stoßlanzen und Wurfspeere. Aus Rinde isolierten sie Birkenpech, das sie zum Einkleben von Steinspitzen in Holzschäfte von Lanzen und Speeren benutzten. Die Neandertaler nähten sich ihre Kleidung wohl zumeist aus präparierten Tierfellen und dürften sich vom äußeren Erscheinungsbild her von den heutigen Bewohnern unwirtlicher Hochgebirgsgegenden kaum unterschieden haben.

Während der Kälteperioden entwickelte der Neandertaler Werkzeuge aus Feuerstein, die denen des später nach Mitteleuropa eingewanderten *Homo sapiens* gleichwertig waren. Daraus kann man ableiten, dass sich gerade unter schwierigen Umweltbedingungen die handwerklichen Fähigkeiten des Neandertalers verbesserten. Diese Vermutung wird auch durch in Südfrankreich und Spanien ausgegrabene Fundstücke gestützt. Gegenstände wie durchbohrte Muschelschalen und Farbpigmente aus Neandertaler-Wohnstätten deuten darauf hin, dass sich die damaligen Menschen in einer symbolisch-ästhetischen Weise schmückten. Da diese Schmuckstücke etwa 50 000 Jahre alt sind, können sie nicht vom *Homo sapiens* übernommen worden sein.

Die Neandertaler bestatteten ihre Toten in Erdlöchern oder Höhlen. Vielleicht sollten sie so vor Tierfraß geschützt werden. Es finden sich in den Gräbern auch gelegentlich Gegenstände, die als Grabbeigaben gedeutet werden können. Falls die Knochen, Blütenreste und Tierhörner diesen Zweck gehabt haben sollten, könnten die Neandertaler bereits an ein Leben im Jenseits geglaubt haben.

## Haben die Neandertaler zum Erbgut des modernen Menschen beigetragen?

Da Neandertaler und *Homo sapiens* im Vorderen Orient fast 60 000 Jahre nebeneinandergelebt haben, stellt sich die Frage, ob es gemeinsame fruchtbare Nachkommen gegeben hat. Falls dies zutrifft, wäre der moderne Mensch ein Hybrid aus Eigenschaften von *Homo sapiens* und Neandertaler. Moderne Erbgutanalysen, das heißt die Entzifferung der Buchstabenfolge der DNA, können derartige Fragen beantworten. Die Sequenzierung von Neandertaler-Genomen von Fossilien aus verschiedenen Fundorten ergab, dass die Neandertaler in ihrem Erbgut Gemeinsamkeiten mit heutigen Europäern und Asiaten aufweisen, aber nicht mit Afrikanern. Somit haben sich der aus Afrika stammende *Homo sapiens* und der Neandertaler nicht in größerem Umfang vermischt. Die Neandertaler unterscheiden sich von modernen Menschen in etwa 3 Prozent der Gene. Ob uns allerdings die Neandertaler ausgewählte Erbeigenschaften wie etwa die Widerstandsfähigkeit gegen Kälte vermacht haben, ist ungewiss.

## Warum starben die Neandertaler vor 30 000 Jahren aus?

Es ist nicht erstaunlich, dass eine Art nach einer Verweilzeit von einer Million Jahren ausstirbt, sondern es ist erstaunlich, dass die Neandertaler nur ungefähr 100 000 Jahre in Europa bzw. Asien überlebten, während sich ihre Vettern – der *Homo sapiens sapiens* – über die Welt verbreitete. Man schätzt, dass im Laufe der Evolution 90 Prozent der Menschenarten wieder verschwunden sind. Nachfolgend sind einige, allerdings spekulative Gründe für das Aussterben der Neandertaler aufgeführt: Der seit 80 000 Jahren nach Europa vordringende *Homo sapiens* könnte aufgrund seiner besseren Waffen die Neandertaler aus ihren Jagdgründen verdrängt oder sie als Feinde ausgerottet haben. Wenn die Neandertaler aus dem Norden nach Süden zurückgewandert kamen, könnten ihre Siedlungsgebiete von den Neuankömmlingen besetzt gewesen sein. Aufgrund ihrer geringen Zahl waren sie vermutlich nicht in der Lage, ihre Jagdgründe mit Gewalt zurückzuerobern.

Die sogenannte „Wärmetheorie" vermutete dagegen, dass die Neandertaler während ihrer Zeit im kalten Norden Nahrung sehr effizient in Wärme umgewandelt haben. Als sie dann nach Tausenden von Jahren ans Mittelmeer zurückkehrten, starben sie an Überhitzung, weil sie ihre überschüssige Körperwärme nicht an die Umgebung abgeben konnten. Da die Mütter ihre Kinder, besonders im unwirtlichen Norden, mehrere Jahre lang stillten und deshalb nicht schwanger wurden, war die Zahl der Neugeborenen gering. Der Verdacht auf zu wenige Nachkommen wird durch neue genetische Daten zur Besiedlungsdichte in Europa und Asien unterstützt. Während man früher davon ausging, dass gleichzeitig etwa 60 000 Neandertaler außerhalb Afrikas lebten, schätzt man heute die europäisch-asiatische Population auf nur 10 000. Die zahlenmäßig geringen Populationen konnten dann weder widrigen Lebensbedingungen – unter anderem in Form von Infektionen – noch den Angriffen ihrer Artgenossen widerstehen.

# 6.

# Der *Homo sapiens* als Vorfahre aller heutigen Menschen

Aus dem *Homo erectus* entwickelten sich vor rund 250 000 Jahren in Afrika zwei Arten des *Homo sapiens,* der *Homo sapiens sapiens* und der *Homo neanderthalensis* (Kapitel 5). Der Neandertaler besiedelte nachfolgend Europa und Teile Asiens, der Jetztmensch dagegen den ganzen Erdball. Der Mensch ist heute das Säugetier mit der größten Population mit über 7 Milliarden Individuen. Der *Homo sapiens sapiens,* nachfolgend als Jetztmensch bezeichnet, ist die einzige noch lebende Art aus der Familie der Hominiden. Alle anderen Formen des Menschen, selbst der Neandertaler, starben im Laufe der Evolution aus. Die ältesten bislang bekannten Funde des *Homo sapiens* (lat. für der einsichtsfähige Mensch) in Afrika sind rund 200 000 Jahre alt und stammen aus Herto in Äthiopien. Der zugehörige Menschentyp wird als *Homo sapiens idaltu* bezeichnet. Ob der *Homo sapiens* in dieser Region auch entstanden ist oder ob sein Ursprung im südlichen Afrika liegt, wird zurzeit von den Paläoanthropologen intensiv diskutiert. Fossilien dieser Menschen, die sich mit Bezug auf das Skelett in nichts vom heutigen Menschen unterscheiden, sind sowohl in Südafrika als auch in Äthiopien gefunden worden.

Die auf Fossilienfunden beruhende „Out-of-Africa-Theorie", nach der die modernen Menschen vor circa 200 000 Jahren in Afrika entstanden sind und vor 120 000 Jahren begonnen haben, sich über die ganze Erde zu verbreiten, ist heute aufgrund genetischer Analysen weitgehend akzeptiert. Es gibt allerdings auch Paläoanthropologen, die der Meinung sind, dass sich lokale Populationen des *Homo erectus,* die viel früher aus Afrika ausgewandert sind, mehrfach unabhängig voneinander in verschiedenen Regionen der Welt zum modernen Menschen entwickelt hätten. Die ersten Fossilien des Jetztmenschen außerhalb von Afrika wurden im heutigen Israel entdeckt und sind etwa 110 000 Jahre alt. Auch auf der Arabischen Halbinsel fand man in der Ausgrabungsstätte Jebel Faya Werkzeuge, die auf die Existenz solcher Menschen hinweisen. Man ordnet diese Funde der sogenannten ersten Wanderungswelle zu. Das Klima vor 100 000 Jahren begünstigte die Wanderung des *Homo sapiens* über die Arabische Halbinsel nach Vorderasien. In der damaligen Eiszeit lag der Spiegel des Roten Meers um 100 Meter tiefer. So war die Meerenge zwischen dem Horn von Afrika und der Arabischen Halbinsel leicht zu überqueren. Die Arabische Wüste war zu dieser Zeit eine von Wasserläufen durchzogene üppige Savanne mit hohem Tierbesatz. Der *Homo sapiens* gelangte über den Persischen Golf und Mesopotamien entlang der iranischen Küste bis nach Indien und Zentralasien. Gemäß der „Toba-Katastrophen-Theorie" kam diese Ausbreitung der damaligen Menschen durch den gewaltigen Vulkanausbruch des Toba in Sumatra vor 74 000 Jahren zum Erliegen. Durch die Verdüsterung der Sonne könnte die Temperatur für mehrere Jahre um über 10 Grad Celsius gefallen sein und hätte somit eine kurze globale Eiszeit ausgelöst. Die so bedingte Klimaverschlechterung führte dazu, dass die Zahl der Menschen selbst auf dem afrikanischen Kontinent auf wenige Tausend Überlebende reduziert wurde.

Nach der Theorie vom „genetischen Flaschenhals" müssen sich die wenigen Hinterbliebenen danach jedoch so stark vermehrt haben, dass sie zuerst den asiatischen und dann die restlichen Kontinente besiedeln konnten. So stammen die ältesten Funde des Jetztmenschen außerhalb Afrikas aus Australien. Die Überreste des sogenannten „Mungo Man" (Mungo 3) werden auf ein Alter von 40 000, die gefundenen Werkzeuge sogar auf 60 000 Jahre geschätzt. Mit der Besiedlung Neuseelands vor 800 Jahren war die Erde außer den Polargebieten von Menschen besiedelt. So brauchten die Jetztmenschen 2000 Generationen um die Erde zu bevölkern.

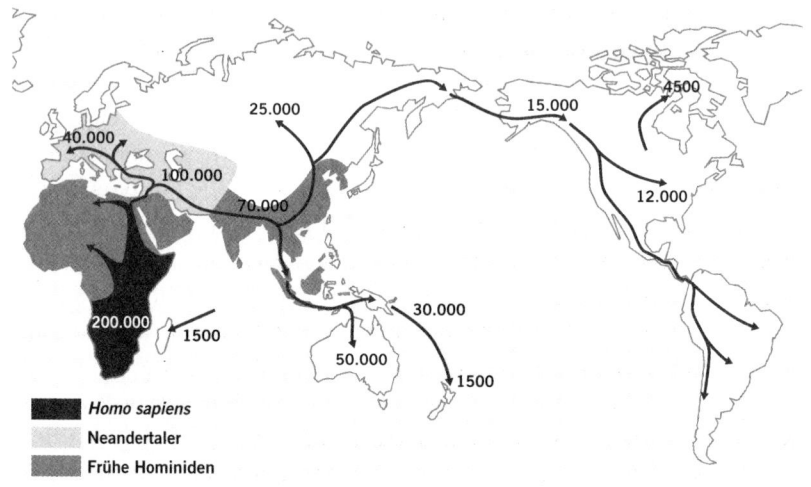

**6.1** Auswanderung des *Homo sapiens sapiens* aus Afrika. Vermutlich wanderte der Jetztmensch aufgrund klimatischer Bedingungen zuerst nach Asien und von dort weiter in den Rest der Welt. Nach Europa kam er wohl in der sogenannten zweiten Welle von Asien aus.

Anlass für die Verlagerung ihres Siedlungsraums waren jeweils Klimaveränderungen, die die Lebensbedingungen für Großtiere und damit auch für die Jäger änderten.

Vermutlich sind alle Europäer Nachfahren einer zentralasiatischen Population, die von Asien zurück nach Europa wanderte. Die ersten dieser Rückwanderer werden als Cro-Magnon-Menschen bezeichnet, benannt nach dem Ort Abri de Cro-Magnon in der Dordogne, an dem 1868 die ersten Fossilien des Jetztmenschen ausgegraben wurden. Als Epoche der Cro-Magnon-Menschen gilt die Zeit vom ersten Nachweis des *Homo sapiens* in Europa vor etwa 40 000 Jahren bis zu ihrem Verschwinden vor etwa 12 000 Jahren. Die Cro-Magnon-Menschen waren über 1,80 Meter groß und hatten einen feingliedrigen Körperbau. Ihr Skelett unterschied sich nicht von dem des modernen Menschen.

## Wann und wo erwarb der *Homo sapiens* seine technischen und geistigen Fähigkeiten?

Vor 70 000 Jahren tauchen im südlichen Afrika erstmals in der Menschheitsgeschichte Grabstöcke, Mühlsteine, Fischereigerät, Knochennadeln mit Ösen, Farbpigmente, Perlenketten und Anhänger sowie Musikgeräte wie etwa Flöten auf. Eine der ergiebigsten Fundstellen für diese Fundstücke ist die Blombos-Höhle in Südafrika. Die Grabstöcke dienten noch nicht dem Ackerbau, sondern dem Ausgraben von stärkehaltigen Knollen, die man im Gegensatz zu Fleisch lange lagern konnte. Die Verwendung von Angelhaken aus Elfenbein beweist, dass sich die Menschen auch schon von Fisch ernährten. Weiterhin verwendete der *Homo sapiens* Wurfspeere als Distanzwaffen und konnte mit einem schnell gedrehten Holzstab Feuer anzünden. Somit stammen viele kulturelle Errungenschaften des *Homo sapiens* aus seiner Zeit im südlichen Afrika.

Der aus einem warmen Klima kommende Jetztmensch besiedelte Europa genau während einer Kaltzeit. So war die Benutzung von Nähnadeln überlebenswichtig. Nur mit Nadel und Faden konnte man aus Fellen wärmende Kleidung und Unterkünfte anfertigen. Die damaligen Menschen perfektionierten mit der Erfindung von Pfeil und Bogen sowie der Speerschleuder auch ihre Möglichkeiten zur Jagd auf Großwild wie etwa auf Büffel und Mammut. Das Mammut wurde nicht nur wegen seines Fleisches gejagt, sondern aus dem Elfenbein seiner Stoßzähne wurden viele Gebrauchsgegenstände gefertigt. Das Fell diente zum Abdecken einfacher, temporärer Behausungen.

Es ist möglich, dass der damalige *Homo sapiens* mit seinen neuen Gerätschaften für die Nahrungsbeschaffung nur vier bis fünf Stunden am Tag

| **Bronzezeit** | | |
|---|---|---|
| Steinzeit | Kupfersteinzeit | |
| | Jungsteinzeit (50 – 0) | |
| | Mittelsteinzeit (130 – 50) | |
| | Altsteinzeit | Jungpaläolithikum (40 – 12) |
| | (2600 – 12) | Mittelpaläolithikum (300/200 – 40) |
| | | Altpaläolithikum (2600 – 300/200) |

6.2 Überblick über die drei Steinzeiten (Zahlenangaben in Jahrtausenden vor heute).

brauchte. Somit konnte er als Erster seiner Art seine Muße genießen; er hatte Zeit für die schönen Dinge im Leben. Die in der Blombos-Höhle gefundenen Gegenstände weisen darauf hin, dass die Menschen einen Teil ihrer Zeit mit Musik, Malerei und der Anfertigung von Figuren verbrachten. Diese Tätigkeiten unterstützen die Theorie, dass diese Menschen bereits über die Fähigkeit zum abstrakten Denken und vermutlich über eine komplexe Sprache verfügten. Besonders das Vermögen, gesprochene Sätze zu verstehen und deren Inhalte in sinnhafte Handlungen umzusetzen, dürfte die Entwicklung eines komplexen Großhirns begünstigt haben. Die Anthropologen nennen diese Zeit den „großen Sprung nach vorn" („the big leap forward").

Mit den technischen Verbesserungen, welche die Nahrungsbeschaffung bedeutend erleichterten, stieg vor 10 000 Jahren die Zahl der Jetztmenschen auf der Erde auf 4 Millionen bis 8 Millionen an. Menschen lebten nun nicht mehr ausschließlich in Familienverbänden, sondern auch in Sippen mit etwa 150 Mitgliedern. Das Leben in großen Sippen kann als Vorbereitung für das Zusammenleben von Tausenden von Menschen in Stämmen und später in Städten gesehen werden. Aber immer noch waren die Jetztmenschen Nomaden. Was sie zum Leben brauchten, führten sie auf ihren Wanderungen mit sich. Umfangreicher Besitz war für sie deshalb nicht erstrebenswert.

Die Entwicklung des Menschen vom Vormenschen zum europäischen Jetztmenschen ist aber ohne Muße und die Sehnsucht nach Schönheit im Sinne einer Ästhetik nicht denkbar. Muße, das heißt die Zeit für eine Beschäftigung mit nicht zweckgebundenen Tätigkeiten, also weder mit Nahrungsbeschaffung noch mit der Versorgung mit Werkzeugen und Kleidern, dürfte zwar beim frühen *Homo sapiens* im südlichen Afrika begonnen haben, die Entwicklung zu einer Hochkultur fand jedoch im Mittelmeerraum statt.

Die schönste Dokumentation dieser Kultur sind Höhlenmalereien, wie man sie heute zum Beispiel in Lascaux, Altamira und Cougnac bewundern kann. Ähnliche Felszeichnungen finden sich ab 30 000 v. Chr. weltweit, vom Mittelmeerraum bis nach Australien. Der in einer Höhle auf der Schwäbischen Alb gefundene Löwenmensch, ein Zwitter aus Mensch und Löwe, weist neben der Freude am Schönen auf die beginnende Spiritualität des *Homo sapiens* hin. Die Fertigung von Figuren und Zeichnungen muss einem inneren Anliegen unserer Vorfahren entsprochen haben, nämlich Erlebnisse und Wünsche in allegorischen Darstellungen festzuhalten. Ob solches Tun die reine Liebe zur Kunst war oder den Zweck

**6.3** Die Venus von Willendorf. Die starke Betonung der Geschlechtsmerkmale weist darauf hin, dass es sich entweder um die Darstellung einer Fruchtbarkeitsgöttin gehandelt hat oder um ein sexuelles Spielzeug.

hatte, die Götter gnädig zu stimmen oder den Jagderfolg zu beschwören, wissen wir nicht.

Vor etwa 30 000 Jahren spielte der Jetztmensch schon auf Flöten, Trommeln und auf mit einer Saite bespannten Bögen. Zum Warum gibt es nur Vermutungen. Ahmte man Naturgeräusche nach oder war das Musikmachen, Tanzen und Singen Wunsch und Ausdruck nach einer friedlichen Geselligkeit? Mit der Liebe zum Schönen hat sich der Jetztmensch aus seinem ausschließlich auf Nutzen orientierten Alltag befreit und sein Leben um das Segment Kultur erweitert.

## Nutzpflanzen und domestizierte Tiere

Vor 12 000 Jahren begann in Mesopotamien im fruchtbaren Zweistromland mit dem Anbau von Gerste und Weizen die Nutzung von Getreidekörnern als Bestandteil der Nahrung. Erstaunlicherweise entstand die Kultivierung von Pflanzen in Flusstälern vor etwa 9000 Jahren auf der ganzen Welt gleichzeitig, so in Indien, in Vietnam, in China und in Mittelamerika. Neben Getreide wurden hauptsächlich Hülsenfrüchte wie Bohnen und Erbsen angebaut. Auch Baumwollfasern werden seit etwa 6000 Jahren für die Herstellung von Bekleidung genutzt. Die ältesten Hinweise auf Kleidung aus Baumwolle stammen aus neolithischen Siedlungen im Industal. Das älteste Haustier des Menschen ist der Hund; vor 15 000 Jahren wurde der Wolf als Hund zum Begleiter des Menschen. Die Domestikation weiterer Tiere erfolgte hauptsächlich im Zweistromland und in allen Teilen Asiens. Tiere, die seit 11 000 v. Chr. als Haus- oder Weidetiere gehalten wurden, waren Schaf, Rind, Pferd, Schwein und Lama. Aber auch Insekten wie Honigbienen und Seidenraupen wurden schon von den Steinzeitmenschen domestiziert.

Die ersten Menschen, die vom Nomadenleben zur Sesshaftigkeit wechselten, waren wohl Fischer, die an Küsten und großen Flüssen lebten. Der Wechsel vom Sammler und Jäger zum Ackerbauern und Viehzüchter erfolgte dann vor etwa 12 000 Jahren und erforderte ein Leben in festen und dauerhaften Unterkünften. Die ältesten Steinbauten sind 13 000 Jahre alt und wurden in Tell es-Sultan, der ältesten Siedlung von Jericho im Jordantal, gefunden.

Praktisch gleichzeitig entstanden in Anatolien Städte wie Göbekli Tepe und Cayönü mit aus Lehmziegeln gebauten Häusern, Türmen und Wehranlagen sowie mit Königspalast, Begräbnisplatz und Opferstätten. Die Befestigung der Städte weist darauf hin, dass es bereits zu dieser Zeit Feinde gab, die versuchten, die reichen Bewohner der Städte auszurauben.

In der Neusteinzeit änderte sich das Leben der Menschen an vielen Orten der Welt grundlegend. Nun bestimmte die Arbeitsteilung ihren Alltag. Ackerbauern und Hirten beschafften die Nahrung, Töpfer fertigten die Vorratsgefäße, Maurer bauten die Häuser, Wächter bewachten die Stadt und setzten die Anordnungen der Obrigkeit um. Konträr zu Nomaden verfügen die Städter nun über Besitztümer, die es vor Zugriffen der Habenichtse zu schützen galt. Zu welcher Zeit dann militärische Strukturen entstanden, ist ungewiss; ab 5000 v. Chr. waren Heere zum Schutz der Städte oder zum Angriff auf Nachbarn mit Sicherheit vorhanden.

Das enge Zusammenleben von Menschen, die zum großen Teil nicht miteinander verwandt waren, erforderte die Aufstellung und Durchsetzung von Regeln wie etwa „Du sollst nicht stehlen" oder „Du sollst nicht begehren deines Nächsten Weib". Diese Regeln dürften die Anfänge von dem gewesen sein, was wir heute als Moral oder Sittengesetz bezeichnen. Der Vollzug forderte wiederum eine Obrigkeit, die mit der Macht ausgestattet war, die Übeltäter zu ergreifen und gebührend zu bestrafen. Vermutlich bildeten sich dann aus Hütern der Gesetze Dynastien, die eine hierarchische Gliederung der Gesellschaft durchsetzten. Da selbst ein genialer Herrscher ergebene Zuarbeiter braucht, wurde gleichzeitig die Kaste der Staatsdiener etabliert. Rechtlos waren allerdings die Sklaven oder Unfreien, die man als gefangene Feinde am Leben gelassen hatte, um ihre Arbeitskraft auszubeuten.

Über das Verhältnis der Städte untereinander wissen wir wenig, da es vor 10 000 Jahren weder Aufzeichnungen und kaum bildliche Darstellungen gab, die Alltägliches schildern. Funde von Figurinen aus Lehm, die wohl Fruchtbarkeitssymbole darstellten und die im Vorderen Orient gefertigt, aber im Ostseeraum gefunden wurden, weisen auf weiträumige Handelsbeziehungen unter den Siedlungen hin. Gebrauchsgegenstände aus Kupfer, das ab etwa 8000 v. Chr. in der heutigen Türkei abgebaut und verarbeitet wurde, waren wenig später über ganz Europa verbreitet; dies belegt einen intensiven Handel besonders mit neuartigen Waffen wie Beilen und Schwertern aus Metall.

Betrachtet man den Zeitraum von den Höhlenmalereien in Südfrankreich bis zum Leben in der Stadt Babylon, so hat sich in einer Periode von nur 20 000 Jahren eine unglaubliche kulturelle Entwicklung vollzogen. Menschen erfanden die Schrift, das Rad, die Baukunst, das Bierbrauen und das Steuersystem. Alle technischen Errungenschaften, wie zum Beispiel das Schwert oder der Streitwagen, wurden in der Folgezeit in militärischen Auseinandersetzungen mit anderen Völkern und damit zur Ausweitung der eigenen Macht eingesetzt. Prinzipiell unterschied sich das Leben etwa in Babylon, abgesehen von der Techniknutzung, kaum von unserem heutigen Leben.

# Die Jetztmenschen erfinden sich ihre Götter und danach ihren Gott

Mit der Ausbildung von Bewusstsein, Gedächtnis, abstraktem Denken wie auch spirituellen Fähigkeiten begannen die Menschen über die Endlichkeit ihres Lebens nachzudenken. Die Grabbeigaben, die man seit dem Neandertaler und dem Jetztmenschen findet, weisen darauf hin, dass die Menschen an ein Leben nach dem Tod glaubten. Menschen wurden zu spirituellen Wesen. So ergänzten sie den nicht realisierbaren Wunsch nach Unsterblichkeit durch die Vorstellung von einer dem irdischen Leben vergleichbaren Existenz im Jenseits. Damit lag die Vorstellung nahe, dass es auch dort Wesen geben musste, welche nach vertrauten Prinzipien auch im Jenseits eine Obrigkeit bildeten.

Aber das Leben auf Erden wies für die Jetztmenschen auch viele Erscheinungen auf, die sie mit ihrem begrenzten Verständnis von Naturphänomenen nicht erklären konnten. Während die Menschen das Erdreich unter ihren Füßen spürten, war der Himmel mit seinen Sternen ein Raum, den man zwar allnächtlich bewundern konnte, zu dem man aber keinen Zugang hatte. So war die einfache Frage, heute oft noch von Kindern gestellt: Welches Geschlecht lebt im Himmel? Man wusste zwar, dass es ohne Sonne kein Leben gibt, aber wie Sonnenstrahlen die Erde erwärmen, war mysteriös. Warum wärmte die Sonne tagsüber, versank aber gegen Abend wieder hinter den Bergen oder im Meer; warum verschwand der Mond für längere Zeit, um allmählich am Himmel wieder zur Scheibe zu werden? Als Erklärung dachte man sich göttliche Wesen aus, die im Himmel wohnten und über Eigenschaften verfügten, von denen die Irdischen nur träumten. Götter konnten unsichtbar sein, sie konnten sich an jedem Ort aufhalten oder Frevler mit Blitzen töten. Solche allmächtigen Geister durfte man um Hilfe bitten, als Gegenleistung musste man Teile seines Besitzes als Opfer darbieten. Da Menschen sich im irdischen Dasein, freiwillig oder gezwungen, einem Herrscher unterordnen, sollten auch im Jenseits vergleichbare Hierarchien existieren. Die irdischen Machthaber über Sippen, Stämme und Staaten erkannten, dass man, um Macht über Leben und Tod seiner Untertanen zu erlangen, eine Unterordnung unter den Willen der Götter gut mit dem eigenen Herrschaftsanspruch verbinden konnte. Nur musste der bisherige Machtapparat durch eine Priesterkaste ergänzt werden, welche die Spielregeln zwischen den vermeintlichen Göttern und den Untertanen formulierte und ihre Einhaltung kontrollierte. Ein so geschaffener Clan aus Staatsdienern und Priesterschaft beherrschte fortan die Menschen und zwang ihnen mit einem Gemisch aus Versprechen und Drohung ein Leben als Untertanen von Gott und Kaiser auf. Vergleichbar den irdischen Machthabern forderten die Götter oder der Gott für ihre Unterstützung absoluten Gehorsam von ihren Untertanen: So sollte Abraham als Zeichen des Gehorsams seinen einzigen Sohn opfern und der König Agamemnon für günstigen Wind zur Fahrt nach Troja seine Tochter Iphigenie. Selbst Jesus von Nazareth besteht auf der Vernichtung seiner Feinde: „Doch jene meiner Feinde, die nicht wollten, dass ich über sie herrschen sollte, bringe sie her und erwürget sie vor mir" (Lukas 19, Lutherbibel von 1912).

Im späteren Gott-Königtum verschmolzen Verwaltungsstrukturen zu einem von Gott berufenen und vom Herrscher eingesetzten Priestertum, das sowohl das Alltagsleben wie alle Formen von Frömmigkeit der Untertanen kontrollierte. So war es zum Beispiel bei kriegerischen Handlungen vorteilhaft, den Kämpfern versichern zu können, dass man im Falle ihres Todes für ein glückliches Leben in einer von Göttern bewohnten Welt Sorge tragen werde.

Bald war es für einen Alleinherrscher naheliegend, seine Macht nicht mit einer Vielzahl von Göttern zu teilen, sondern einen einzigen, wahren Gott zu proklamieren und sich selbst als dessen Statthalter auf Erden einzusetzen. Dieses „Königtum von Gottes Gnaden" entstand wohl unter anderem in den Stadtstaaten im Vorderen Orient und dient noch heute in Form einer Obrigkeit zur Reglementierung der Bürger. So schrieb der Apostel Paulus an die römischen Christen (Römer 13): „Jedermann sei untertan der Obrigkeit, die Gewalt über ihn hat. Denn es ist keine Obrigkeit ohne von Gott; wo aber Obrigkeit ist, die ist von Gott verordnet. Wer sich nun der Obrigkeit widersetzt, der widerstrebt Gottes Ordnung; die aber widerstreben, werden über sich ein Urteil empfangen."

## Gott als oberster Kriegsherr

Durch die Einführung von Ackerbau und Viehzucht müssen sich die Gegensätze zwischen Sesshaften und Nomaden verschärft haben. Die Bauern kultivierten Flächen, bauten Städte und umgaben sie mit Schutzwällen, um ihren Besitz zu sichern. Die Nomaden dagegen brauchten große Areale zum Jagen oder zum Weiden ihrer Herden. Flächenbedarf und der Gegensatz zwischen Besitzenden und Besitzlosen führten wohl zu Konflikten, die als Raub- und Verdrängungskriege ausgetragen wurden. Über die nach 4000 v. Chr. im Vorderen Orient stattgefundenen Kämpfe weiß man aufgrund von Aufzeichnungen und durch auf steinernen Monumenten dargestellten Schlachten gut Bescheid. Eine besonders ertragsreiche Informationsquelle sind auch einige Texte in der Bibel, besonders in den Büchern Mose und Josua. Die hebräische Bibel, von Christen auch als das Alte Testament bezeichnet, besteht aus einer Sammlung von Texten, die in einem Zeitraum ab etwa 1500 v. Chr. bis zum Abschluss des jüdischen Kanons (135 n. Chr.) aufgezeichnet wurden. Viele der Texte beschreiben, oft allerdings in allegorischer Form, das Alltagsleben im Vorderen Orient vor und während dieser Zeitspanne. Einige der ältesten Episoden entstanden im Verlauf von Wanderungsbewegungen derjenigen Nomaden, die vom Zweistromland und von Ägypten aus nach Kanaan einsickerten und dort sesshaft wurden. Die zuerst mündlich überlieferten Berichte wurden schriftlich erst fixiert, als aus einem Städtebund der Hebräer ein Staatswesen nach dem Vorbild antiker Monarchien geworden war.

Wenn nachfolgend auf einige Bibelzitate zurückgegriffen wird, um die Grausamkeit der damaligen kriegerischen Auseinandersetzungen zu veranschaulichen, bedeutet dies nicht, dass nur der Stamm der Israeliten seine Interessen brutal durchgesetzt hätte. Alle Völker, vom Kaukasus bis zum Nil, benutzten ähnliche Praktiken, um ihre militärischen Ziele zu erreichen. In ihrer Missachtung von menschlichem Leben unterschieden sie sich in keiner Hinsicht. Welche Gebiete es für Neuankömmlinge als Stammland zu erobern galt, wird zum Beispiel in der Bibel genau angegeben: „Von der Wüste bis zum Libanon und vom großen Strom Euphrat bis an das große Meer bis gegen Sonnenuntergang, das ganze Land der Hethiter, soll euer Gebiet sein. Es soll euch niemand widerstehen ein Leben lang" (Josua 1, 4–5). Gewalt als Mittel zur Bereicherung ist ein traditioneller Teil der Menschheitsgeschichte seit 3 Millionen Jahren. Neu dagegen ist die Berufung auf die Götter oder auf einen Gott als Auftraggeber für die Plünderung von fremdem Besitz sowie die Ermordung von Konkurrenten jeder Art.

„Wenn du vor eine Stadt ziehst, um sie anzugreifen, dann sollst du ihr zunächst eine friedliche Einigung vorschlagen.

Nimmt sie die friedliche Einigung an und öffnet dir die Tore, dann soll die gesamte Bevölkerung, die du dort vorfindest, zum Frondienst verpflichtet und dir untertan sein. Lehnt sie eine friedliche Einigung mit dir ab und will sich mit dir im Kampf messen, dann darfst du sie belagern.

Wenn der Herr, dein Gott, sie in deine Gewalt gibt, sollst du alle männlichen Personen mit scharfem Schwert erschlagen.

Die Frauen aber, die Kinder und Greise, das Vieh und alles, was sich sonst in der Stadt befindet, alles, was sich darin plündern lässt, darfst du dir als Beute nehmen. Was du bei deinen Feinden geplündert hast, darfst du verzehren; denn der Herr, dein Gott, hat es dir geschenkt.

So sollst du mit allen Städten verfahren, die sehr weit von dir entfernt liegen und nicht zu den Städten dieser Völker hier gehören.

Aus den Städten dieser Völker jedoch, die der Herr, dein Gott, dir als Erbbesitz gibt, darfst du nichts, was Atem hat, am Leben lassen.

Vielmehr sollst du die Hethiter und Amoriter, Kanaaniter und Perisiter, Hiwiter und Jebusiter der Vernichtung weihen, so wie es der Herr, dein Gott, dir zur Pflicht gemacht hat, damit sie euch nicht lehren, alle Gräuel nachzuahmen, die sie begingen, wenn sie ihren Göttern dienten, und ihr nicht gegen den Herrn, euren Gott, sündigt."

**6.4** Gebote Gottes zur Unterwerfung fremder Menschen (5. Mose 20, 10–18).

Während zuvor weltliche Herrscher ihre Gräueltaten nicht durch religiöse Argumente rechtfertigten, ist es fortan eine Priesterschaft, die im Namen und Auftrag eines imaginären Gottes ihre Gefolgschaft zusammenhält und versucht, ihren Machtbereich zu erweitern. Der einem Stamm zugeordnete Gott wird zum obersten Kriegsherrn, der Gewalt befiehlt und die Folgen der Taten verantwortet: „Der HERR, dein Gott, wird selber vor dir hergehen. Er selber wird diese Völker vor dir her vertilgen, damit du das Land einnehmen kannst ... Wenn sie nun der Herr vor euren Augen dahin geben wird, so sollt ihr mit ihnen ganz tun nach dem Gebot, das ich euch gegeben habe. Seid getrost und unverzagt, fürchtet euch nicht und lasst euch nicht vor ihnen grauen; denn der HERR, dein Gott, wird selber mit dir ziehen und wird die Hand nicht abtun und dich nicht verlassen" (5. Mose 31, 3–6). Dafür verlangt er als Gegenleistung die Vernichtung aller derjenigen, die als die sogenannten Ungläubigen seinen Machtanspruch nicht anerkennen. Zwischen dem eigenen Volk und Feinden wird anhand der von Gott angeordneten körperlichen Merkmale wie zum Beispiel der

Beschneidung unterschieden: „Das ist mein Bund zwischen mir und euch samt deinen Nachkommen, den ihr halten sollt. Alles, was männlich ist unter euch, muss beschnitten werden. Am Fleische eurer Vorhaut müsst ihr euch beschneiden lassen. Und der unbeschnittene Männliche, der am Fleische seiner Vorhaut nicht beschnitten wird, selbige Seele soll ausgerottet werden aus ihrem Volke, meinen Bund hat er gebrochen" (1. Mose 17, 14).

Nimmt man die Berichte in der Bibel wörtlich, so wurden die Eroberungskriege in Vorderasien, gemessen an heutigen moralischen Standards, mit äußerster Grausamkeit geführt. Nach der Eroberung einer Stadt oder einem Sieg über einen Stamm wurden weder Frauen und Kinder noch Tiere verschont. „So eroberten sie die Stadt und vollstreckten den Bann an allem was in der Stadt war, mit der Schärfe des Schwerts, an Mann und Weib, Jung und Alt, Rindern, Schafen und Eseln" (Josua 6, 21). Solche Aussagen stehen natürlich zu dem biblischen Gebot „Du sollst nicht töten" (2. Mose 20, 13) im krassen Widerspruch. Derartige altruistische Appelle galten allerdings nur für die Angehörigen des eigenen Volkes. Wenn Gott und der Heerführer gnädig gestimmt waren, wurden noch unberührte Frauen und kräftige Männer als Sklaven in das eigene Volk übernommen; im Normalfall jedoch töteten Leichenfledderer die Verwundeten und stahlen alles Brauchbare. Die Zahl der getöteten Stadtbewohner oder Stammesangehörigen im Verlauf einer Schlacht wird oft mit circa 10 000 angegeben. Diese Angabe ist wohl übertrieben, da sie zumeist die Größe eines Sieges symbolisieren sollte.

Fortan rechtfertigten die Machthaber das Töten sogenannter Feinde als ein Handeln im Auftrag Gottes oder der Götter. Dieses „Gott mit uns" hat sich bis in die heutige Zeit erhalten. Noch immer beten die Heerführer um den Segen Gottes und für einen ruhmreichen Sieg.

# 7.

# Das genetische Erbe als eine der Grundlagen für menschliches Verhalten

Steinzeitmenschen beobachteten schon, dass ein in den Boden eingebrachter Samen zu einem Baum werden kann und dass aus einem Vogelei durch Bebrüten ein Küken entsteht. Auch wussten sie, dass es des Spermas bedarf, um im Körper einer Frau ein Kind entstehen zu lassen. Mit Beginn des Ackerbaus vor 10 000 Jahren erzeugte man durch das Sammeln von Samen von ertragreichen oder widerstandsfähigen Pflanzen eine Folgegeneration mit verbesserten Erträgen. Ähnliche Beobachtungen führten nach der Domestikation von Wildtieren zu Hausrassen mit den vom Züchter gewünschten Eigenschaften. Auch die Verbesserung menschlicher Eigenschaften durch gezielte Selektion der Nachkommen war unseren historischen Vorfahren nicht fremd. So töteten die Spartaner alle missgestalteten Neugeborenen, weil sie nach ihrer Auffassung als Krieger nicht taugten und sich somit nicht vermehren sollten.

In allen Hochkulturen dürfen nur die Götter oder ein Gott den aus Erde oder Lehm gemachten Wesen den Odem des Lebens einhauchen. Falls Menschen solches Tun selbst in die Hand nehmen, gilt dies als Frevel. Trotzdem fehlte es aber nicht an Versuchen, das Menschenmachen auszuprobieren. Wie Hesiod in seiner „Theogonia" berichtet, hat der Schmied

Hephaistos, allerdings auf Bitten von Göttervater Zeus, Pandora als die erste künstliche Frau – die Allbeschenkte – geschaffen. Die Alchemisten des Mittelalters mit ihrem berühmtesten Vertreter Paracelsus waren von der Idee fasziniert, kleine Menschen, sogenannte Homunculi zu erzeugen. Urin, Blut und Sperma dienten dabei als „materia prima", um in einer Phiole einen Menschen entstehen zu lassen. In der Moderne sind es die Roboter in Menschengestalt, von Materialwissenschaftlern, Elektronikern und Informatikern geschaffen, welche die Sehnsucht der Menschen, selbst die Rolle des Schöpfers zu übernehmen, realisieren. Das biologische Menschenmachen erfährt im 20. Jahrhundert eine Renaissance durch die kombinierte Anwendung der Gentechnologie und der Embryologie. Die vollmundigen Ankündigungen, man wolle nach dem Erfolg mit Säugetieren nun auch einen Menschen klonen, haben sich zum Glück als reine Hybris von Sektierern erwiesen.

Die Genetik (griechisch für Abstammung, Ursprung) oder Vererbungslehre ist ein Teilgebiet der Biologie und befasst sich mit den Gesetzmäßigkeiten und den stofflichen Grundlagen der Ausbildung von Merkmalen sowie der Weitergabe von Erbanlagen an die nächste Generation.

Die von Gregor Mendel (1822–1884) mit seinen Kreuzungsversuchen an Erbsen begründete „Klassische Genetik" untersucht, in welcher Kombination die Erbeigenschaften (Gene) der Eltern bei Nachkommen auftreten und wie sie die Ausprägung äußerlicher (phänotypischer) Merkmale beeinflussen. Somit beruhen Aussagen zu Gesetzmäßigkeiten in der Vererbung auf der Beobachtung von Veränderungen sichtbarer Eigenschaften wie etwa der Blütenfarbe oder dem Aussehen der Samen. Der wohl bekannteste Genetiker Charles Darwin entwarf bereits 1838 seine Theorie der Anpassung an den Lebensraum durch Variation und natürliche Selektion und erklärte so die phylogenetische Entwicklung der Organismen und ihre Aufspaltung in Arten (Kapitel 12).

Noch aber war unbekannt, woraus das Erbmaterial besteht und wie es das Werden von Leben dirigiert. Den Wissenschaftlern James Dewey Watson und Francis Crick war es vorbehalten, 1953 ein chemisches Modell des Erbguts, die sogenannte DNA-Struktur, vorzuschlagen. Im Laufe der Jahre konnte gezeigt werden, dass dieses Modell die biologisch aktive Struktur der DNA richtig wiedergibt. Von damals bis heute erlebte die molekulare Genetik durch die Anwendung physikalischer und chemischer Methoden einen kaum zu beschreibenden Aufschwung. Nach den Thesen der Genetiker ist Leben nichts anderes als nach dem Prinzip von „Zufall und Notwendigkeit" genutzte Chemie und Physik.

# Die biologischen Grundlagen der Vererbung

Das Erbprogramm aller Lebewesen, vom Bakterium bis zum Menschen ist in einem fadenähnlichen Molekül verschlüsselt, das aufgrund seiner chemischen Struktur mit dem komplexen Namen Desoxyribonukleinsäure bezeichnet wird. Deshalb wird anstelle des Zungenbrechers fast immer im Deutschen die Abkürzung DNS oder die aus dem Englischen kommende Abkürzung DNA (deoxyribonucleic acid) benutzt. Im Folgenden wird die international gebräuchliche Abkürzung DNA verwendet. Den genetischen Informationscode, wie er in der DNA niedergelegt ist, kann man mit einem Alphabet vergleichen. Er nutzt als Informationselemente nur vier Buchstaben, nämlich A, C, G, und T; dies sind Abkürzungen für die sogenannten Nukleobasen Adenin, Cytosin, Guanin und Thymin. Das DNA-Molekül des Menschen besteht aus etwa 3 Milliarden oder genau bei einem ausgewählten Individuum aus 3 101 788 170 dieser Buchstaben. Diese genaue Zahlenangabe weist darauf hin, dass die Buchstabenfolge (Sequenz) der DNA entschlüsselt wurde.

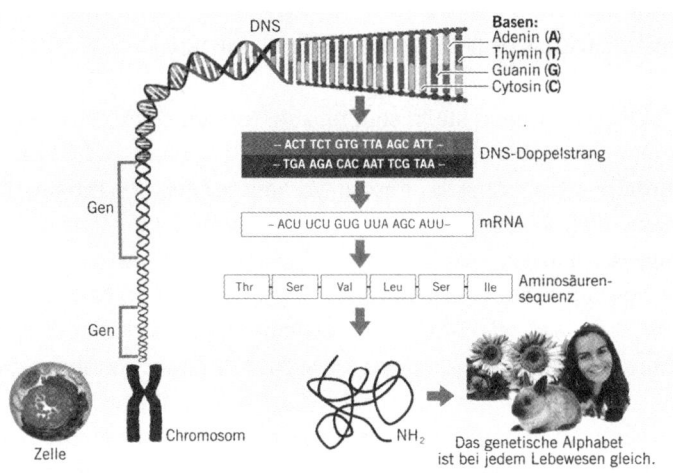

7.1 Schematische Darstellung der Umsetzung der Erbinformationen in ein Protein. Das vereinfachte Schema skizziert die chemischen Grundlagen der sogenannten Genexpression, die Umsetzung der als DNA gespeicherten Information in einen aus Aminosäuren zusammengesetzten Proteinfaden. Dabei werden von der DNA viele kurzlebige Kopien gemacht, die man als Boten- oder Messenger RNA bezeichnet. Diese Abschrift dient dann als Matrize zur Synthese der Proteine. Wird in der DNA ein Buchstabe verändert, so wird damit eine falsche Aminosäure in das Protein eingebaut.

Die DNA dient beim Menschen als Bauanleitung zur Herstellung von ungefähr 30 000 unterschiedlichen Proteinen aus 20 unterschiedlichen Aminosäuren. Dabei ist eine Erbeigenschaft, ein Gen, immer für die Herstellung eines bestimmten Proteins zuständig. Die Summe aller Gene in einem Organismus nennt man ein Genom. Proteine fungieren in Form von Kollagen als Bauelemente, beschleunigen als Enzyme Stoffwechselreaktionen, bestimmen als Hormone unsere Gefühlswelt und organisieren als Antikörper die Infektionsabwehr. Vereinfacht formuliert ererben Kinder von ihren Eltern nichts anderes als eine Bauanleitung zur Herstellung dieser Proteine.

Da sich Lebewesen jedoch ständig an ihre Umwelt anpassen und Phasen der Entwicklung wie Reife und Altern durchlaufen, müssen sie über die Fähigkeit verfügen, aus der Gesamtheit der Gene im genetischen Speicher einzelne Informationen selektiv zu nutzen. So bestehen Gene aus Strukturstrecken, welche die Abfolge der Aminosäuren in einem Protein bestimmen, und aus Steuerelementen, die das An- und Abschalten des Gens veranlassen und damit die gebildete Proteinmenge kontrollieren.

Die zellbiologischen Grundlagen der Genetik

Die DNA-Struktur muss stabil sein und sie soll bei einer Zellvermehrung so verdoppelt werden, dass auch die neuen Zellen identische Kopien der DNA erhalten. Andererseits müssen Veränderungen des Erbguts (Mutationen) möglich sein, um die nötige Variabilität für das Entstehen von neuen Arten zu schaffen.

Die meisten Erbgutveränderungen sind Zufallsereignisse. Ohne Mutationen kann sich eine Art nicht verändern und sich damit nicht an veränderte Umweltbedingungen anpassen. Mutationen können spontan – etwa als Fehler beim Verdoppeln der DNA – auftreten oder durch Umweltbedingungen oder Chemikalien veranlasst sein. Treten Mutationen zu häufig auf, zum Beispiel aufgrund zu hoher Sonneneinstrahlung oder dem Einatmen toxischer Chemikalien, führt dies zum Tod der Zelle oder des Organismus. Die meisten Mutationen aber bleiben für das Lebewesen ohne Folgen, da sie sich in DNA-Bereichen ereignen, die keine kodierende Funktion haben. Aber schon ein einziger Buchstabenaustausch in der Regelstrecke eines Gens kann zum Tod des Lebewesens führen. Während Mutationen in Körperzellen mit dem Organismus zugrunde gehen, werden Mutationen, welche die Keimzellen, die

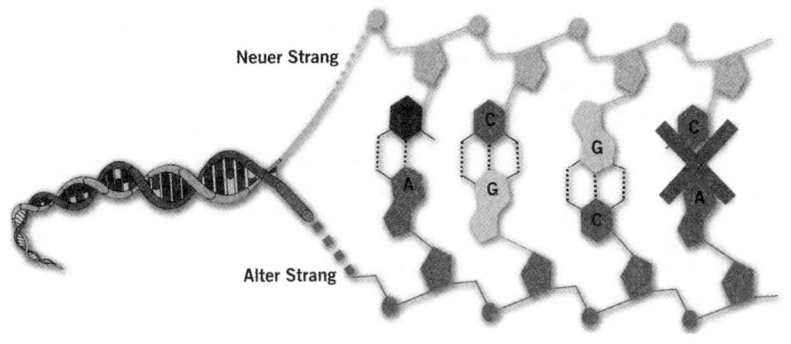

**Neuer Strang**

**Alter Strang**

**7.2.** Die Prinzipien einer Punktmutation in der DNA – eine flächige Projektion der DNA-Doppelhelix. Der Faden wird von Zuckermolekülen gebildet, die über Phosphorsäuren miteinander verknüpft sind. Jedes Zuckermolekül ist mit einem informationstragenden Element Adenin, Cytosin, Guanin und Thymin verbunden. Erbfehler, Mutationen, entstehen, wenn ein falscher Partner beim Kopieren der DNA in einen Strang eingebaut wird – hier Cytosin anstelle von Thymin.

Gonaden, betreffen, an die Nachkommen weitergegeben, also vererbt.

Bekannte erbliche Krankheiten sind zum Beispiel die Chorea Huntington, der Veitstanz, die Muskeldystrophien und der Mongolismus. Allerdings werden die meisten genetischen Erkrankungen nicht durch die Mutation eines einzelnen genetischen Buchstabens ausgelöst, sondern haben vielfältige andere Ursachen. Die Eizellen im weiblichen Körper sind schon bei Geburt angelegt, sodass sie sich während der Lebensphase nicht durch Teilung neu bilden. Sie müssen nur einen Reifungsprozess durchlaufen und sind deshalb nicht so anfällig für Kopierfehler. Anders verhält es sich bei Spermien, die sich beim geschlechtsreifen Mann ständig neu bilden.

Die meisten Mutationen haben für das Individuum negative Auswirkungen und werden so nicht weitergegeben, da sich ein Lebewesen mit einer schlechteren Erbanlage nicht gegen seine Artgenossen durchsetzen kann. Gelegentlich aber hat eine Mutation auch positive Auswirkungen für die Überlebenschancen des betroffenen Individuums. Falls sich beispielsweise der Mutant effizienter fortpflanzt als seine Konkurrenten, wird die Veränderung in die nächsten Generationen weitergetragen und erweist sich damit als stabil. Für die Weitergabe der Mutation sind aber immer die Selektionsverhältnisse bestimmend, das heißt, ob sie sich durchsetzen, hängt immer von den Lebensbedingungen ab. Durch das Prinzip „Mutation mit nachfolgender Selektion" entstand über einen Zeitraum von 3 Milliarden Jahren die Vielfalt der vergangenen und der heutigen Arten. So waren es zum Beispiel die Klimaschwankungen während der Eiszeiten, welche die Entwicklung des *Homo sapiens* beschleunigten.

Während der ersten 3 Milliarden Jahre wurde das Leben auf der Erde durch Einzeller bestimmt. Sie haben ein kleines Genom, Bakterien etwa 3 Millionen Basenpaare, und können sich im Stundenbereich verdoppeln. Bei der kurzen Generationszeit wirken sich die Mutationen kaum aus, da sich der Untergang eines Individuums durch Erbgutverschlechterung in der Population nicht bemerkbar macht. Auf der anderen Seite ist die Zahl der Mutationen hinreichend, um ständig neue an die Umweltbedingungen besser angepasste Arten entstehen zu lassen. Einzeller haben während der ersten 3 Milliarden Jahre der Evolution das Gesicht der Erde geprägt; so haben diese Einzeller den Sauerstoffgehalt in der Atmosphäre auf 18 Prozent erhöht, und durch Ablagerung ihrer Kalkskelette entstanden viele unserer Kalksteingebirge.

Bei höher entwickelten Zellen, die einen komplexeren Bau und längere Generationszeiten haben, wird die DNA vor Mutationen durch eine Proteinhülle (Chromosomen) und durch das Platzieren in ein besonderes Segment innerhalb der Zelle, in den Zellkern, geschützt. Im Gegensatz zu den Bakterien weisen die Zellen von beispielsweise Säugetieren einen doppelten (diploiden) Chromosomensatz (Karyotyp) auf. Höher stehende Lebewesen wie etwa Säugetiere vermehren sich nicht durch Teilung, sondern auf sexuellem Wege. Die sexuelle Fortpflanzung war ein zentraler Schritt innerhalb der Evolution, ohne den eine so komplexe Entwicklung der Organismen, besonders des Menschen, nicht hätte stattfinden können.

Eine menschliche Zelle enthält 46 Chromosomen oder 23 Chromosomenpaare. Die ersten 22 Chromosomenpaare sind bei beiden Geschlechtern gleich und nach der Größe nummeriert. Nummer 1 ist dabei das größte, Nummer 22 das kleinste. Das 23. Chromosomenpaar beinhaltet Informationen, die das Geschlecht des Menschen bestimmen, und setzt sich entweder aus der Kombination weiblich XX oder männlich XY zusammen.

Die Keimzellen, Spermium und Eizelle, enthalten jeweils die Hälfte eines vollen Chromosomensatzes. Bei der Verschmelzung von Eizelle und

Samenzelle verbindet sich die gleiche Anzahl von weiblichen und männlichen Chromosomen und bildet zusammen wieder 46 Chromosomen. Dabei vererbt die Eizelle immer ein X-Chromosom, ein Spermium kann aber entweder ein X- oder ein Y-Chromosom beitragen. Aus der Kombination XX entwickelt sich ein Mädchen, aus XY ein Junge. Somit bestimmen die Erbanlagen des Mannes das Geschlecht der Nachkommen. Bei dem Verdoppeln der Chromosomen kann es zu einem sogenannten „crossing over" zwischen zueinanderpassenden Chromosomen kommen. Dabei werden Gensegmente mit Millionen von genetischen Buchstaben zwischen väterlichem und mütterlichem Genom ausgetauscht. Mit der sexuellen Fortpflanzung wird so die notwendige genetische Variabilität erzeugt, damit eine natürliche Selektivität im Zuge der Evolution hinreichend schnell erfolgen kann.

## Die Vererbung komplexer Eigenschaften

Über Millionen von Jahren haben sich der Körperbau und auch die Verhaltensweise von Hominiden geändert. Als der *Homo erectus* von Afrika in den Norden Europas wanderte, hellte sich seine Haut von dunkelbraun zu hellgelb auf. Während in Ländern mit intensiver Sonneneinstrahlung die Hautzellen vor UV-Strahlen geschützt werden sollen, muss im Norden die geringe Sonnenintensität genutzt werden, um mithilfe von UV-Strahlen in der Haut das Vitamin D zu synthetisieren. So stellen die Melanocyten in der Haut von Menschen, die in Äquatornähe leben, viel braunschwarzes, schützendes Melanin her, während bei Nordeuropäern die Melaninbildung gering ist und die Haut damit als hell erscheint.

Während anatomische und physiologische Anpassungen mit der Genetik erklärbar sind, ist es schwierig, charakterliche Eigenschaften, wie etwa die Neigung zum Guten oder Bösen, ausschließlich Mutationen zuzuordnen. Meistens kann man nicht entscheiden, ob das geänderte Verhalten eines Menschen genetisch bedingt oder die Folge der Erziehung ist.

Einige Eigenschaften, die wir heute mit dem Prädikat „moralisch gut" versehen, sind den Primaten als Instinkte angeboren, wie etwa das Sorgen für den eigenen Nachwuchs. Sicher gab es auch Handlungen, die von unseren Ahnen a priori als böse eingestuft wurden, so der Nahrungsraub innerhalb der Familie oder das Töten von zur Sippe gehörenden Kindern. Zumindest bis zum Auftreten des *Homo sapiens* im Mittelmeerraum dominierten Kriterien wie „nützlich für das Wohlergehen des Individuums oder der Sippe" bzw. „schädlich für das Wohlergehen des Individuums oder der Sippe", während ethische Kategorien keine Rolle spielten. Gut war, was dem Individuum und der Sippe nutzte, und schlecht war, was ihr schadete. Waren die Urmenschen Schurken, wenn sie der benachbarten Sippe die Frauen stahlen, um die Existenz ihrer Gemeinschaft zu sichern? Wohl nicht, denn sie handelten im guten Glauben, das Richtige für die Gemeinschaft zu tun.

Natürlich sind die Übergänge hin zu einem moralischen Verhalten fließend, aber vielleicht kann man die Anfänge eines Bewusstseins für Gut und Böse zeitlich zumindest eingrenzen. Als vor ungefähr 50 000 Jahren der *Homo sapiens* begann, Bilder zu malen, Figuren zu schnitzen und Instrumente zu spielen, entwickelte er Fähigkeiten, die nicht von der Nützlichkeit bestimmt waren. Mit dem Sinn für das Schöne könnte auch ein Bewusstsein für das Gute im Umgang mit Mitgliedern der eigenen Art entstanden sein. Ethische Bewertungen entstanden natürlich erst mit persönlichem Besitz und dem Leben in Städten.

# 8.

# Epigenetik – die Vererbung erworbener Eigenschaften

Wenn man an die Vererbung von zu Lebzeiten erworbenen Fähigkeiten glaubt, so ist man damit in Übereinstimmung mit einem berühmten Vertreter der ersten Evolutionstheorien im 19. Jahrhundert, Jean-Baptiste de Lamarck (1744–1829). Mit dem nach ihm benannten Lamarckismus bezeichnet man eine Theorie, die besagt, dass Organismen Eigenschaften an ihre Nachkommen vererben können, die sie während ihres Lebens erworben haben. Bereits 50 Jahre vor Darwin veröffentlichte Lamarck 1809 seine Theorien zur Vererbung in seinem Buch „Philosophie Zoologique". Lamarck widmete sich der Frage nach der Herkunft der unzähligen Tier- und Pflanzenarten, die unsere Erde bevölkern. Wie kamen sie in die Welt, und woher kam der Mensch, das vollkommenste aller organischen Wesen? Lamarck behauptete, dass alle zu einer Zeit lebenden Organismen von älteren Erdperioden stammen würden und dass sie aus Vorformen durch allmähliche Umbildung (Deszedenz) entstanden seien. Nach seiner Theorie wohnt allen Lebewesen ein Vervollkommnungstrieb inne, durch den sie aufgrund gradueller Veränderungen auf der Leiter der Komplexität immer weiter hinaufklettern. Seine Ansichten fanden jedoch zu seiner Zeit wenig Anklang, da er mehr Philosoph

als Naturwissenschaftler war und er seine Theorien nicht mit Versuchs-
ergebnissen belegen konnte. Seine Lehre, die im Widerspruch zur Schöpfungslehre stand, war der Zeit weit voraus, wurde aber von naturwissenschaftlichen Autoritäten wie etwa Georges Cuvier (1769–1832), von
dem das Konzept zur Theorie von der Konstanz der Arten stammt, abge-
lehnt. Auch der Königliche Geheime Rat Friedrich Leopold August Weismann (1834–1914), einer der angesehensten Evolutionstheoretiker des
19. Jahrhunderts, war ein überzeugter Anti-Lamarckist. Er entwickelte
die Keimplasmatheorie, die besagt, dass multizelluläre Organismen aus
Keimzellen, welche die Erbinformationen enthalten, und aus somatischen
Zellen, welche die Körperfunktionen ausführen, bestehen. Weismann versuchte den Lamarckismus durch primitive Experimente lächerlich zu
machen. So schnitt er Mäusen die Schwänze ab und zeigte, dass deren
Nachkommen wieder normale Schwänze hatten. Ernsthafter waren da
schon die Experimente von Paul Kammerer (1880–1926), die er durch-
führte, um die Vererbung erworbener Eigenschaften nachzuweisen. Er
verwendete zwei unterschiedliche Salamanderarten, den schwarzen Alpensalamander und den gefleckten, im Flachland lebenden Feuersalamander, und zwang sie jeweils im Lebensraum des anderen Tieres zu
brüten. Dadurch gelang es ihm zu zeigen, dass Feuersalamander die
schwarzen Hautflecken des Alpensalamanders ererben und rote Haut-
segmente beim vorher schwarzen Alpensalamander auftreten könnten.
Als auch bei der nächsten Generation dieselben Fleckenmuster auftraten,
war die wissenschaftliche Sensation perfekt. Ihm schien der Nachweis
gelungen zu sein, dass Lebewesen, die im Laufe ihres Lebens Eigenschaften neu erworben haben, diese auch an künftige Generationen weiter-
vererben können. Die Schlussfolgerung besaß auch große ideologische
Bedeutung, denn sie hätte dem politischen Bestreben, durch Indoktrination in nur einer Generation bereits gefolgstreue Parteigänger zu züchten,
eine naturwissenschaftliche Basis verliehen. Dieser Auffassung entgegnete
Paul Kammerer: „Wir sind nicht Sklaven der Vergangenheit, sondern Werk-
meister der Zukunft. Indem man Kinder gut erzieht, schenken wir ihnen
mehr als einen kurzen Gewinn ihres eigenen Lebens: Ein Extrakt davon
geht dorthin, wo der Mensch wahrhaft unsterblich ist – in jene wunder-
bare Substanz, aus der in ununterbrochener Folge die Enkel und Urenkel
entstehen."

Kammerer war ein Wiener Universalgenie, ein exzellenter Tierexperi-
mentator, Klavierspieler und Komponist sowie ein Gesellschaftslöwe.
Weltweit hielt er Vorträge zu seinen Lernexperimenten und veröffentliche

mehr als 130 wissenschaftliche Artikel. Doch es kam der Verdacht auf, dass Kammerer seine sämtlichen Daten gefälscht habe; die neuen Farbmuster an seinen trainierten Salamandern seien nichts anderes als Tintenflecke gewesen. Beweisen konnte man den Betrug nicht; die Vorwürfe könnten auch nichts anderes als die Rache frustrierter Kollegen gewesen sein. Vielleicht hat Kammerer mit seinen Salamander- und Krötenexperimenten nicht nur den Lamarckismus bestätigt, sondern kann auch der Vater der experimentellen Epigenetik genannt werden. Aus Enttäuschung über die Fälschungsvorwürfe beging er 1926 Selbstmord.

Der ukrainische Agronom Trofim Denissowitsch Lyssenko versuchte während der Stalinzeit die Vererbung erworbener Eigenschaften bei Nutzpflanzen zu beweisen, indem er temperaturempfindlichen Weizen in kalten Gebieten, etwa Sibirien, anpflanzen ließ. Nach seiner Theorie würden die Pflanzen lernen, mit der Kälte umzugehen, und die nächste Weizengeneration wäre dann kälteresistent. Obwohl die durch diese Anbaumethode bedingten Ernteausfälle Hungersnöte in der Sowjetunion verursachten, beharrte Lyssenko auf seinen Vorstellungen. Seine Theorien waren bei Stalin so beliebt, weil er glaubte, dass Bürger, die kommunistisch erzogen worden waren, ihre Begeisterung für den Kommunismus an ihre Nachkommen vererben würden.

Unter der Bezeichnung Epigenetik hat der Lamarckismus wieder an Aktualität gewonnen. Bei Untersuchungen an Nagern beobachtete man, dass Gene durch chemische Modifikation ihrer Regelstrecken in der DNA an- oder abgeschaltet werden können. Auch eine chemische Veränderung der Proteinhülle (Histone) um die DNA kann die Umsetzung der genetischen Botschaft modifizieren. Durch die epigenetischen Befunde wurden epidemiologische Daten unterstützt, die zeigen, dass die Veranlagung, an Krebs zu erkranken, von den Eltern auf die Kinder vererbt werden kann. Somit muss ein starker Raucher damit rechnen, dass die gesundheitlichen Folgen seiner Sucht an die Nachkommen weitergegeben werden. Statistiker vermuten auch schon lange, dass eine Generation, die unter Hungerbedingungen lebte, wie Menschen in Irland oder Schweden im 19. Jahrhundert, eine erhöhte Krankheitsanfälligkeit an ihre Kinder und Enkel vererbten. Ähnliches könnte auch, wie eine finnische Studie zeigte, für den Hang zur Fettsucht gelten.

Um epigenetische Theorien experimentell zu stützen, analysierten kanadische Forscher die DNA zweier Gruppen von Rattenfamilien: In der einen Gruppe kümmerten sich die Mütter liebevoll um ihre Nachkommen, während in der anderen Gruppe depressive Mütter ihre Nachkommenschaft vernachlässigten. Es zeigte sich, dass die Nachkommen der jungen Ratten ähnliches Verhalten aufwiesen, Kinder von depressiven Müttern brachten ihrerseits wieder ängstliche zuneigungsunfähige Kinder zur Welt. Solche Nachkommen wiesen bei Blutuntersuchungen einen hohen Spiegel des Stresshormons Kortikosteron (Corticosteron) auf (Kapitel 11). Die Zahl der Glukokortikoidrezeptoren im Gehirn – sie sind für den Stressabbau verantwortlich, indem sie die Ausschüttung der Kortikoidhormone aus der Nebenniere reduzieren – war deutlich vermindert. Bei der Analyse des zuständigen Gens zeigte es sich, dass die DNA durch eine Veränderung (Methylierung) des genetischen Buchstabens Cytosin verändert worden war, was die Stummschaltung des Gens zur Folge hatte. Lässt man weiblichen Mäusen im Käfig kein Material für den Nestbau, so werden sie ängstlich und sind später lieblos zu ihren Nachkommen. In dieser Versuchsreihe war das Gen für den neuronalen Wachstumsfaktor BDNF (brain derived neurotrophic factor) ebenfalls durch eine Methylierung abgeschaltet. Beide Versuchsreihen weisen darauf hin, dass die durch Verhalten – hier das Vorhandensein oder das Fehlen einer liebevollen Behandlung der Kinder durch die Mutter – verursachte chemische Veränderung einzelner Gene nicht nur an die Nachkommen weitergegeben werden kann, sondern auch das Leben der Kinder prägt.

Nun stellt sich natürlich die Frage, ob die Genetik von Nagetieren mit der von Menschen vergleichbar ist. Dieselben Forscher untersuchten deshalb die Gehirne von 24 Selbstmördern, die als Kinder sexuell missbraucht worden waren, und verglichen sie mit Gehirnen von Unfalltoden als Kontrollgruppe. Auch hier zeigte es sich, dass im Hypothalamus von Selbstmördern das Gen für den Glukokortikoidrezeptor durch Methylierung stumm geschaltet war. Weiterhin bewies die Analyse der Zellen im Nabelschnurblut von Säuglingen depressiver Mütter, dass dasselbe Gen durch die gleiche chemische Modifikation blockiert war. Drei Monate alte Säuglinge hatten eine erhöhte Kortisonkonzentration im Speichel, ein Hinweis auf eine erhöhte Stressanfälligkeit. Die Forscher vermuten, dass Stress in der Kindheit zu einer erhöhten Anfälligkeit für Krankheiten im Alter führt. Auch Drogenkonsum sowie falsche Essgewohnheiten äußern sich als dauerhafte Veränderungen von Genen, das heißt, auch der Hang zur Überernährung oder Drogensucht kann eventuell auf die nachfolgenden Generationen vererbt werden.

Falls epigenetische Muster in Analogie zum Genom als sogenanntes Methylom vererbt werden, wird die Bewertung der Relation von „ererbt" zu „erworben" neu diskutiert werden müssen. Damit könnte das Dogma der molekularen Biologie fallen, dass nur Zufallsmutationen Veränderungen in der nachfolgenden Generation hervorbringen können.

Es ist auffällig, dass gerade diejenigen Gene, welche die Entwicklung der Gehirnzellen steuern, nach der Geburt verändert werden. Somit könnte das Gehirn einzelne Gene im Kindesalter nach seinen eigenen Vorstellungen verändern können. Falls sich diese Annahme bestätigt, wäre die Autonomie des Gehirns noch ausgeprägter, als die Neurobiologen es proklamieren.

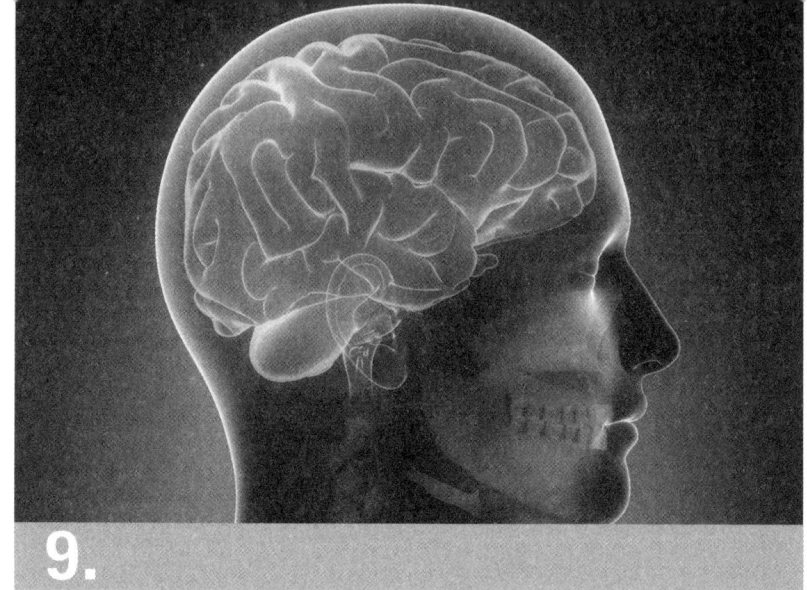

# 9.

# Die evolutionäre Entwicklung
# des menschlichen Gehirns

Etwas vereinfacht kann man das Gehirn in drei miteinander verwobene Teile unterteilen, deren Entwicklung die Evolution des Menschen widerspiegelt. Der älteste Teil des Gehirns, als Stammhirn oder auch Reptiliengehirn bezeichnet, ist für den Wettbewerb im Überlebenskampf zuständig und regelt unsere Angriffs- und Verteidigungsmechanismen. Aus dem primitiven Basisgehirn entwickelte sich das Zwischenhirn. Es steuert Grundgefühle und Emotionen wie soziales Verhalten und die Sorge um den Nachwuchs. Es ermöglicht uns, auf Umweltveränderungen zu reagieren und mit Mitmenschen zu kooperieren. Das Großhirn mit dem Neokortex ist evolutionär die jüngste Entwicklung und macht unser Menschsein aus. Es ist für rationales Denken, Bewusstsein und Gedächtnis zuständig.

Äußere Wahrnehmungen werden als Reiz über unser Nervensystem zum Thalamus geleitet, der die Information zur Maßnahmenkoordination verteilt. So bewertet die Amygdala die Information nach emotionalen Gesichtspunkten und aktiviert bei Spaß und Freude den Neokortex oder bei Flucht und Kampf das Reptiliengehirn. Die Produktion der Stresshormone löst dann Kampf- oder Fluchtverhalten aus. Bei lebensbedrohlichen

Situationen wird der Neokortex umgangen und im Reptiliengehirn lokalisierte Instinkte organisieren die Abwehrmaßnahmen. Bei unvorhergesehenen Reizen aus der Umwelt reagieren wir auch heute noch archaisch, nämlich rein instinkthaft.

Das zu Erinnerung, Bewusstsein und Kreativität fähige menschliche Gehirn, einzigartig in der belebten Umwelt, ist ein Resultat aus genetischen Anlagen und Einwirkungen aus der Umwelt. Der Beitrag der von Vater und Mutter übernommenen Gene auf die anatomische Integrität, auf die physiologische Funktionalität und die körperliche und geistige Leistungsfähigkeit ist unbestritten. Das Gehirn ist ein Organ, das aus seiner Umwelt lernt und dessen Struktur und Funktionalität aus seiner Umwelterfahrung bestimmt wird. Nur so kann das Gehirn das Wissen einer Lebensperiode aufnehmen und weiterentwickeln.

## Anatomische Daten zum Gehirn

Unser Gehirn steuert und koordiniert unsere Bewegungen. Es holt mithilfe der fünf Sinne Informationen über die Umwelt ein, es ermöglicht uns über das Medium Sprache mit anderen zu kommunizieren, es vermittelt uns Gefühle und Wahrnehmungen und es räumt uns die Freiheit des Denkens ein. Ungefähr 1300 Gramm grauer unansehnlicher Gehirnmasse enthalten etwa 50 Milliarden Nervenzellen und die zehnfache Menge an Versorgungs- und Stützzellen. Jede Nervenzelle kommuniziert mit bis zu 20 000 anderen Nervenzellen. Es ist die ungeheure Komplexität des Nervengeflechts, die es bisher unmöglich macht, Gehirnfunktionen im Sinne von Ursache und Wirkung zu erklären

Das Gehirn wird durch den Knochenschädel, die drei Hirnhäute (Meningen) und die Zerebrospinalflüssigkeit vor Verletzungen geschützt. Betrachten wir ein Humangehirn auf dem Tisch des Pathologen, so fällt zuerst das dominante Großhirn (Telencephalon) auf, das etwa 65 Prozent der Gehirnmasse ausmacht. Eine tiefe Furche teilt das Großhirn in zwei Hemisphären. Die Oberfläche des Großhirns ist stark aufgewulstet, sodass Erhebungen und Furchen sichtbar sind, die als Gyri (Erhebungen) und Sulci (Furchen) bezeichnet werden. Bei genauerer Betrachtung erkennt man weitere tiefe Furchen, die es erlauben, das Großhirn topografisch in vier Areale, die Lappen (Lobi), aufzuteilen.

Der Stirnlappen dient hauptsächlich der Planung von Aktionen und der Bewegungskontrolle, der Scheitellappen kontrolliert das Tastgefühl und die

**9.1** Das stark vereinfachte Gehirnmodell von Paul D. McLean. Außen liegen die rationalen Fähigleiten, in der Mitte die Gefühle und innen die Reflexe und Instinkte. Der äußere Teil ist das, was den Menschen ausmacht, d. h. in vielen Aspekten vom Tier unterscheidet.

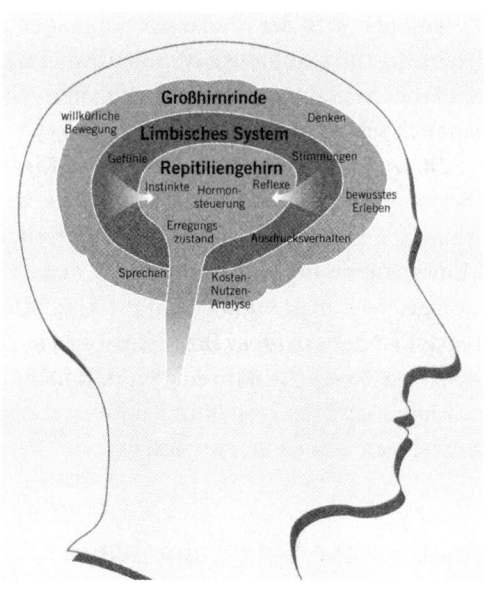

82 Körperwahrnehmung, der Hinterhauptslappen das Sehen und der Schläfenlappen das Hören sowie Aspekte von Gedächtnis, Lernen und Emotionen.

Das Großhirn liegt auf dem Balken (Corpus callosum). Der Balken ist ein Geflecht von Nervenfasern, das – vergleichbar einer Datenautobahn – die beiden Hemisphären miteinander verbindet. Unter dem Balken liegt das Zwischenhirn (Diencephalon) mit den Segmenten Thalamus, Epithalamus, Epiphyse und der pilzförmigen Hypophyse. In diesem alten Teil des Gehirns, auch Reptiliengehirn genannt, entstehen unsere Gefühle. Teile des alten Gehirns wie unter anderem der Thalamus mit Amygdala und Hippocampus werden als Limbisches System zusammengefasst. Es ist mit emotionalen Reaktionen, die aus Sinneseindrücken entstehen, befasst.

Weiter abwärts kommt man zum Mittelhirn (Mesencephalon), zur Brücke (Pons) und zum verlängerten Mark (Medulla oblongata). Das verlängerte Mark verlässt dann den Kopf durch das Hinterhauptsloch (Foramen magnum) und geht in das Rückenmark über. Etwas separiert liegt das Kleinhirn, das leicht an seiner baumartigen Struktur zu erkennen ist.

Die äußere etwa 1,5 Millimeter starke Schicht des Großhirns wird als Großhirnrinde (Cortex cerebri, kurz Kortex) bezeichnet. Durch die Auffaltung wird die Großhirnrinde auf ungefähr 2500 Quadratzentimeter ver-

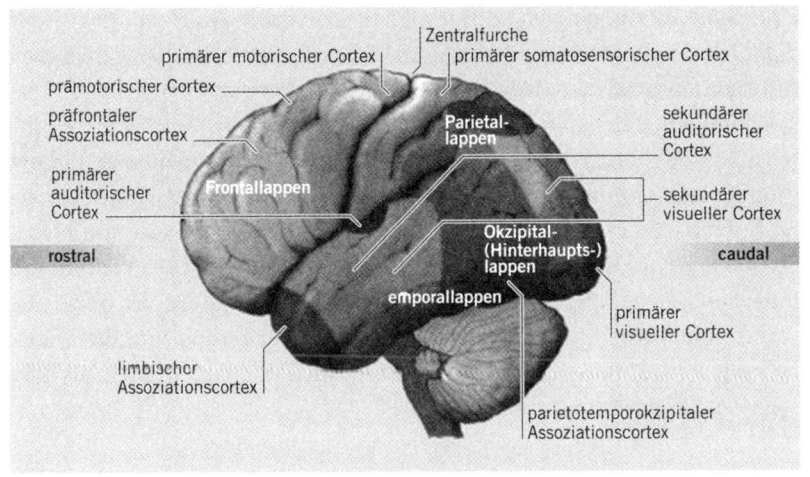

**9.2** Seitenansicht der linken Großhirnhälfte und ihre funktionelle Gliederung in verschiedene Lappen. Für die Fähigkeit zum Denken ist der präfrontale Kortex besonders wichtig.

größert. Sie zeichnet sich durch eine immense Dichte an Nervenzellen aus. Ihre Struktur könnte das Einzigartige des Menschseins aus anatomischer Sicht begründen. Die Großhirnrinde repräsentiert die oberste Ebene der Informationsverarbeitung. Sie steuert den sensorischen, den motorischen und assoziativen Bereich, das heißt, sie veranlasst willentliche Bewegungen, macht Sinnesreize bewusst und ist für komplexe kognitive Prozesse wie beispielsweise Sprechen und Denken zuständig. Diese besondere Form der Oberflächenvergrößerung des Areals, das für Intelligenz zuständig ist, entstand im Zuge der evolutionären Entwicklung des menschlichen Gehirns, da das Volumen des Großhirns schnell zunahm, die Größe des Kopfes aber wegen der Enge des Geburtskanals konstant bleiben musste.

Die Gehirnsubstanz ist im Wesentlichen aus zwei Typen von Zellen aufgebaut: den Nervenzellen oder Neuronen und den Stütz- und Versorgungszellen, den Gliazellen (glia = Leim). Neuronale Informationen werden als elektrische Signale von einer Nervenzelle zur anderen geleitet und sind im Prinzip Ja-Nein-Entscheidungen. Am Ende einer Faser wird das elektrische Signal mithilfe der Synapsen von Sender- und Empfängerzelle in ein chemisches Signal umgesetzt. Dabei fungieren sogenannte Transmitter wie Adrenalin oder Serotonin als Botenstoffe, welche ein Signal von einer Synapse zur anderen transportieren. So entsteht aus einem elektrisch-digitalen ein chemisch-analoges Signal. Dieses Wechselspiel zwischen zwei Informationssystemen begründet zum Teil die Plastizität neuronaler Entscheidungen, das heißt, aus einem bloßen Ja-Nein wird ein in seiner Intensität modulierbares Signal. Der zweite Teil einer Entscheidungsfindung gründet sich auf das Beratungssystem unter den Nervenzellen. Bevor eine Nervenzelle eine Entscheidung fällt, holt sie sich den Rat von bis zu 20 000 anderen Nervenzellen ein. So entsteht die ungeheure Vielfalt von Entscheidungsmöglichkeiten im zentralen Nervensystem. Es bildet die strukturelle Basis nicht nur für die Bewegungssteuerung und die Verarbeitung von Sinneseindrücken, sondern auch für das Gedächtnis und schlussendlich für unser Bewusstsein.

## Die Sinne als Informanten

Menschen, die sich in einer sich stets wandelnden Umwelt behaupten müssen, sind ständig auf Informationen aus eben dieser Umwelt angewiesen. Wir müssen wissen, ob es kalt oder warm, hell oder dunkel ist, ob ein Angreifer naht und wo wir uns gegebenenfalls in Sicherheit bringen können. Wenn die Temperatur steigt, schwitzen wir, wenn sie fällt, bekommen wir eine „Gänsehaut" und zittern. Dieses sind autonome Reaktionen, die wir kaum beeinflussen können. Naht jedoch ein Feind mit einem Messer, so nehmen wir ihn nicht nur optisch wahr, sondern unser Gehirn analysiert den aus gemachten Erfahrungen gesammelten Datensatz, erkennt das Messer als potenzielle Waffe und die Gestalt als eine Person in feindlicher Absicht. Das Gehirn rät oder befiehlt seinem Körper entweder zu fliehen oder sich zu verteidigen. Somit werden aktuelle Informationen immer mit im Gedächtnis gespeicherten Daten abgeglichen und aus dem Abgleich entscheidet das Gehirn über die Reaktionen, die der Körper zu vollziehen hat.

## Bewegungssteuerung

Bewegung bedeutet ein komplexes Zusammenspiel von Knochen, Muskeln und Sehnen, das vom Rückenmark und vom Gehirn gesteuert wird. Zuständig für Bewegungsabläufe sind vor allem der motorische Kortex und das Kleinhirn (Cerebellum). Koordinierte Bewegungen, wie das Greifen

nach einem Gegenstand oder das Laufen auf ein Ziel zu, sind nicht angeboren, sondern müssen nachgeburtlich erlernt werden. Komplexe Bewegungen wie etwa das Fahrradfahren oder das Spielen eines Instruments
werden nach dem Erlernen im Verhaltensgedächtnis – im prozeduralen Gedächtnis – gespeichert und laufen dann weitgehend unbewusst ab. Das
Kleinhirn empfängt sensorische Informationen aus dem Rückenmark,
motorische Informationen aus dem Kortex sowie Daten aus dem Gleich-
gewichtsorgan im Innenohr. Die Integration dieser Impulse ermöglicht es
dem Kleinhirn, die Planung und den zeitlichen Verlauf einer Bewegung sowie das Aktivitätsmuster der Skelettmuskulatur zu koordinieren. Neben der
Steuerung der Motorik hat das Kleinhirn auch einen erheblichen Anteil an
unbewussten kognitiven Leistungen.

## Speichern und Verarbeiten von Informationen

Komplexe Reaktionen wie Gefahrenabwehr oder sexuelles Verlangen sowie auch Freude und Leid steuert das Gehirn über die Ausschüttung von
Hormonen (Kapitel 11). Die Kommandozentrale für die Steuerung der Hormonausschüttung ist die Hypophyse als Anhängsel des Hypothalamus. Mit
dem Limbischen System verfügt das Gehirn auch noch über ein Belohnungssystem, welches dem Organismus vermittelt, ob eine Handlung aus
Sicht des Gehirns als angenehm oder schädlich für den Organismus bewertet wird. So bewirken zum Beispiel geringe Mengen Alkohol in uns ein
Wohlgefühl, weil er als Droge ähnlich wie das Belohnungshormon Serotonin wirkt.

Das menschliche Gedächtnis ist das ungewöhnlichste Gebilde in der belebten Natur. Dieser Informationsspeicher umfasst unseren Wortschatz, das
Sprachwissen, unser gesamtes Faktenwissen, Erinnerungen an eigene Le-
benserfahrungen sowie die Durchführung aller motorischen Fähigkeiten,
vom Gehen und Sprechen bis zum Schwimmen und Tennisspielen. Ir-
gendwie speichert das Gehirn alle diese Informationen in einer solchen
Form, dass sie zumeist zugänglich und leicht abrufbar sind. Die einfachste Annahme wäre, dass unser Gehirn genauso viele Bits speichern kann,
wie es Nervenzellen besitzt. Dem ist aber nicht so. Vermutlich verschlüsselt das Gehirn Erinnerungen, indem sich Muster und Erregbarkeit un-
zähliger synaptischer Verbindungen zwischen den Nervenzellen ändern.
Bisher war die Suche nach dem berühmten Engramm, dem Gedächtnis-
Code, erfolglos. Viele Neurophysiologen glauben, dass man die che-

misch-physikalischen Grundlagen von Gedächtnis und Bewusstseins nie enträtseln wird, da ein System sich nicht selbst entschlüsseln kann. Ignorabimus – wir werden es nie wissen.

## Spiegelneuronen erkennen das Gegenüber wie auch seine Absichten

„Lachen steckt an", sagt der Volksmund. Diese Erfahrung hat ein jeder schon einmal gemacht. Lächelt uns ein Gegenüber an und wir haben nicht gerade schlechte Laune, so lächeln wir zurück, ohne darüber nachzudenken. Auch Gähnen steckt an und wir können die Tränen kaum unterdrücken, wenn wir einen traurigen Film sehen. Dass wir empfinden, was andere empfinden, egal ob es nun Mitleid, Trauer oder Freude ist, verdanken wir bestimmten Nervenzellen in unserem Gehirn, den Spiegelneuronen. Spiegelneuronen sind Nervenzellen, die im Gehirn von Primaten beim Betrachten eines Vorgangs das gleiche Aktivitätsmuster aufweisen, das entstehen würde, wenn dieser Vorgang nicht nur passiv betrachtet, sondern selbst aktiv erlebt würde. Das Imitationsvermögen ist in vielen Teilen des Gehirns lokalisiert; so sind für die Erkennung von Emotionen im Gesichtsbereich die Amygdala, der Hippocampus, die Insel und der visuelle Kortex zuständig. Dabei wird unterschieden, ob es sich um Freude, Wut, Angst, Trauer oder Ekel handelt. Bei der Registrierung von Wut und Angst spielt die Amygdala eine entscheidende Rolle.

Spiegelneuronen reagieren unbewusst. Wir merken nicht, wenn diese Nervenzellen die Bewegungsmuster oder den Gemütszustand eines Gegenübers analysieren. Das Funktionieren der Spiegelneuronen ist für unser alltägliches Zusammenleben unentbehrlich. Wir haben bestimmte Muster abgespeichert, die uns signalisieren, was bestimmte Handlungen bedeuten. Spiegelneuronen führen wahrgenommene Situationen und Handlungen vorausschauend zu Ende. Sie lassen uns erahnen, was unser Gegenüber als Nächstes tun wird. So können wir in einem Gedränge anderen Menschen ausweichen, weil wir voraussahnen, wohin sie sich bewegen werden. Unser Verstand kann aber jederzeit die Mitfühlreaktion abblocken: Wir wollen dann eben nicht zurücklächeln.

Dank der Spiegelneuronen kann das Gehirn eine beobachtete Handlung in etwas selbst Erlebtes übersetzen. Spiegelneuronen unterstützen das Verhalten von Menschen als mitfühlende Wesen. Das spontane Erkennen zwischenmenschlicher Gefühle wie Liebe oder Mitleid durch Spiegelung des

Gegenübers im Selbst unterstützt als Empathie das soziale Miteinander. Die Fähigkeit zur Empathie ist allerdings nicht gleichzusetzen mit dem Begriff des Mitleids oder des Mitgefühls. Ob wir gegenüber jemandem, der leidet, Mitleid empfinden, hängt davon ab, ob er uns wohlgesinnt ist oder ob wir ihm feindlich gegenüberstehen.

In grauer Vorzeit, als die Menschen unbekleidet, aber am ganzen Körper behaart waren, musste man am Gesicht erkennen, ob der Betreffende zugehörig oder fremd war. Eine Zuordnung des Gesichts verbunden mit einer Erkennung der Absichten eines Gegenübers konnte über Leben oder Tod entscheiden. Zuständig für die Gesichtserkennung und die Interpretation der Mimik sind wiederum die Spiegelneuronen. Nähert sich uns ein Mensch, so überprüfen die Spiegelneuronen sein Gesicht und leiten aus Struktur und Mimik seine potenziellen Handlungsabsichten ab. Zur Erkennung einer bekannten Person speichert das Gehirn keine Details, sondern einen Gesamteindruck des Gesichts. Dieses Image wird zum einen von Gesichtsteilen wie Augen und Nase bestimmt, zum anderen von den tiefen Bewegungsfalten im Gesicht, etwa den Nasolabialfalten. Speicherung und Sortierung von Images ermöglichen es auch, das Individuum einer Gruppe von ähnlichen Personen zuzuordnen. Ein lachendes Gesicht signalisiert Empathie, Zornesfalten und herabgezogene Mundwinkel dagegen potenzielle Aggressivität. Ein zwar jugendliches, aber wutverzerrtes Gesicht lässt uns auf Distanz gehen. Dabei leitet das Gehirn bereits Abwehr- oder Sympathiereaktionen ein, noch bevor uns die Ursache dafür bewusst wird.

# Gehirnautonomie

Wenn ein Neurochirurg bei einer Operation am freigelegten Gehirn mit einer Sonde ein Gehirnareal berührt, kann es passieren, dass der Patient den Arm hebt. Somit führt die mechanische Reizung des Gehirns zu einer Handlung, welche der Betroffene als Willensentscheidung erlebt. Aufgrund dieser Beobachtungen führte der Neurophysiologe Benjamin Libet gezielte Experimente durch und kam zu dem Schluss, dass ein freier Wille eventuell nicht existiert, sondern dass das Gehirn die Regeln festlegt, wie Entscheidungen zu treffen sind.

Der Streit über die Willensfreiheit begann in der Antike, war zentrales Thema in der Aufklärung und beschäftigt heute erneut Neurophysiologen wie Moraltheologen. Einige Neurophysiologen wie zum Beispiel Gerhard

Roth oder Wolf Singer gelten als Verneiner eines „freien Willens". Sie gehen davon aus, dass Handelsoptionen aus dem Unterbewusstsein kommen und damit keine willentlichen Entscheidungen sein können. Dieser Auffassung wird besonders von Moraltheologen widersprochen, da sie davon ausgehen, dass zwar einfache Entscheidungen unbewusst bleiben können, aber komplexe Handlungen dem Menschen immer bewusst sind und von ihm verantwortet werden.

## Das Bewusstsein

„Das ist mir bewusst" ist eine oft gebrauchte Floskel, die betonen soll, dass man mit einer Sachlage vertraut ist und aus ihrer Kenntnis eine Handlung ableiten kann. Bewusstsein setzt also ein Gedächtnis und die Möglichkeit einer willentlichen Entscheidung voraus. Ob Handlungen autonom vom Gehirn vorgenommen werden oder die gesamte Person als Entscheidungsträger fungiert, mag dahingestellt sein.

Bewusstsein (lat. conscientia für Mitwissen) bezeichnet im weitesten Sinne die erlebbare Existenz mentaler Zustände und Prozesse. Das lateinische Wort bedeutete ursprünglich Gewissen. Nach dem Philosophen Thomas Menzinger bildet heute das Problem „Bewusstsein", zusammen mit der Frage nach der Entstehung unseres Universums, die äußerste Grenze des Strebens nach Erkenntnis.

Man unterscheidet in der Philosophie, den Naturwissenschaften und der Medizin verschiedene Aspekte und Entwicklungsstufen des Bewusstseins. Ein Lebewesen, das ein phänomenales Bewusstsein hat, nimmt nicht nur Reize wahr, sondern erlebt sie auch, wie zum Beispiel Freude oder Schmerz. Wer etwa denkt, sich erinnert, plant und Erwartungen hat, verfügt über ein gedankliches Bewusstsein. Selbstbewusstsein haben Lebewesen, die nicht nur über ein phänomenales und gedankliches Bewusstsein verfügen, sondern die sich auch darüber im Klaren sind, dass sie ein Bewusstsein als solches besitzen. Die Naturwissenschaften gehen davon aus, dass mentale Zustände beschreibbare Ursachen und Zustände haben, die wiederum Verhalten auslösen. So sucht man nach neuronalen Korrelaten von Bewusstsein. Dieser Suche nach Ursache-Wirkung-Beziehungen kommt die Tatsache entgegen, dass das Gehirn funktional gegliedert ist. So ist das Broca-Zentrum für Sprache zuständig, und Verletzungen dieses Zentrums führen zu Sprachstörungen. Leider kann die experimentelle Hirnforschung noch keine kausalen Erklärungen zu dem mentalen Zustand „Bewusstsein" geben, da die unterschiedlichen Bewusstseinsformen eine Funktion des ganzen Gehirns sind.

Haben wir ein Bewusstsein für gute und böse Handlungen oder unterscheidet ein Individuum nur nach nützlich oder schädlich für das eigene Ich? Ohne Instruktionen während der ersten Lebensjahre kann ein Mensch vermutlich nicht zwischen den von der jeweiligen Gesellschaft etablierten moralischen Werten unterscheiden. Er verfügt aber über Instinkte, die unabhängig von jedweder frühkindlichen Anleitung zerebrale Mechanismen zum Überleben und zum Sich-Vermehren steuern.

Instinkt oder Naturtrieb bezeichnet zumeist die inneren Grundlagen des vom Beobachter wahrnehmbaren Verhaltens von Tieren. Im Herbst geborene Vögel singen im Frühjahr, ohne dass sie den Gesang von einem Altvogel gelernt hätten. Ebenso bauen sie ihre Nester nach althergebrachter Weise. Beide Fähigkeiten sind instinktmäßig veranlagt; sie müssen daher im Erbgut eingespeichert sein und vom Gehirn als Verhalten exekutiert werden. Beim Menschen wird der Begriff „Instinkt" umgangssprachlich meist im Sinne von „ein sicheres Gefühl für etwas haben" gebraucht und bezeichnet so Verhaltensweisen, die ohne Rückgriff auf gespeicherte Informationen oder ohne nachzudenken ablaufen. Instinkte wie auch Triebe und Impulse wurden im Mittelalter als Gottesgabe betrachtet, deren genaue Analyse dem menschlichen Geist versagt ist.

William James formulierte 1872 eine auch noch heute anwendbare Definition für den Begriff „Instinkt". Instinkt ist demnach, „sich so zu verhalten, dass gewisse Ziele erreicht werden, ohne die Voraussicht dieser Ziele und ohne vorherige Erziehung oder Erfahrung dazu". In ähnlicher Weise definierte Nikolaas Tinbergen 1956 Instinkt „als einen hierarchisch organisierten Mechanismus im Nervensystem, der auf bestimmte innere und äußere Impulse anspricht und sie mit einer koordinierten arterhaltenden Bewegung beantwortet". Heute wird der leicht misszudeutende Begriff „Instinkt" in der Verhaltensbiologie meist durch die Formulierung „angeborenes Verhalten" ersetzt. Den Bezug zur Evolution stellte Otto Klineberg her, der drei Kriterien benannte, damit man auch beim Menschen als Säugetier von Instinkten reden kann: „Das Verhalten muss bei Mensch und Tier – vor allem bei Menschenaffen – zu beobachten sein. Das Verhalten muss im menschlichen Organismus eine Prädisposition aufweisen, also dort verankert sein. Das Verhalten muss in allen Gesellschaften bzw. Kulturen vorzufinden sein, vereinfacht gesagt bei allen Menschen."

Triebe dienen allgemein der Lebens-, Art- und Selbsterhaltung. Die Triebtheorie, heute auch als Motivation bezeichnet, geht von der Annahme aus, dass der Mensch von einer mehr oder weniger großen Anzahl angeborener Triebe oder Grundbedürfnisse gesteuert wird. Zu den Trieben gehört vor allem die angeborene Sexualität als Vorbedingung zur Arterhaltung. Nach Wilhelm Reich ist der Mensch das Objekt seiner Triebe und somit ist er nach Sigmund Freud „nicht Herr im eigenen Hause".

Die Realisierung von menschlichen Instinkten muss daher wie bei Tieren im Erbgut niedergelegt sein, bei der Bildung des Gehirns in das Nervengeflecht übertragen werden und dann zu nicht bewussten oder auch ungewollten Handlungen führen. So könnten sich die von den Vor- und Urmenschen kommenden Instinkte bei heutigen Menschen als Aggressionen auslösende Angst, Sippenbewusstsein und Tötungsbereitschaft realisieren. Wie allerdings so komplexe Handlungsanleitungen über Tausende von Generationen im Erbgut bewahrt werden konnten, um dann beim Individuum realisiert zu werden, kann nicht erklärt werden.

## Das Unterbewusstsein

Das Unbewusste ist in der Psychologie jener Bereich der menschlichen Psyche (griech. für Lebensgeist), der dem Bewusstsein nicht direkt zugänglich ist. Nach Sigmund Freud (1856–1939) ist das Unbewusste des Erwachsenen ein System, das aus verdrängten oder abgewehrten Bewusstseinsinhalten besteht. Das Vorbewusste bezeichnet dagegen Vorgänge und Inhalte, die im Moment nicht aktiviert werden können, die aber im Gegensatz zum Unbewussten prinzipiell zugänglich sind und im Bedarfsfall aufgerufen werden. Besonders ältere Menschen erfahren dies tagtäglich, wenn ihnen in einer bestimmten Situation ein Name nicht einfällt. Wenig später kann der Name wieder abgerufen werden.

Beim Bewussten können dagegen Vorstellungen, Gedanken und Wahrnehmungen zu beliebigen Zeitpunkten in den Mittelpunkt der Aufmerksamkeit gestellt werden.

Carl Gustav Jung (1875–1961) sieht das kollektive Unbewusste gewissermaßen als Lagerstätte der Erfahrungen an, welche die Menschheit parallel zu ihrer Evolutionierung verinnerlicht habe.

Mehr als 90 Prozent der Aktivitäten im Alltag besteht aus automatischen Handlungsabläufen, die uns weder bewusst sind noch werden und deren Folgen in abrufbarer Form im Gedächtnis gespeichert sind. Unsere unbewussten Entscheidungen laufen im Gehirn im Gegensatz zum bewussten Handeln sehr schnell ab und kosten eventuell auch wenig Energie. Wo das Unbewusste gespeichert wird, weiß man nicht. Ein guter Kandidat ist aber das Reptiliengehirn.

Heute subsumiert man das Unbewusste auch unter den Begriff Leibgedächtnis. Dies soll betonen, dass das Gedächtnis nicht auf den Ort „Gehirn" beschränkt ist, sondern eine Funktion des ganzen Körpers ist. Im Leibgedächtnis sind früher erlebte Situationen und Handlungen eingeschmolzen, ohne dass sie sich noch als Einzelheiten hervorheben. Aus der Wiederholung und Überlagerung von Erlebnissen hat sich eine Gewohnheitsstruktur gebildet. Das Leibgedächtnis vergegenwärtigt die Vergangenheit nicht, sondern enthält sie als gegenwärtig wirksam in sich.

Der ungarische Philosoph Ervin László geht sogar davon aus, dass das Gedächtnis weder im Gehirn noch im Leib lokalisiert ist, sondern im Universum: „Die logische Schlussfolgerung ist, dass der Großteil der Informationen nicht im Gehirn gespeichert wird, sondern in einem riesigen Informationsfeld, welches auch das Gehirn beinhaltet. Dieses kosmische, natürliche Internet habe ich das Akasha-Feld genannt, da es alles verbindet und das Gedächtnis von allem ist – genau wie die legendäre Akasha-Chronik. Es ist das Akasha-Feld, in das unser Gehirn all die Dinge abspeichert, die wir erleben."

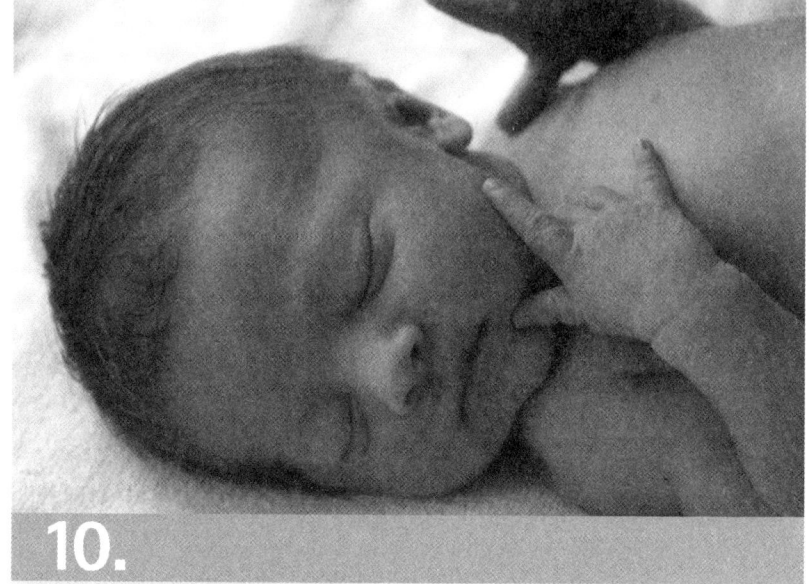

# 10.

## Das kindliche Gehirn –
## Erfahrungen ohne Erinnerung

Warum können sich Erwachsene nicht an die Geschehnisse aus ihrer frühen Kindheit erinnern? Eine mögliche Erklärung für das fehlende Erinnerungsvermögen könnte sein, dass das noch unvollständig ausgebildete Großhirn für das Lernen nach der Geburt reserviert ist und somit nicht für ein episodisches Gedächtnis zur Verfügung steht. Das Verhalten eines Kleinkindes würde somit primär vom Reptiliengehirn gesteuert und Erfahrungen würden von dort an den Kortex weitergeleitet. So gesehen würden sich frühkindliche Erlebnisse in ihrem Speicherungsmodus grundlegend vom Erlebten der Erwachsenen unterscheiden. Derartige Überlegungen könnten erklären, warum Erlebnisse aus früher Kindheit zwar im Gehirn abgelegt werden und späteres Verhalten beeinflussen, aber dennoch nicht abrufbar sind.

Das zu Erinnerung, Bewusstsein und Kreativität fähige menschliche Gehirn ist eine Kombination von genetischen Anlagen und Einflüssen aus der Umwelt. Der Beitrag der von Vater und Mutter übernommenen Gene zu seiner anatomischen Integrität, seiner physiologischen Funktionalität und zur körperlichen und geistigen Leistungsfähigkeit ist unbestritten. Hinterfragt werden muss dagegen der Einfluss sozialer Faktoren auf die Gehirnleistung, welche sich während der Zeit im Mutterleib und während der ersten fünf Jahre nach der Geburt ereignen. Das Gehirn ist ein Organ, das aus seiner Umwelt lernt und dessen Struktur und Funktionalität von Erfahrungen bestimmt werden.

Bei Neugeborenen steuert das Stammhirn autonom zentrale Lebensfunktionen wie den Kreislauf, die Atmung und die Nahrungsverwertung. Der Säugling erkennt ab der Geburt Personen, etwa seine Mutter, die seine Versorgung sichern. Schon nach wenigen Monaten nimmt er aktiv seine Umgebung wahr und beginnt Gegenstände zu beachten und mit Personen zu kommunizieren. Ab etwa drei Jahren funktionieren Bewegungskoordination und Sprache sowie das rationale Denken, das heißt, das Großhirn ist im Sinne der Informationsaufnahme und Verarbeitung voll funktionsfähig. Mit sechs Jahren sind Gedächtnisstrukturen so weit angelegt, dass gespeicherte Inhalte aktiv abgerufen werden können. Ab dem 12. Lebensjahr ist ein Mensch in der Lage, für sich selbst zu sorgen. Bei einem Schimpansen dauert diese Periode etwa ein Jahr, andere Tiere wie zum Beispiel Vögel als Nestflüchter sind sofort nach der Geburt voll lebenstauglich. Allerdings haben sie auch kleinere Gehirne und vor allem fehlt ihnen eine dem Menschen vergleichbare Großhirnrinde sowie das daraus resultierende Bewusstsein.

## Die intrauterine und nachgeburtliche Entwicklung des Gehirns

Während der Schwangerschaft wird nur eine kleine Form des Gehirns morphologisch realisiert, da ein großer Kopf nicht durch den Geburtskanal passen würde. Allerdings sind bereits alle Nervenzellen vorhanden, nur sind sie noch nicht zu einem neuronalen Netzwerk verbunden. Die Inbetriebnahme des Nervensystems im alten Teil des Gehirns (Reptiliengehirn) wird ausschließlich von den Erbanlagen veranlasst, sodass zu seinem Funktionieren keine Informationen von außen nötig sind. Die Transformation von Milliarden von Nervenzellen zu einem neuronalen Netzwerk im Bereich des Großhirns dagegen wird zwar auch zeitabhängig, aber hauptsächlich über die Kommunikation mit der Außenwelt gesteuert. Nur so lernt das Gehirn das Wissen seiner Zeit.

Entscheidend für das Menschsein ist die Entwicklung der Hirnrinde mit einer Dichte an Nervenzellen, wie sie sonst bei keinem Lebewesen vorkommt. Die Oberfläche des Gehirns ist bis zum etwa sechsten Fetalmonat

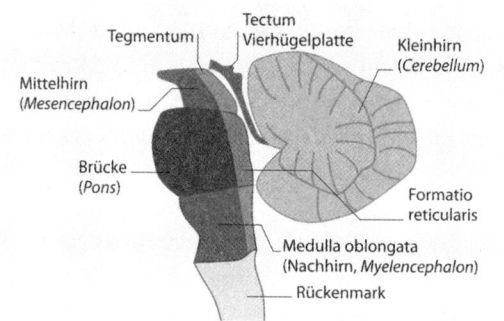

**10.1** Das Reptiliengehirn. Die Abbildung zeigt den Aufbau des Stammhirns eines modernen Menschen. Das Stammhirn wird auch als Reptiliengehirn bezeichnet. Man kann die drei Bereiche des Gehirns – Stammhirn, Mittelhirn und Großhirn – etwas vereinfacht der Evolution der Tiere zuordnen. Wirbeltiere wie zum Beispiel Reptilien verfügen nur über ein Stammhirn, Säugetiere zusätzlich über ein Mittelhirn und Primaten über alle drei Hirnbereiche.

Tegmentum

Tectum
Vierhügelplatte

Kleinhirn
(Cerebellum)

Mittelhirn
(Mesencephalon)

Brücke
(Pons)

Formatio
reticularis

Medulla oblongata
(Nachhirn, Myelencephalon)

Rückenmark

weitgehend glatt. Nach und nach wird die Oberfläche des Großhirns gefaltet und so kann sich die Hirnrinde, der sogenannte Neokortex, stark vergrößern. Während die Kontakte zwischen den Neuronen (Synapsen) im alten Teil des Gehirns schon gebildet sind, werden diese Verbindungen in großen Teilen des Kortex erst nach der Geburt fertiggestellt. Morphologische Veränderungen der Großhirnrinde verlaufen in den einzelnen Lappen des Gehirns unterschiedlich und können sich bis zum 16. Lebensjahr hinziehen.

Ein Fetus im siebten Monat empfindet bereits Gefühle wie Angst oder Zufriedenheit, obwohl seine Großhirnrinde, in der später beim Erwachsenen diese Reaktionen ablaufen, noch nicht ausgebildet ist. Angst ist wohl das erste und stärkste Gefühl, das der Fetus erlebt, da er seine Existenz als ständig bedroht erfährt und fühlt, denn er ist gegen externe Bedrohungen wehrlos.

So werden vermutlich Triebe und Erfahrungen wie Angst, Überlebenswillen und Personenbezug während der letzten Monate der intrauterinen Entwicklung vorerst im Stammhirn (Reptiliengehirn) gespeichert. Sie werden zwar nach der Geburt auch dem Neokortex vermittelt, aber es könnte sein, dass lebenssichernde Informationen nicht aus der Umwelt, sondern vom Reptiliengehirn direkt in den Kortex übertragen werden und damit eventuell nicht zu löschen sind. Falls dies gilt, würden sie als unbewusste Programme unser Verhalten über die gesamte Lebensspanne beeinflussen.

Liebt die Mutter das in ihr heranwachsende Kind, so teilt sich dieses dem Fetus mit; es entwickelt sich eine Empathie zwischen Mutter und Kind. Ob solche Gefühle durch aktive Handlungen der Mutter wie etwa das Streicheln des Bauches vermittelt werden oder ob sie durch im mütterlichen Blut zirkulierende Nahrungskomponenten, Hormone und Stressfaktoren entstehen, kann man nicht unterscheiden. Das heranwachsende Kind nimmt auch schon Laute in Form von Sprache oder Tönen wahr, da ab ungefähr der 25. Schwangerschaftswoche die Hörwerkzeuge bereits ausgebildet sind. Besonders von der Mutter gesungene Lieder empfindet das Kind als wohltuend, da sie ihm vermutlich ein Gefühl der Geborgenheit vermitteln.

Säuglinge lesen den Gesichtsausdruck zum Beispiel der Mutter und fühlen sich geborgen, wenn sie ein Lachen oder Lächeln erkennen. Schon Stunden nach der Geburt betrachten sie das Gesicht der Mutter oder einer Kontaktperson besonders lang, wohl um sich das Gesicht der Person, die Versorgung und damit Überleben garantiert, einzuprägen. Dieses frühe Gesichtsgedächtnis wird den im Limbischen System mit Hippocampus und Thalamus lokalisierten Spiegelneuronen zugeschrieben (Kapitel 9). Ab etwa einem Jahr können Kinder die Prototypen von Gesichtern im Arbeitsgedächtnis speichern und sie als Merksysteme nutzen, um neue Gesichter einzuordnen. Nach dem dritten oder vierten Lebensjahr sind die Spiegelneuronen voll entwickelt. Das Kind erkennt dann anhand der Gesichtsmimik, wenn die Mutter traurig ist, und als Reaktion wird sie von dem Kind getröstet.

Das Hörverständnis und auch das Sprachvermögen perfektionieren sich mit der Zeit und sind im Alter von etwa sechs Jahren abgeschlossen. Spracherkennung ist bei Neugeborenen schon in der linken Hemisphäre angelegt. Spielt man einem einige Tage alten Säugling eine Aufnahme vor, auf dem eine Frau aus einem Märchenbuch vorliest, so wird die linke Hemisphäre stärker durchblutet. Lässt man dagegen die Aufnahme rückwärts laufen, so bleibt die gesteigerte Durchblutung aus. Offensichtlich kann bereits das Neugeborene Sprache von bloßen Geräuschen unterscheiden.

# Die Gehirnentwicklung in der frühen Kindheit

Der Geschichtsschreiber Salimbene von Parma berichtet über ein Experiment mit zehn Neugeborenen, das auf Geheiß des Stauferkaisers Friedrich II. durchgeführt wurde. Der Kaiser wollte beweisen, dass Kinder als angeborene Sprache Griechisch sprechen. Er befahl, eine Gruppe von Kindern in Dunkelheit ohne jede Ansprache aufwachsen zu lassen. Wie Salimbene berichtet, schlug das grausame Experiment aber fehl, denn „sie alle, alle starben, denn es fehlte ihnen das Liebkosen und das Händepatschen ihrer Ammen". Auch die Beobachtungen an sogenannten Wolfskindern wie etwa dem „Jungen von Aveyron" zeigen, dass ein Mensch, wird er nicht von Geburt an in eine soziale und kulturelle Gemeinschaft eingebettet, ein mit Bezug auf ein Bewusstsein unvollständiges Wesen bleibt. Die Nervenzellen müssen durch Lernen gesteuert an einen festgelegten Ort im Gehirn wandern und untereinander die richtigen Kontakte ausbilden. Die Zahl der Verbindungen zwischen den Neuronen nimmt bis zur Geburt zu und erreicht ein Maximum etwa vier Monate nach der Geburt. Bei Einjährigen nimmt dann die Zahl der Kontakte um 50 Prozent ab und erreicht beim Elfjährigen die Werte des Erwachsenen. Der primäre Überschuss könnte eventuell der Reparatur von während der Geburt und in den ersten Lebensmonaten entstandenen Verletzungen und Fehlentwicklungen dienen.

Trotz seines großen Volumens und der Aufwulstung des Neokortex ist das Gehirn immer knapp an Fläche auf der Hirnrinde. Wird zum Beispiel die Hirnrinde nicht für das Speichern sozialer Funktionen benötigt, kann sie mit anderen Funktionen, etwa einem perfekten Riechsinn oder einem fotografischen Gedächtnis belegt werden.

Der Energieverbrauch bei Neugeborenen, gemessen an der Intensität der Durchblutung, ist in den phylogenetisch alten Teilen des Gehirns wie dem Thalamus am höchsten, aber noch gering im Großhirn. Der steigende Energiebedarf im Kortex während des zweiten und dritten Lebensmonats weist darauf hin, dass bisher vom Gehirnstamm und vom Mittelhirn gesteuerte Reflexe wie die Nackenbewegungen, das Greifen, das Lächeln und das spontane Schreien vom Kortex als willkürlich steuerbare Handlungen übernommen werden. Nach dem zweiten Lebensjahr steigt der Energieverbrauch im Kortex auf das Zweifache des Bedarfs eines Erwachsenen an. Er reduziert sich mit zunehmendem Alter und erreicht bei Elfjährigen den Wert eines Erwachsenen. Dann sollte die Neubildung von Kontakten im Kortex abgeschlossen sein und die Energie nur noch für den zerebralen Betrieb benötigt werden.

Die Entwicklung des dorsolateralen, präfrontalen Kortex (Kapitel 9) ist erst mit dem 16. Lebensjahr abgeschlossen. Hier scheint ein Zusammenhang zwischen der Pubertät und der Bildung von Nervenverbindungen zu bestehen, welche Sexualität und Fortpflanzung regulieren.

## Die Entstehung von Bewusstsein und Gedächtnis

Nach der Geburt macht der Säugling neue Erfahrungen, die sich drastisch von seinem Leben im Mutterleib unterscheiden. Das betrifft besonders aktive Bewegungen zum Nahrungserwerb, das optische Wahrnehmen der Umgebung sowie das Greifen nach Gegenständen.

Wie man anhand der Dichte des neuronalen Netzwerks im visuellen Kortex sehen kann, erreichen Sehschärfe und visuelle Aufmerksamkeit im Vergleich zum Erwachsenenstadium bereits mit vier Monaten einen Höhepunkt. Zeigt man drei Monaten alten Säuglingen zwei unterschiedlich gestaltete Gegenstände, so kann man anhand der Augenbewegung, das heißt der Verweildauer des Blickkontakts, bestimmen, dass Säuglinge die beiden Gegenstände nicht nur als unterschiedlich wahrnehmen, sondern auch eine Präferenz für einen der beiden zeigen.

Zeigt man Neugeborenen den gleichen Gegenstand wiederholt oder einen neuen Gegenstand, so wenden sie sich dem Neuen zu, da sie den schon gesehenen Gegenstand als bekannt und damit als uninteressant einstufen. Diesen sogenannten Sehpräferenztest nutzt man, um die Existenz eines Erkennungsgedächtnisses ab dem ersten Tag nach der Geburt zu beweisen. Allerdings kann man nur indirekt feststellen, welche Gedächtnisleistungen noch vom Reptiliengehirn und welche bereits von der Hirnrinde ausgeführt werden. Entfernt man bei jungen Affen Teile des Hippocampus, so verlieren sie diese frühe Form der Erinnerung. So muss man annehmen, dass das Limbische System, das bei Geburt fast völlig ausgebildet ist, eine Primärform des Gedächtnisses darstellt. Bis zum fünften Lebensjahr eines Kindes übernehmen Segmente im Kortex nach und nach die im Reptiliengehirn niedergelegten Erfahrungen. Das Zusammenspiel zwischen Hippocampus und Kortex ist ab dem fünften Lebensjahr beim Menschen und ab dem zweiten Lebensjahr beim Schimpansen voll entwickelt. Allerdings ändert sich die Arbeitsteilung; das Limbische System ist fortan mehr für Gefühle und Triebe zuständig, der Kortex mehr für rationale Handlungen und Abgleiche mit individuellem Wissen.

Die Gehirne von Mädchen und Jungen entwickeln sich unterschiedlich. So ist der Schweifkern, ein Teil des Großhirns, bei Mädchen größer, während der Globus pallidus, ein Teil des Zwischenhirns, bei Jungen stärker ausgebildet wird. Ähnliches gilt für die Amygdala (größer bei Jungen) und den Hippocampus (größer bei Mädchen). Diese Unterschiede könnten durch den Einfluss der männlichen und weiblichen Sexualhormone bewirkt werden (Kapitel 9). So wird das spätere Verhalten von Mädchen und Jungen oder von Frauen und Männern schon morphologisch bei der Gehirnentwicklung angelegt.

## Geht spätere Gewalttätigkeit auf frühkindliches Leiden zurück?

Wie entsteht Persönlichkeit mit der Zeit? Welche Eigenschaften sind angeboren und wie entwickeln sie sich? Wovon hängt es ab, ob jemand im Laufe seines Lebens friedlich oder gewalttätig ist, ängstlich oder depressiv oder positiv und lebensbejahend ist? Jerome Kagan unterscheidet schon bei vier Monate alten Säuglingen zwischen „high" und „low reactives". „High reactives" reagieren schreckhaft auf neue Situationen, Gegenstände und Personen. Diese Babys entwickeln sich zumeist zu ängstlichen Kindern und Erwachsenen. 40 Prozent der „low reactives" verhalten sich umgekehrt: Sie sind entspannt, pflegeleicht und neugierig und auch im späteren Leben nicht leicht zu erschüttern.

Gewaltbereitschaft beschreibt die Neigung einer Person, in bestimmten Situationen Gewalt gegen Andere anzuwenden. Ein Jugendlicher unterliegt normalerweise natürlichen Hemmschwellen, welche die Gewaltbereitschaft einschränken. Diese sind durch das Umfeld, die Erziehung, ethische Grundsätze und Veranlagung geprägt und sind dem Betroffenen nur partiell bewusst. In einer neuseeländischen Verhaltensstudie wurden junge Gefängnisinsassen untersucht, die durch Gewalttätigkeit auffällig geworden waren. Die Studie sollte beweisen, dass in der Kindheit, das heißt in der Zeit der Wehrlosigkeit, erfahrenes Leid prägend für das spätere Leben ist. Als man die Jugendlichen nach Erlebnissen in ihrer Kindheit befragte, konnten sie nichts Besonderes berichten. Erst als man ihre Eltern in die Befragung einbezog, fand man heraus, dass die meisten der Jugendlichen als Kinder Opfer von Gewalt geworden waren. Sie wurden als kleine Kinder verprügelt, vergewaltigt oder laufend gedemütigt. Die Jugendlichen konnten sich an diese Kindheitstraumen nicht mehr erinnern.

Ihr Gehirn aber, sei es im Reptiliengehirn oder bereits im Kortex, speicherte diese Erfahrungen als lebensbedrohende Handlungen durch eine körperlich überlegene Person unlöschbar ab. Als Jugendliche oder als Erwachsene reagierten die Betroffenen dann auf eine reale oder auch nur fiktive Gefährdung sofort mit Gewalt, um die Bedrohung auszuschalten. Das Gehirn antwortet somit nicht wie bei einem gewaltfrei erzogenen Jugendlichen mit einer Abwägung der möglichen Gefahr, sondern ordnet an: „Schlag zu, bevor du geschlagen wirst." Wird das Abwehrverhalten dann noch durch ein Erfolgserlebnis nach dem Motto „Gewalt zahlt sich aus" bereichert, so übt der Betreffende Gewalt auch ohne Bedrohung aus, weil es ihr oder ihm Spaß macht Mitmenschen leiden zu sehen. Allerdings ist die Kopplung von dem in der Kindheit erfahrenen Leid mit der späteren Straffälligkeit nicht absolut, sondern sie ist nur häufiger als bei normal erzogenen Jugendlichen. Heranwachsende übernehmen auch mehr die Verhaltensweisen von Gleichaltrigen als von Erziehungsberechtigten. Sind in einer Gruppe gute oder schlechte Vorbilder vorhanden, so gilt deren Auftreten als richtungweisend. Erkennt man aggressives Verhalten und fehlende Schuldeinsicht erst bei einem Heranwachsenden, so dürfte eine Erziehung zum sozialen Miteinander die in seinem Gehirn etablierte Gewaltbereitschaft zwar mildern, beseitigen kann man sie aber nicht.

## Jugendgewalt in Deutschland

16- bis 21-jährige männliche Jugendliche werden viel häufiger kriminell auffällig als irgendeine andere Altersgruppe. Dass Jugendliche Grenzen übertreten, ist normal, so etwas gehört zum Erwachsenwerden. Es ist jedoch ein gesellschaftliches Problem, dass die Täter immer jünger und immer brutaler werden. 1998 gab es mehr als 300 000 jugendliche Tatverdächtige pro Jahr. Danach sank die Zahl gewaltbereiter Jugendlicher, um ab 2007 wieder um etwa 6 Prozent pro Jahr anzusteigen. Die Kriminalstatistik notiert für dieses Jahr „erhöhte Gewaltbereitschaft bei gesunkener Hemmschwelle und teilweise brutales Vorgehen". Viele Regeln, die früher für Prügeleien unter Jugendlichen galten, sind heute anscheinend aufgelöst. Der Kopf ist das Ziel von Fußtritten und die Gewalt geht weiter, selbst wenn das Opfer auf dem Boden liegt und aufgibt. Was steckt dahinter, wenn jemand zuschlägt, wenn der andere nur „blöd guckt"? Ein Risikofaktor ist das Elternhaus. Konflikten mit Gewalt zu begegnen, ist eine Strategie, die Kinder oft von ihren Eltern lernen. Auch werden Opfer von Gewalt später selbst zu Tätern. Falls Jugendliche im schulischen Bereich keine Anerkennung finden, versuchen sie sich durch aggressives Verhalten Respekt zu verschaffen. Gewalt vermittelt ihnen das Gefühl von Macht und Überlegenheit. Erprobten Tätern macht allerdings Gewalt oft einfach nur Spaß. Zu allgemeinen Problemen gehören die Beschaffungskriminalität, Jugendarbeitslosigkeit, mangelnde Integration, Gewalt im Internet sowie Verunsicherung durch den schnellen ökonomischen und ökologischen Wandel.

Mit der Jugend wird meistens auch der Hang zur Gewalt abgelegt. Aus den meisten Jugendlichen, die eine aggressive Phase durchlaufen, werden später friedliche Erwachsene, die nie wieder auffällig werden. Entgegen der allgemeinen Auffassung sind Mädchen nicht von Natur aus friedlicher als ihre männlichen Partner. Sie benutzen nur eher den Kopf als ihre Fäuste, um Gewalt auszuüben. Die Zahl der Täterinnen bei Körperverletzungsdelikten hat sich zwischen 1993 und 2007 verdreifacht. Besonders junge Mädchen zwischen 13 und 16 Jahren werden auffällig. So genießen gewalttätige Mädchen in gemischten Gruppen hohes Ansehen. Mädchen, die als Mitglied von Jugendbanden körperliche Gewalt ausüben, empfinden dies als Zeichen der Emanzipation. Sie wollen sich nichts gefallen lassen, nicht das „schwache Geschlecht" sein. Junge Frauen finden allerdings schon mit etwa 18 Jahren wieder Wege, Konflikte nicht mit körperlicher Gewalt auszutragen.

(Text inhaltlich übernommen aus Christine Buth, Jugendgewalt in Deutschland, 2010, Planet Wissen)

# 11.

## Hormone – das zweite Steuersystem des Körpers

Ein menschlicher Organismus, der aus Milliarden von 200 unterschiedlichen Zellen besteht und unendlich viele Funktionen vom Laufen bis zum Denken ausführen muss, bedarf einer schnellen und fehlerfreien Steuerung. Allein an der Ausführung einer bewussten Bewegung, etwa dem Heben des Arms, sind Millionen von Nerven- und Muskelzellen beteiligt. Die Regelung solcher Abläufe vollzieht sich entweder autonom oder bewusst über die Bahnen des Nervensystems. So können vom Gehirn ausgehende Befehle in Millisekunden von der Skelettmuskulatur in gezielte Bewegungen umgesetzt werden. Die Informationsleitung über Nervenfasern zeichnet sich durch Zielgenauigkeit und Schnelligkeit sowohl beim Entstehen als auch beim Weiterleiten des neuronalen Signals aus.

Der Körper verfugt aber mit den Hormonen über ein zweites Steuerungssystem, das grundlegend anders aufgebaut ist als das Nervengeflecht und auch andere Funktionen erfüllt. Es regt sich kein Glücksgefühl, keine Trauer und kein Seelenschmerz ohne die Mitwirkung der Hormone. Sie legen fest, ob wir feige oder kampfbereit, gelassen oder aufgeregt sind oder ob wir unserem Sexualtrieb folgen oder lieber die Ruhe genießen. Hormone regulieren den Stoffwechsel, besonders im Bereich der Verwertung oder

Speicherung der Zucker und der Fette. Sie sorgen dafür, dass stets genügend Glukose im Blut vorhanden ist, um Muskeln und vor allem das Gehirn mit Energie zu versorgen. Weiterhin greifen Hormone auch in körperliche Entwicklungen wie die Ausbildung der Geschlechtsorgane, den Menstruationszyklus, die Körpergröße, die Pubertät und die Knochenbildung ein.

Das Gehirn nutzt Hormone, um seine Entscheidungen im Körper zu realisieren. Der Begriff Hormon leitet sich aus dem griechischen Wort „hormon" für antreiben ab und bedeutet Bote; so werden Hormone auch oft als Botenstoffe bezeichnet. Hormone sind chemische Substanzen, die von Drüsen in die Blutbahn ausgeschüttet werden, sich somit im ganzen Körper verteilen und an ihrem Zielort, etwa dem Herzen, an ein spezielles Empfängerprotein, einen sogenannten Rezeptor binden.

Rezeptoren sind Proteinmoleküle, welche die chemische Struktur des Hormons mit großer Genauigkeit erkennen. Die Selektivität der Hormonwirkung liegt nicht in der chemischen Struktur des Hormons, sondern im dreidimensionalen Netzwerk des Rezeptors. So kann ein Hormonmolekül, das ins Blut ausgeschüttet wird, an unterschiedliche Rezeptoren binden und damit auch mehrere Vorgänge gleichzeitig steuern.

Der oberste Regelkreis für die Hormonausschüttung ist im Gehirn lokalisiert und damit ist diese angebunden an sinnliche Wahrnehmungen, an Gefühle, an Erinnern und an unbewusstes Erleben. Der Hypothalamus im Zwischenhirn schüttet ein Steuerungshormon (Gonatropin freisetzendes Hormon) aus, das wiederum auf die Hirnanhangsdrüse (Hypophyse) einwirkt. Die Hypophyse besteht aus der Neurohypophyse und der Adenohypophyse. An dieser für das Wohlbefinden des Menschen ungemein wichtigen Schaltstelle reguliert das Gehirn als oberste Instanz mithilfe des Nervensystems, welche Hormone in welcher Menge ausgeschüttet werden sollen.

Das Gehirn ergänzt mithilfe des Limbischen Systems nicht nur rationale Erwägungen mit Gefühlen, sondern es sorgt über die Regulierung der Hormonausschüttung auch dafür, dass Gefühle im Körper realisiert werden können. So kann sich das Gefühl „Wut" durch einen erhöhten Blutdruck einhergehend mit geröteter Haut, einer gesteigerten Gestik und durch aufgerissene Augen mit weit gestellten Pupillen äußern. Ohne Hormonausschüttung in Form von Adrenalin könnte sich unsere Wut den Mitmenschen nicht mitteilen. Ähnlich verhält es sich bei dem Gefühl „Trauer". Die Herzschlagfrequenz nimmt ab, der Blutdruck sinkt, die Haut wird bleich, die Bewegungen verlangsamen sich und manchmal fließen auch die Tränen.

# Hormone unterstützen das Überleben des Individuums

Die wichtigsten Hormone für die Erhaltung der menschlichen Art sind die Stress- und die Sexualhormone. Sie unterstützen die Verteidigungsbereitschaft sowie die Stimulierung des sexuellen Verlangens und damit das Überleben des Individuums wie die Erhaltung der Art durch die Zeugung von Nachkommen.

Adrenalin, auch als Epinephrin bezeichnet, ist das sogenannte „fight or flee"-Hormon. Es versetzt Menschen in die Lage, ihre Interessen entweder durch Kampf wahrzunehmen oder sich einer Gefährdung durch Flucht zu entziehen. Vom Gehirn gesteuert wird es in der Nebenniere gebildet und in Stresssituationen ins Blut ausgeschüttet. Es wirkt pleiotrop,

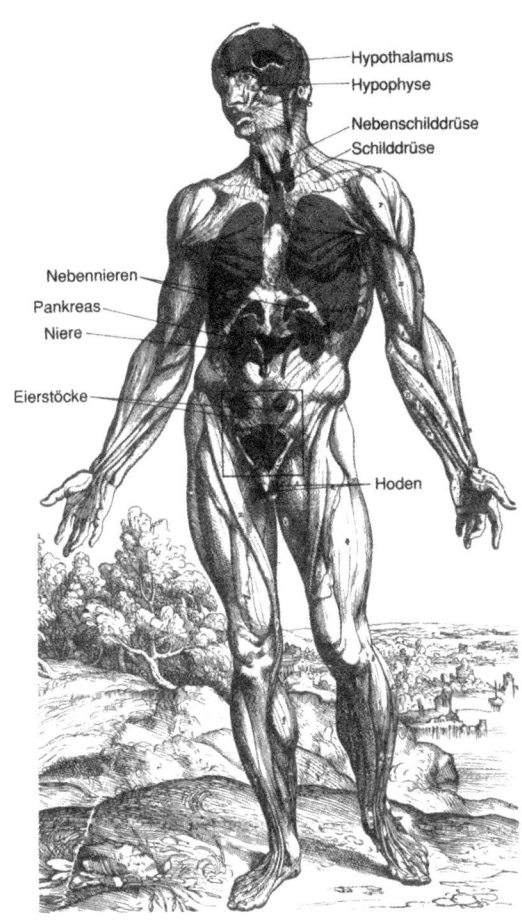

Hypothalamus
Hypophyse
Nebenschilddrüse
Schilddrüse

Nebennieren
Pankreas
Niere

Eierstöcke

Hoden

**11.1** Eine Abbildung des menschlichen Körpers in Anlehnung an die Anatomie des Andreas Vesal. Eingezeichnet sind die Lagen der Hormondrüsen, die sich über Kopf und Rumpf verteilen. Die oberste Steuerzentrale für die Hormonausschüttung ist der zum Limbischen System gehörende Hypothalamus. Er steuert wiederum die Neuro- und Hypophyse, die ihrerseits für die Hormonausschüttung in den sekretorischen Drüsen wie der Schilddrüse oder den Nebennieren zuständig sind.

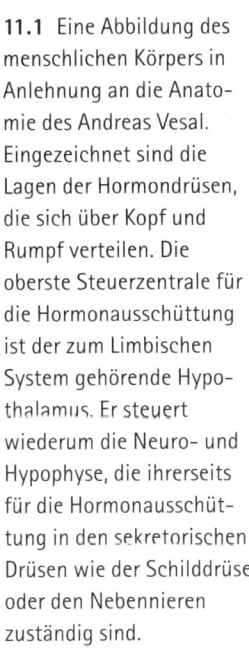

das heißt, es beeinflusst viele Zielorgane gleichzeitig. So steigert es die Herzfrequenz und damit den Blutdruck, es erweitert die Bronchiolen in der Lunge und die Pupillen des Auges und sorgt durch Fettabbau in der Leber für eine hohe Konzentration von Glukose im Blut. In der Summe gesehen, dient die Adrenalinausschüttung dazu, die Leistungsfähigkeit des menschlichen Körpers auf ein Maximum zu steigern. Die Adrenalinwirkung teilt sich aber auch einem potenziellen Gegner anhand des geröteten Gesichts und der weit aufgerissenen Augen des Täters als Bereitschaft zum Kampf mit. Ordnet das Gehirn seinem Besitzer die Flucht als besseres Mittel zum Überleben an, so erhöht das Adrenalin die Geschwindigkeit, mit der sich der Betroffene vom Ort der Gefahr entfernen kann.

Für die Effektivität der Hormonwirkung ist nicht nur die Konzentration entscheidend, sondern auch die Verweildauer im Blut. Das wichtigste Enzym zum geregelten Abbau des Adrenalins ist die Monoaminooxidase A (MAO-A). Das zu dem Protein zugehörige Gen ist auf dem X-Chromosom lokalisiert, von dem Männer als Geschlechtschromosom nur eine Kopie besitzen. Mutationen in diesem Gen können folglich für Verhaltensänderungen bei Männern verantwortlich sein. Anhand von Untersuchungen an Mäusen, bei denen das MAO-A-Gen stummgeschaltet war, ließ sich zeigen, dass die jungen Tiere ängstlich waren und die erwachsenen Mäuse sich aggressiv verhielten. Eine Studie an Menschen führte 1993 H. G. Brunner durch, in der er zeigen konnte, dass Mitglieder einer Familie, die eine Veränderung im MAO-A-Gen besitzen, alle ein aggressives und mental retardiertes Verhalten aufwiesen – das sogenannte Brunner-Syndrom. Allerdings konnten ähnlich angelegte Versuchsreihen anderer Wissenschaftler Brunners Befunde nicht bestätigen. In einer neuseeländischen Studie mit 1047 männlichen, erwachsenen Probanden wurde 2002 der Zusammenhang zwischen einem defekten MAO-A-Gen und Misshandlungen in der Kindheit untersucht. 85 Prozent der misshandelten Männer mit niedrigem MAO-A-Wert entwickelten ein antisoziales Verhalten. So scheinen Misshandlungen in der Jugend und eine genetisch bedingte lange Verweilzeit des Adrenalins im Blut gemeinsam zu einer erhöhten Aggressionsneigung bei betroffenen Männern zu führen. Im Jahre 2004 präsentierte Ann Gibbons auf einer Konferenz ihre These, dass mutierte MAO-A-Gene als sogenannte „warrior genes" (Krieger-Gene) im Zuge der Evolution den Primaten und somit auch den Hominiden Vorteile bei der Eroberung neuer Siedlungsgebiete gebracht hätten.

Eine große Popularität gewannen die „warrior genes", als Rod Lea und seine Mitarbeiter 2006 Daten veröffentlichten, die zeigen sollten, dass die erfolgreiche Verbreitung des Volksstamms der Maori im Südseeraum mit einer niedrigen Konzentration des Enzyms Monoaminooxydase A einherging und damit das Adrenalin als fight-or-flee-Hormon länger im Blut verblieb. Die andere Form des Enzyms, die man MAO-B nennt und die im Gehirn wirkt, soll verantwortlich für das „sensation seeking" sein. Menschen mit diesem Persönlichkeitsmerkmal suchen mit körperlich riskanten Aktivitäten oder durch Promiskuität ständig nach neuen Reizen.

Es ist schon erstaunlich, dass die Veränderung eines einzigen Gens die Psyche eines Menschen stark beeinflussen kann. Unter den 30 000 Genen, über die der Mensch verfügt, dürfte es noch viele bisher unbekannte Kandidaten geben, die nach einer Mutation unser Verhalten wie das unserer Nachkommen verändern können.

## Belohnung durch Glückshormone

Das Gehirn kann den Menschen für ihm genehme Taten belohnen. Dazu veranlasst es die Produktion sogenannter Glückshormone wie Dopamin und Serotonin. Ihre Ausschüttung kann durch geistige Prozesse, Nahrungsmittel wie zum Beispiel Schokolade, Sonnenlicht, Sport und schönes Wetter gesteigert werden. Auch Handlungen, die mit unseren moralischen Werten in Einklang stehen, wie zum Beispiel Hilfsbereitschaft einem alten Menschen gegenüber, kann in uns ein Glücksgefühl auslösen.

Aber empfindet ein Täter über die Genugtuung hinaus, dass ihm sein Plan gelungen ist, auch eine innere Befriedigung über das Töten eines anderen Menschen? Bei einem antiken Schwertkämpfer, der in einem lebensgefährlichen Kampf seinen Gegner niedergestreckt hat, deuten das Triumphgeschrei und die zum Himmel gereckte Faust auf eine Ausschüttung von Glückshormonen hin. Es ist aber nicht zu entscheiden, ob das Gehirn seinen Träger für das Töten des Gegners oder das Retten seiner eigenen Existenz belohnt. Im Krieg können sich Soldaten an das Morden gewöhnen, und ein Scharfschütze mag sich über die Präzision eines Schusses freuen, der den Gegner in den Kopf trifft. Andere dagegen erleben eine Form des höchsten Glücks, wenn es ihnen gelungen ist, einen Mitmenschen aus höchster Lebensgefahr, oft unter Einsatz des eigenen Lebens, zu retten. Das Gehirn reagiert jedenfalls nach eigenem Ermessen – mit der Adrenalinausschüttung für den Kampf und mit Glückshormonen für das Ergebnis der Tat.

# Hormone und Sexualität

Eine besondere Rolle in der Arterhaltung spielen die Sexualhormone, die nicht nur durch ihre vermehrte Ausschüttung in den Blutkreislauf im Zuge der Pubertät den Übergang vom Kind zum Erwachsenen einleiten, sondern auch den Wechsel vom Erwachsenen zum Alten. Sexualhormone werden in den Gonaden, der Nebennierenrinde und der Plazenta gebildet. Die männlichen Geschlechtshormone sind die Androgene; ihre Hauptvertreter sind das Testosteron und das wirksamere Dihydrotestosteron. Ihre Ausschüttung wird von dem Hypothalamus-Hypophysen-System des Gehirns gesteuert. Sie dienen der Ausbildung der Geschlechtsmerkmale und befähigen den menschlichen Organismus zur Fortpflanzung. Während der Pubertät bildet sich zum Beispiel bei einem Jungen zwischen dem 11. und 15. Lebensjahr die Geschlechtsreife aus. Diese Entwicklung wird von zahlreichen Änderungen des äußeren Erscheinungsbildes begleitet: Die Stimme wird tiefer, ein rasches Längenwachstum setzt ein, der Körper wird muskulöser und das Behaarungsmuster wandelt sich. Zielzellen der Androgene findet man an vielen Stellen des Körpers unter anderem an der Prostata, in den Samenzellen, in der Haut und den Muskeln sowie im Gehirn. Im Gehirn sorgen sie für das Entstehen der Libido (lat. für das Begehren, die Begierde). Die Libido ist stark abhängig von der Produktion des männlichen Sexualhormons Testosteron. Allgemein wirken alle Maßnahmen, die den Blutdruck steigern oder über das Limbische System das Wohlbefinden erhöhen, wie zum Beispiel das beliebte Glas Champagner oder das anheimelnde Kaminfeuer, als Libidosteigernd. Männer haben einen stärkeren sexuellen Trieb als Frauen. Er kann durch bloße Gedanken an Sex, aber auch durch die unterschiedlichsten sexuellen Fantasien und Praktiken stimuliert werden. Bei erzwungener längerer Enthaltsamkeit kann es zur Selbstbefriedung oder zu sexuellen Übergriffen auf Frauen kommen.

Bei Frauen spielt sich der Fortpflanzungszyklus etwa ab dem 14. Lebensjahr normalerweise einmal im Monat ab, von der Menarche, dem erstmaligen Auftreten der Menstruation, bis zur Menopause, dem dauerhaften Erlöschen der Menstruation. Zwischen dem 40. und 50. Lebensjahr erschöpft sich der Vorrat an verbliebenen Eizellen (Ovarfollikel). Das sexuelle Verlangen zeigt dagegen keine parallele Abnahme. Es kann durch die von den Nebennieren ausgeschütteten Sexualsteroide erhalten werden.

Bei Männern ist die Abnahme der Fortpflanzungsfähigkeit subtiler als bei Frauen. Obwohl die Spermienproduktion im Alter von 60 bis 80 Jahren um 50 bis 70 Prozent sinkt, können gesunde Männer ihre Fortpflanzungsfähigkeit bis in ihre 90er-Jahre erhalten. Bei einem gesunden jungen Mann werden ständig Sexualhormone produziert, unabhängig davon, ob er sich sexuell betätigt oder nicht. Erzwingt die Situation, etwa bei einer nur aus Männern bestehenden Schiffsbesatzung, eine lange Periode der Enthaltsamkeit, so können sich die Betroffenen durch Masturbation Erleichterung verschaffen, oder es kann zu sexuellen Übergriffen kommen, sobald sich dazu die Gelegenheit ergibt. Besonders im Krieg waren Vergewaltigungen von Mädchen und Frauen des Feindes nicht strafbar. Das gilt heute nicht mehr, aber die Zahl der sexuellen Übergriffe hat bei kriegerischen Handlungen eher zu- als abgenommen (Kapitel 14).

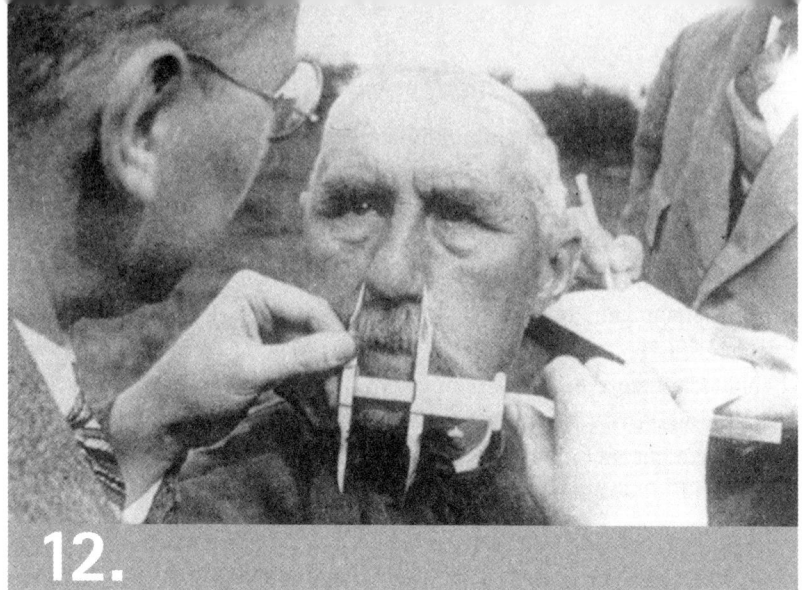

# 12.

## Sozialdarwinismus und Eugenik – ein Beitrag der biologischen Wissenschaften zu den Verbrechen an „Untermenschen"

M it der Erklärung der Menschen- und Bürgerrechte am 26. August 1789 wurden in Frankreich Demokratie und Freiheit begründet. Die Texte sind vom Gedankengut der Aufklärung geprägt. Artikel 1–3 lauten:

- ◆ 1. Die Menschen (Männer) werden frei und gleich an Rechten geboren und bleiben es. Gesellschaftliche Unterschiede dürfen nur im allgemeinen Nutzen begründet sein.
- ◆ 2. Der Zweck jeder politischen Vereinigung ist die Erhaltung der natürlichen und unantastbaren Menschenrechte. Dies sind das Recht auf Freiheit, das Recht auf Eigentum, das Recht auf Sicherheit und das Recht auf Widerstand gegen Unterdrückung.
- ◆ 3. Der Ursprung jeder Souveränität liegt ihrem Wesen nach beim Volke. Keine Körperschaft und kein Einzelner kann eine Gewalt ausüben, die nicht nachdrücklich von ihm ausgeht.

Die Lebensbedingungen im 19. Jahrhundert unterschieden sich für viele Menschen in Europa und in den restlichen Ländern drastisch von diesen Forderungen. In den außereuropäischen Ländern blühte der Sklavenhandel, in Osteuropa und in Russland waren viele Bauern Leibeigene und in England und Westeuropa drängte eine verarmte Landbevölkerung in die Städte, um ihr Leben zu fristen. Die einsetzende Industrialisierung brauchte Arbeitskräfte, die mit Hungerlöhnen abgespeist werden konnten. In den Städten als Ballungsräume trugen schlechte hygienische Verhältnisse, Nahrungsmangel, Alkoholgenuss und Promiskuität zur Herausbildung einer Unterschicht bei. Viele der Angehörigen des sogenannten Proletariats litten unter Mangelernährung und verfügten über einen geringen Bildungsstand. Als Konsequenz wiesen ihre zahlreichen Nachkommen einen schwächlichen Körperbau und oft auch eine geringe Intelligenz auf.

Während ihre Arbeitskraft ausgebeutet wurde, bot ihnen die Gemeinschaft keine Möglichkeit zu einem sozialen Aufstieg. So blieb ihre geistige Entwicklung hinter dem Stand der übrigen Bevölkerung zurück. Die moderne Industriegesellschaft hatte sich ihre „Untermenschen" geschaffen.

Anstatt sich der sozialen Probleme der verarmten Landbevölkerung und der Industriearbeiter anzunehmen, entwickelten Ökonomen, Biologen und Sozialwissenschaftler mit dem Sozialdarwinismus und der Eugenik Konzepte zur erbbiologischen Verbesserung der menschlichen Rassen. Mit Einschränkungen lieferten sie den theoretischen Unterbau zur Ermordung von Millionen von Angehörigen der Minderheiten im 20. Jahrhundert.

Der britische Philosoph und Soziologe Herbert Spencer (1820–1903) bezeichnete bereits 1852 in seinem Buch „A Theory of Population" die natürliche Auslese als Evolutionismus und charakterisierte ihre Auswirkungen auf die menschliche Population. In seiner Schrift „Der Soziale Organismus" beschrieb Spencer dann die Gesellschaft als einen „Überorganismus mit Organen", die den Lamarck'schen Gesetzen (Kapitel 8) von Wachstum und Niedergang folgen. Gesteuert durch die unsichtbare Hand der Evolution setzt sich seiner Ansicht nach langfristig das durch, was am besten zum Überleben des Organismus beiträgt. Spencer popularisierte den Begriff der Evolution für gesellschaftliche Entwicklungen und prägte den Ausdruck „Survival of the fittest" – Überleben der am besten Angepassten. Im „Law of Equal Freedom" postulierte er, dass jeder Mensch jede Freiheit habe, solange er nicht die Rechte des Anderen verletze. Aus ethischen Gründen und weil es der Logik der Evolution widerspreche, lehnte er jeden Eingriff des Staates in die menschliche Gesellschaft ab. Mit seiner Theorie ist er der eigentliche Begründer des Sozialdarwinismus als eine Kombination aus Genetik, Soziologie und Ökonomie. Der Begriff

Sozialdarwinismus findet sich zum ersten Mal in einem von Oscar Schmidt 1879 in der Zeitschrift „Popular Science" veröffentlichten Artikel. Die neue wissenschaftliche Disziplin vertritt einen biologistischen Determinismus, wendet Teilaspekte des Lamarckismus (Kapitel 8) und Darwinismus auf menschliche Gesellschaften an und fasst deren Entwicklung als Folge der natürlichen Selektion beim Kampf ums Dasein auf.

Die Inhalte des Sozialdarwinismus lassen sich nach Auffassung des österreichischen Biologen Franz M. Wuketits in drei Kernaussagen zusammenfassen:

* Darwins Theorie der Auslese ist in sozialer, ökonomischer und auch moralischer Hinsicht maßgeblich für die menschliche Entwicklung.
* Es gibt gutes und schlechtes Erbmaterial.
* Gute Erbanlagen sollen gefördert, schlechte dagegen ausgelöscht werden.

Kritisiert wird am Sozialdarwinismus unter anderem eine unkritische Übertragung von biologischen Gesetzen auf die menschliche Gesellschaft. Zudem lassen sich mehrere seiner Grundannahmen nicht mit Darwins Theorie begründen und werden von der modernen Evolutionstheorie als überholt angesehen. So widersprechen genetische Untersuchungen die Existenz eines biologisch begründbaren menschlichen Rassenbegriffs, auf dem Rassentheorien oder die Ideologie vom Herrenmenschen beruhen.

## Charles Darwin und die Evolution der Arten

1859 publizierte Charles Darwin sein epochemachendes Werk „Über die Entstehung der Arten im Tierreich und Pflanzenreich durch natürliche Züchtung oder die Erhaltung der vervollkommensten Rassen im Kampf ums Dasein" („On the Origin of Species by Means of Natural Selection, or The Preservation of Favoured Races in the Struggle for Life"). Die von Heinrich Georg Bronn übersetzte Fassung wurde bereits 1860 in Deutschland publiziert. Darwin war lange Zeit unwillig, seine Gedanken und Forschungsergebnisse zu veröffentlichen, musste aber handeln, als ihm der Zoologe Alfred Wallace ein Manuskript mit dem Titel „Über die Neigung der Varietäten in unbestimmter Weise vom ursprünglichen Typus abzuweichen" zuschickte. Dieses Manuskript und eine Kurzfassung der

Darwin'schen Theorie wurden 1858 in den „Proceedings of the Linnean Society" gemeinsam veröffentlicht. Darwin fürchtete mit Recht, dass das allgemein herrschende Vorurteil gegen die tierische Abstammung des Menschen auch für die allgemeine Akzeptanz seiner Evolutionstheorie hinderlich sein werde. So beschränkte er sich am Schluss seines Buches auf den Satz: „Licht wird auch fallen auf den Ursprung des Menschen und seine Geschichte", um die in der Gesellschaft verhasste Theorie von der Abstammung des Menschen vom Affen nicht zu thematisieren. Wegen seiner Brisanz wurde selbst dieser Satz in der deutschen Übersetzung einfach weggelassen, obwohl Thomas H. Huxley schon 1838 die Frage nach dem Ursprung des Menschen als „Frage aller Fragen" bezeichnet hatte. In seinem 1872 erschienenen Buch „Ausdruck der Gemütsbewegung beim Menschen und bei den Tieren" wird Darwin allerdings mutiger und führt aus: „Die Seele des Menschen ist kein besonderes übernatürliches Wesen, sondern die Summe seiner Gehirnfunktionen. Das Gehirn ist wie jedes andere Organ ein Erbstück unserer affenartigen Vorfahren."

Darwins Theorie besagt, dass Evolution ein langsamer, langfristiger Prozess der Änderung von Organismen ist. Alle heutigen Arten stammen von einem gemeinsamen Vorläufer ab. Jede Art erzeugt mehr Nachkommen als überleben können. Die Individuen einer Population unterscheiden sich durch erbliche Veränderungen. Durch natürliche Selektion werden diejenigen Veränderungen, die ihren Träger besser an die gegebene Umwelt anpassen, häufiger an die nächste Generation weitergegeben. Daraus folgert Darwin, dass die Überlebensmöglichkeit für diejenige Art am größten ist, die am besten an die Umweltbedingungen angepasst ist. Nach Darwin bedeutet die These „Survival of the fittest" nicht die Fitness des Individuums wie bei Spencer, sondern eine Art ist fit, wenn sie die größtmögliche Zahl an Nachkommen hervorbringt.

Die Theorien des britischen Nationalökonomen Thomas Malthus (1766–1834) zum Bevölkerungsgesetz, die er in seinem Aufsatz „An Essay of the Principle of Population" sowie in seinem 1838 erschienenen Buch „Die Bedingungen und die Folgen der Volksvermehrung" publizierte, regten Charles Darwin zur Übertragung seiner evolutionären Ideen auf gesellschaftliche Vorgänge an. Nach Malthus wird ein Zeitpunkt eintreten, an dem die Vorräte für die Erdbevölkerung nicht mehr ausreichen werden, wenn nicht Krankheit, Elend und Tod als Korrektive das Gleichgewicht wieder herstellen. So führte Malthus aus: „Ein Mensch, der schon in einer okkupierten Welt geboren wird, wenn seine Familie nicht die Mittel hat, ihn zu ernähren oder wenn die Gesellschaft seine Arbeit nicht nötig hat, dieser Mensch hat nicht das mindeste Recht, irgendeinen Teil von Nahrung zu verlangen, und er ist wirklich zu viel auf der Erde. Bei dem großen Gastmahl der Natur ist durchaus kein Gedeck für ihn gelegt. Die Natur gebietet ihm abzutreten, und sie säumt nicht, selbst diesen Befehl zur Ausführung zu bringen."

Diesen Überlegungen schloss sich auch der britische Naturforscher Francis Galton (1822–1911) an. So glaubte er, dass unter Zivilisationsbedingungen die natürliche Auslese ausgeschaltet sei und so ohne Gegenmaßnahme eine Degeneration der Erbanlagen innerhalb einer Bevölkerung zu erwarten sei.

Darwin führte dazu in seinem 1871 erschienenen Buch „Die Abstammung des Menschen und die geschlechtliche Zuchtwahl" aus, dass aus dem Kampf der Natur die Erzeugung immer höherer und vollkommenerer Lebewesen hervorgehe, während die Selektion das Aussterben der minder verbesserten Formen veranlasse. Mit Bezug auf die moralischen Qualitäten der Menschen bedenkt Darwin die möglichen Folgen für die menschliche Gesellschaft, falls sich die lasterhaften Menschen schneller fortpflanzen als die Angehörigen der besseren Klassen: „Wenn die angeführten und vielleicht bis jetzt noch anderen unbekannten Hindernisse die leichtsinnigen, lasterhaften sowie minderwertigen Mitglieder der menschlichen Gesellschaft nicht zurückhalten, sich schneller als die besseren Klassen zu vermehren, so wird das Volk zurückgehen, wie die Weltgeschichte oft genug gezeigt hat."

Darwins Äußerungen zur drohenden Bevölkerungsentwicklung muss man auch unter den Aspekten der sozialen Situation in England sehen. Da die Kinder ab etwa 12 Jahren schwer körperlich arbeiten mussten, litten sie als junge Erwachsene bereits unter Gebrechen, die sich dann wieder negativ auf den Gesundheitszustand der nächsten Generation auswirkten. So waren Darwins Bemerkungen zu den sozialen Zuständen richtig, nur verkannte er, dass die Lebensverhältnisse und nicht die Erbbiologie die Ursachen der Misere waren.

Die gesellschaftspolitischen Einlässe der deutschen Darwinisten unterschieden sich in ihrer sozialkritischen Qualität in nichts von denen ihrer englischen Kollegen. Nach Auffassung des Zellbiologen August Weismann (1834–1914) ist ein jedes Individuum durch sein genetisches Material determiniert und auch eine Verbesserung des sozialen Umfelds kann keinen moralischen und kulturellen Fortschritt bewirken. Ähnlich äußerte sich Ernst Haeckel, der bekannteste deutsche Zoologe seiner

Zeit. Ernst Heinrich Philipp August Haeckel (1834–1919) war Zoologe, Humanmediziner, Philosoph und Freidenker. Es ist sein Verdienst, die Theorien von Charles Darwin in Deutschland bekannt gemacht und zu einer speziellen Abstammungslehre ausgebaut zu haben. Seine Auffassungen zur Rassenlehre und zur Eugenik waren in der wilhelminischen Zeit unter den Gelehrten weit verbreitet. Haeckel vertrat die Ansicht, es sei die Aufgabe der Biologen, Politik aktiv mitzugestalten. So schrieb er in seiner 1904 publizierten Abhandlung „Die Lebenswunder": „Es kann daher auch das Töten von neugeborenen, verkrüppelten Kindern, wie sie zum Beispiel die Spartaner behufs der Selektion der Tüchtigsten übten, vernünftigerweise nicht unter den Begriff des Mordens fallen, wie es noch in unseren modernen Gesetzbüchern geschieht. Vielmehr müssen wir dieselbe als eine zweckmäßige, sowohl für die Beteiligten, wie für die Gesellschaft nützliche Maßregel akzeptieren." Im gleichen Buch führt er aus: „Hunderttausende von unheilbar Kranken, namentlich Geisteskranke, Aussätzige, Krebskranke usw. werden in unseren modernen Kulturstaaten künstlich am Leben erhalten und ihre beständigen Qualen sorgfältig verlängert, ohne irgendeinen Nutzen für sie selbst oder die Gesamtheit."

Nur der Anarchist Pjotr Alexejewitsch Kropotkin widersprach bezüglich des Miteinanders von Menschen den Thesen Darwins. In seinem 1902 erschienenen Buch „Gegenseitige Hilfe in der Tier- und Menschenwelt" („Mutual Aid: A Factor of Evolution") betonte er, dass für die Evolution der menschlichen Gesellschaft die gegenseitige Hilfe wichtiger sei als der Konkurrenzkampf im Sinne des „Survival of the fittest".

## Die Eugenik-Bewegung als praktische Umsetzung des Darwinismus

Am Anfang des 20. Jahrhunderts gab es eine zunehmende Radikalisierung und Vermischung sozialdarwinistischer Ansätze mit der Eugenik und den rassentheoretischen Konzepten. Mit Eugenik (griech. eu = gut und genos = Geschlecht) bezeichnet man seit 1883 die Anwendung wissenschaftlicher Konzepte auf die Bevölkerungs- und Gesundheitspolitik mit dem Ziel, den Anteil positiv bewerteter Erbanlagen zu erhöhen (positive Eugenik) und den Anteil negativ bewerteter Erbanlagen zu verringern (negative Eugenik). Viele Biologen in dieser Zeit glaubten, dass man Erkenntnisse aus der Zoologie in vereinfachender Weise auf die Politik übertragen könne.

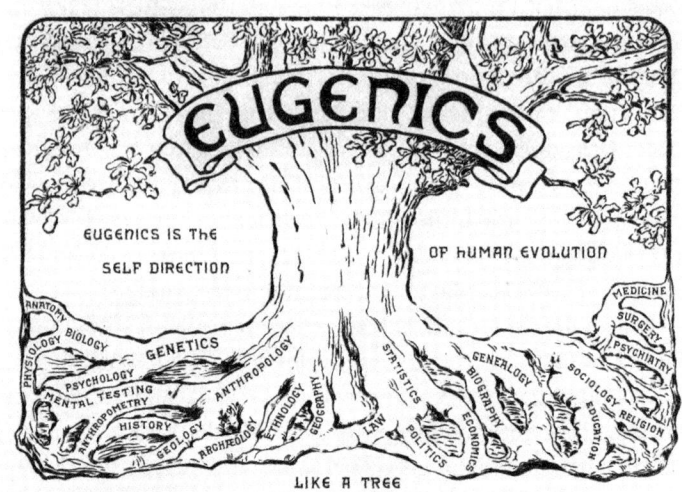

12.1 Die Eugenik beruft sich auf viele wissenschaftliche Disziplinen und verbindet sie zu einem harmonischen Ganzen (Übersetzung der Unterschrift unter dem Logo der zweiten internationalen Eugenik-Konferenz 1921).

Die Ideen von Francis Galton und Thomas Robert Malthus, dass durch gute Zucht und strikte Beschränkung der Geburten der menschlichen Verelendung Einhalt geboten werden könne, beeinflussten besonders in den angelsächsischen Staaten die Eugenik-Bewegungen. So wurde bereits 1896 im US-Bundesstaat Connecticut ein Gesetz erlassen, dass Epileptikern, Schwachsinnigen und Geistesschwachen die Heirat verbot. In Kalifornien sterilisierte man pro Jahr durchschnittlich 350 Strafgefangene begründet mit moralischer oder sexueller Degeneration, niedriger Intelligenz oder Geistesschwäche. Im Jahr 1926 wurde die „American Eugenics Society" gegründet. In der Überzeugung, dass der nordische weiße Mensch anderen Rassen überlegen sei, wurde mit dem „Johnson Act" ein Einwanderungsrecht eingeführt, das den Zuzug aus Osteuropa und den Mittelmeerländern stark einschränkte. Man wollte so die Qualität des „amerikanischen Blutes" fördern. Insgesamt wurden besonders in den Südstaaten etwa 60 000 Menschen zwangssterilisiert, wobei es sich meistens um Afroamerikaner handelte. Als Begründung wurde angegeben, dass aufgrund der langen Sklaverei vor allem „Schwarze" Intelligenzdefizite aufweisen müssen.

In Europa war es die Schweiz, die im Kanton Waadt als erstes Land Zwangsterilisationen und Zwangskastrationen gesetzlich einführte. Betroffen waren vor allem Patienten psychiatrischer Anstalten. Bis 1937/38 folgten entsprechende Maßnahmen in den skandinavischen Ländern sowie in Lettland. In Deutschland wurden bis 1933 Tausende der sogenannten „Rheinbastarde", Kinder von deutschen Frauen und farbigen französischen Soldaten, sterilisiert. Man wollte die Schande, das heißt die Tatsache, dass sich während der Besetzung des Rheinlands durch Franzosen deutsche Frauen mit farbigen französischen Soldaten eingelassen hatten, tilgen.

Bereits vor der Machtubernahme durch die Nationalsozialistische Deutsche Arbeiterpartei (NSDAP) hatte sich in Deutschland eine „Völkische Rassenhygiene" etabliert, die sich auf Gobineau und Chamberlain berief. Der Franzose Arthur de Gobineau (1816–1882) war ein früher und bedeutender Verfechter der arischen Herrenrasse und der Schädlichkeit der Rassendurchmischung. Er verfasste 1855 ein vierbändiges Werk über die „Ungleichheit der Menschenrassen". Grundlage seiner Schriften war die Annahme der Existenz einer „vollkommenen Urrasse" in Gestalt der nordisch-arischen oder germanischen Ethnie. Am unverfälschtesten habe sich die weiße Urrasse in Skandinavien und im französischen Adel gehalten, während die Deutschen lediglich ein Gemisch aus Kelten und Slawen darstellten.

Houston Stewart Chamberlain (1855–1927), in England geboren und in Bayreuth gestorben, vertrat in seinem Werk „Grundlagen des 19. Jahrhunderts" (1899) ähnliche Theorien. Es wurde zu einem Standardwerk der Eugenik und des Antisemitismus in Deutschland. Für Rassenideologen wie Arthur de Gobineau, Arthur Trebitsch oder Houston Stewart Chamberlain sind die von ihnen als Arier klassifizierten Indogermanen alle wertvoll. Alle von ihnen als Nichtarier eingeordneten Angehörigen anderer Sprachfamilien sind dagegen mehr oder weniger gleich nutzlos. Die Auffassungen von Chamberlain finden später ihren Niederschlag in dem Buch des nationalsozialistischen Chefideologen Alfred Rosenberg mit dem Titel „Der Mythus des 20. Jahrhunderts".

Etliche im Bereich „Gesundheitsfürsorge" tätigen Biologen und Mediziner sahen die Machtergreifung der Nationalsozialisten als Chance zur Verwirklichung ihrer eugenischen Ziele. Innerhalb der Eugeniker, die in der „Gesellschaft für Rassenhygiene" organisiert waren, gab es eine gemäßigte und eine radikale Strömung. Während die Gemäßigten auf die Förderung der Geburtenzahl bei der normgemäßen Bevölkerung und freiwillige Sterilisation bei „Minderwertigen" setzten, forderten die Radikalen die Zwangssterilisation und die Tötung von Behinderten.

## Der Mann, der Adolf Hitler seine Ideen gab

Jörg Lanz von Liebenfels, mit korrektem Namen Adolf Joseph Lanz (1874–1954), war ein österreichischer Geistlicher, Antifeminist, Hochstapler, Antisemit, Rassentheoretiker und Okkultist. Er behauptete von sich, dass er „der Mann sei, der Adolf Hitler seine Ideen gab". Mit der Zeitschrift „Ostara", die er ab 1905 selbst herausgab und die von ihm als „die erste und einzige Zeitschrift zur Erforschung und Pflege des heroischen Rassentums und Mannesrechts" bezeichnet wurde, versuchte er Anhänger für seine skurrilen Ideen zu finden. Seine Publikationen hatten das erklärte Ziel, „die Ergebnisse der Rassenzucht tatsächlich in Anwendung zu bringen, um die heroische Edelrasse auf dem Weg zur planmäßigen Reinzucht und des Herrenrechtes vor der Vernichtung durch sozialistische und feministische Umstürzler zu bewahren". Man mag heute solche Aussagen als skurril betrachten, aber Lanz hatte zahlreiche finanzstarke Gönner, und seine Zeitschrift erreichte eine Auflage von mehreren Tausend und wurde besonders in Wien eifrig gelesen. Es ist nicht auszuschließen, dass Hitler während seiner Wiener Zeit ein Leser der „Ostara" war, da die Gedankengänge von Lanz in abgemilderter Form in seinem Werk „Mein Kampf" zu finden sind. In seiner „Theozoologie" erklärt Lanz die Arier zu Nachkommen der biblischen Engel, die restliche Menschheit zu Abkömmlingen einer geschlechtlichen Verbindung zwischen der biblischen Eva und einem domestizierten Primaten. Ab 1905 sah Lanz die „Urgermanen" nicht mehr einfach als „Übermenschen", sondern als „Gottmenschen" an. Als konkrete rassenhygienische Maßnahmen propagierte Lanz unter anderem die „Einrichtung von Zuchtkolonien ausgewählter arischer Zuchtmütter", deren einzige Lebensaufgabe darin bestehen sollte, von „ausgewählten arischen Lebenshelfern" begattet zu werden, um „diesen einwandfreien arischen Nachwuchs" zu gebären. Verbrecher, Geisteskranke und erblich Kranke sowie Rassenminderwertige seien zu sterilisieren und am besten überhaupt in Arbeitslagern festzusetzen. Die Verbrechen im Dritten Reich haben gezeigt, dass solche Überlegungen zur Vernichtung des sogenannten „unwerten Lebens", zur Sterilisierung von 400 000 Menschen, zur sogenannten Arisierung des Ostraums und zu Organisationen wie dem „Lebensborn e. V." beigetragen haben.

Auch Bücher wie Aldous Huxleys 1932 erschienene „Schöne neue Welt" sind vermutlich von Lanz' Gedanken beeinflusst.

## Das Lebensborn-Projekt

Der Lebensborn e. V. war ein Projekt Heinrich Himmlers, dem Führer der Schutzstaffel (SS), das sich an den bevölkerungspolitischen Grundsätzen der Nationalsozialisten orientierte. Primär war die Organisation im Sinne einer Fürsorge für ledige Mütter bemüht, durch die Möglichkeit zur anonymen Entbindung die Zahl der Abtreibungen zu reduzieren. Im Deutschen Reich wurde die Zahl der illegalen Abtreibungen auf 600 000 geschätzt. Allerdings wurden nur ledige Schwangere aufgenommen, die den „rassenhygienischen" Ansprüchen der NSDAP entsprachen. Das erste Heim wurde 1936 in Steinhöring in Oberbayern errichtet. Himmler forderte für die von ihm gegründete Organisation finanzielle Mittel von der Wehrmacht mit der Begründung, dass „allein durch diese bevölkerungspolitische Maßnahme in 20 Jahren 18 bis 20 Regimenter mehr marschieren werden". Infolge der Kriegsvorbereitungen vergrößerte sich allerdings die „arische Elite" nur mäßig. Bis 1939 kamen etwa 800 Kinder in Lebensborn-Heimen zur Welt. So begann man arisch, das heißt blond und blauäugig, aussehende Kinder aus besetzten Gebieten zu verschleppen. Sie wurden zuerst in Lebensborn-Heimen aufgenommen und später an Adoptiveltern verteilt. Auch Kinder von Widerstandskämpfern aus Russland und Osteuropa wurden zur Auffüllung des arischen Nachwuchses in Lebensborn-Heimen gesammelt, um dann an Adoptiveltern vermittelt zu werden. So wurden von 98 Kindern, die das Massaker von Lidice in Tschechien 1942 überlebten, 13 mit arischem Aussehen in solche Heime verschleppt, die restlichen wurden im Vernichtungslager Kulmhof umgebracht.

Es wird vermutet, dass in Lebensborn-Heimen auch eine Form von Menschenzüchtung stattfand. So gab es das Gerücht, dass Männer der Schutzstaffel (SS) und junge Frauen vom Bund Deutscher Mädel (BDM), dem Pendant zur Hitlerjugend, zwecks Zeugung eines arischen Nachwuchses für die SS in Lebensborn-Heimen zusammengebracht worden seien. Für diese Vermutung gibt es aber keine Beweise.

Das Stehlen von Kindern durch skrupellose Regime wurde auch nach dem Ende des Dritten Reichs weiter praktiziert. So wurden während der argentinischen Diktatur von 1976 bis 1983 in den Folterzentren des Militärs gefangenen Frauen regelmäßig die Kinder nach der Geburt weggenommen und an regimetreue Familien zur Adoption weitergegeben. Die Mütter wurden getötet oder verschwanden für immer spurlos. Die Schergen der Junta löschten die Identität der Kinder, die jedoch in 105 Fällen inzwischen geklärt werden konnte. Ein Gericht stellte 2010 fest: „Die Taten seien Menschenrechtsverletzungen gewesen innerhalb eines allgemeinen Plans zur Vernichtung eines Teils der Zivilbevölkerung unter dem Vorwand des Kampfes gegen Subversion mit der Anwendung von Methoden des Staatsterrorismus" (FAZ, 7.7.2012).

## Die Deutschen als Volk ohne Raum

Die Parole „Volk ohne Raum" war während der Weimarer Republik und der Zeit des Nationalsozialismus eine oft genutzte These. Der Begriff wurde von dem Schriftsteller Hans Grimm durch seinen Roman „Volk ohne Raum" (1926) geprägt. Er suggerierte seinen Lesern, dass Elend, Hunger und Armut auf die Überbevölkerung in Deutschland zurückzuführen seien und man deswegen im „Kampf ums Dasein" neues Land erobern müsse. Ähnlich wird mit dem Begriffspaar „Blut und Boden" argumentiert, das in Oswald Spenglers Roman „Der Untergang des Abendlandes" auftauchte. Die Nationalsozialisten übernahmen diese Thesen, um die deutschen Eroberungsfeldzüge im Osten zu begründen. 1936 umriss Reichsbauernführer Walther Darré vor Mitarbeiten des „Reichsnährstandes" recht konkret die deutschen Eroberungspläne: „Der natürliche Siedlungsraum des deutschen Volkes ist das Gebiet östlich unserer Reichsgrenze bis zum Ural, im Süden begrenzt durch Kaukasus, Kaspisches Meer, Schwarzes Meer und die Wasserscheide, welche das Mittelmeerbecken von der Ostsee und der Nordsee trennt. In diesem Raum werden wir siedeln, nach dem Gesetz, dass das fähigere Volk immer das Recht hat, die Scholle eines unfähigeren Volkes zu erobern und zu besitzen. […] Ein solches politisches Ziel muss auf den deutschen Bauernhöfen von Mund zu Mund weitergereicht werden, muss auf unseren Bauernschulen eine selbstverständliche Grundlage des Unterrichts sein. Dann wird auch eines Tages das Volk demjenigen Staatsmann folgen, der die sich ihm bietenden Möglichkeiten ergreift, um unserem Volke ohne Raum den Raum nach dem Osten zu öffnen."

# Die Rampe von Auschwitz

Bei dem Sozialdarwinismus und der Eugenik handelt es sich um wissenschaftliche Disziplinen, die den Beitrag der Erbbiologie zur Gesellschaftsentwicklung thematisieren. Es ist aber nicht zu verkennen, dass sie aus politischer Naivität einen theoretischen Beitrag zum größten Massenmord leisteten, der je im Namen Deutschlands begangen wurde.

Symbol für diese Untaten ist und bleibt die Rampe von Auschwitz, wo Kinder, Frauen und Männer aufgrund ihrer Religionszugehörigkeit oder ihrer kulturellen Herkunft zum Tod durch Arbeit oder Tod durch Gas „selektioniert" wurden. Während Frauen und Männer durch das System „Mord durch Arbeit" ihr Leben noch etwas verlängern konnten, blieben für die Kinder und die Alten nur die Gaskammern.

## 13.

# Die Waffenentwicklung
# vom Faustkeil bis zur Drohne

Als Waffen werden alle Gegenstände bezeichnet, die dazu bestimmt und geeignet sind, Lebewesen in ihrer Handlungsfähigkeit zu beeinträchtigen oder handlungsunfähig zu machen, physisch oder psychisch zu verletzen oder zu töten. Waffen werden zur Jagd und damit meistens zum Nahrungserwerb, zum Angriff auf oder zur Verteidigung gegen Individuen und vor allem in kriegerischen Handlungen eingesetzt. Vom Faustkeil bis zur Drohne reflektiert die Geschichte der Waffenentwicklung die Geschichte der Menschheit und damit ihre Vorliebe für Gewalt, Mord und Krieg. Schon Kinder spielen mit Waffen, die ihnen die Erwachsenen schenken, und Gräber wurden für das Leben im Jenseits mit Waffen ausgestattet.

Beim Abdrücken einer Schusswaffe bewirkt man eine Reaktion in einer Entfernung – im harmlosesten Fall das Treffen einer Zielscheibe, im schlimmsten Fall das Töten eines Menschen. Eine Waffe verleiht auch einem Schwachen Macht über einen vermeintlich Stärkeren. David konnte mit Goliath nur fertig werden, weil er ihm dank seiner Steinschleuder nicht nahe kommen musste.

Schon Kinder, wohl zumeist Jungen, lieben Spielzeugpistolen und Laserschwerter. Ritterausrüstungen mit Holzschwert und Schild sind dagegen als Spielzeug aus der Mode gekommen. Aktueller Beliebtheit erfreuen sich Computerspiele, mit denen man Gegner wie etwa historische Krieger, Gangster oder Monster per Mausklick ausschalten kann. Vernichten mit dem Joy-Stick ist aber auch das Aktuellste in der modernen Kriegsführung: Ein Techniker steuert weitab vom Ort des Geschehens eine Drohne, die mit einer zielgesteuerten Rakete vermeintliche Terroristen in einem Auto ausschaltet. In der Vergangenheit sowie in den heutigen Industriegesellschaften werden Waffen nach dem Stand der Technik entwickelt, wobei jede wissenschaftliche Disziplin und jede Verfahrenstechnik ihren Beitrag leisten muss.

## Von der Altsteinzeit bis zur Metallbearbeitung

Seit Beginn der Menschheit dienen Waffen dem Individuum zum Ausgleich seiner körperlichen Unterlegenheit. Dies gilt sowohl für das Töten gefährlicher Tiere zwecks Nahrungsbeschaffung wie auch für Angriff und Verteidigung gegen die eigene Art. Bei den prähistorischen, ausschließlich durch Muskelkraft wirkenden Waffen gibt es zwei physikalische Wirkprinzipien. Die mit einem Bewegungsablauf zum Beispiel beim Schwingen einer Keule aufgenommene Bewegungsenergie wird beim Auftreffen auf einen Körper momentan abgegeben, so etwa beim Einschlagen des Schädels eines Gegners. Durch das Zuspitzen des als Waffe benutzten Gegenstandes lässt sich die aufgewendete Kraft auf eine sehr kleine Fläche konzentrieren, so beim Faustkeil oder der Lanzenspitze. Durch den erzielten Druck kann ein Ziel penetriert und die Eindringtiefe erhöht werden. So wurden als erste Waffen gefundene Knüppel, Oberschenkelknochen und handliche, spitz zulaufende Steine verwendet.

Dem sogenannten Oldowan, einer Phase der Altsteinzeit, benannt nach der Olduvai-Schlucht in Tansania, werden die ältesten Steinwerkzeuge zugerechnet. Bei den gefundenen Steinen mit scharfen Kanten handelt es sich um Geräte zum Ausweiden von Tieren und zur Zerteilung von Fleisch sowie zum Säubern der Felle. Die sogenannten „pebble tools" waren vermutlich Fundstücke, aber noch keine gezielt hergestellten Werkzeuge oder Jagdwaffen. Vor ungefähr 1,4 Millionen Jahren tauchen in der sogenannte Acheuléen-Kultur, benannt nach dem Fundort Saint-Acheul in Frankreich, beidseitig bearbeitete, zugespitzte Faustkeile und Beile mit gerader Schneide (cleaver) auf. Solche gefertigten Waffen wurden eine Million Jahre lang in Afrika und später in Europa vom *Homo erectus* genutzt.

Neben aus Stein hergestellten Geräten verwendete man vermutlich auch Gegenstände aus Holz und Horn. Da diese Materialien jedoch die Millionen von Jahren nicht überstanden, gibt es keine derartigen fossilen Funde, welche die Lebensweise des *Homo erectus* diesbezüglich erhellen.

Die Moustérien-Werkzeug-Kultur, nach dem Fundort Le Moustier, begann vor 200 000 Jahren und endete vor ungefähr 40 000 Jahren. Diese Periode wird den Neandertalern zugerechnet. Man findet als Neuheiten Schaber, Pfeil- und Speerspitzen. Somit verfügten die Neandertaler bereits über Pfeil und Bogen sowie Speere als Distanzwaffen. In späteren Zeiträumen wie den Aurignacien- und den Gravettien-Kulturen (40 000 bis 28 000 Jahre) wurde die Bearbeitungstechnik der steinernen Klingen verbessert und die Holzgriffe der Messer wurden mit Elfenbeinperlen verziert. Als Material für die Klingen wurde Feuerstein, auch als Silex bezeichnet, genutzt.

In der Spätphase des Neolithikums kam es zur Herstellung und Nutzung von Metall, vor allem von Kupfer und Gold. Die Gewinnung des Erzes und die kalte Verarbeitung von Kupfer waren in Asien, Afrika und dem Mittelmeerraum weit verbreitet. Kupfer wurde hauptsächlich zu Gebrauchsgegenständen, aber kaum zu Waffen verarbeitet, da es zu weich ist.

Erst mit der Erfindung der härteren Bronze – einer Legierung aus Kupfer und Zinn – begann der Siegeszug des Metalls als Material für Hieb- und Stichwaffen. Während dieser Zeit wurde das Schwert entwickelt, das erste Gerät, das ausschließlich für kriegerische Konflikte genutzt wurde.

Die „Eisenzeit" umfasst die Periode von 1200 v. Chr. bis zum Beginn der klassischen Antike. Im Nahen Osten begannen wohl die Hethiter vor 3500 Jahren mit der Technik der Eisenherstellung. In den „Metamorphosen" Ovids (15 v. Chr. bis 17 n. Chr.) ist die Eisenzeit „das letzte der Weltalter, waffenklirrend, blutig ohne Nächstenliebe und Gerechtigkeit".

In der Antike wurde sehr viel Wert auf die waffentechnische Entwicklung gelegt. Dabei ging es sowohl um Angriffswaffen wie Schwerter und Lanzen als auch um Schutz vor solchen Waffen wie beispielsweise durch Helme, Schilde oder Körperpanzerungen. In dieser Zeit entstanden auch schwere Kriegsgeräte wie etwa Belagerungstürme, Wurfmaschinen und Feldgeschütze. Mit der Verbesserung des Schiffsbaus verlagerte sich der Krieg vom Land aufs Meer. Im Mittelmeerraum wurden für die großen Seeschlachten Galeeren eingesetzt, da geruderte Schiffe besser manövrierfähig waren als Segelschiffe. In der Schlacht von Salamis (480 v. Chr.) kämpften aufseiten der Griechen etwa 270 Trieren – Dreiruderer –, während die Perser nach Herodot nur über 120 Schiffe verfügten. Die Griechen siegten und die meisten Perser ertranken, da sie nicht schwimmen konnten.

Ein besonderes Kapitel der Kriegsführung sind Tiere als sogenannte „gezwungene Waffenbrüder". Pferde und Esel wurden wohl seit ihrer Domestikation in Kämpfen als Reit- und Lasttiere genutzt. Berühmt sind auch die Elefanten, die der Feldherr Hannibal (246–183 v. Chr.) in den Punischen Kriegen einsetzte. Zu den Kriegsgefährten des Menschen gehören unter anderem aber auch Spürhunde, Brieftauben zur Nachrichtenübermittlung und Bienen zum Aufspüren von Landminen.

## Waffen aus Eisen

Mit der Fähigkeit, Eisen aus Erz zu gewinnen und es zu einem harten und beständigen Material zu schmieden, änderte sich auch die Kriegsführung. So benutzten die Fußtruppen der römischen Legionen den sogenannten Gladius, ein beidseitig geschliffenes Kurzschwert, das von den Legionären als Hieb- und Stichwaffe eingesetzt wurde. Gefertigt wurden die Schwerter aus „Ferrum noricum", einem kohlenstoffhaltigen Stahl aus dem Noricum, einem Ort im heutigen Kärnten. Das Schwert wurde zwar vielfach modifiziert, blieb aber bis zum Mittelalter die bevorzugte Waffe von Einzelkämpfern. Im Mittelalter kamen Schwerttypen auf, die man als Zweihandschwerte mit beiden Händen führte. Während die Soldaten in der Antike und im Mittelalter überwiegend als Fußtruppen und in festen Formationen kämpften, bestanden die Truppen der Steppenvölker hauptsächlich aus gepanzerten, mit Lanzen und Pfeil und Bogen bewaffneten Reitern. Die Reiterheere der Goten waren es, die zum Beispiel in der Schlacht von Adrianopel (378 n. Chr.) die römischen Heere besiegten und den Untergang des Römischen Reichs einleiteten. Bei dieser Schlacht sollen 20 000 römische Soldaten getötet worden sein. Die aus Asien kommenden gepanzerten Reiter waren die Vorläufer der Ritter des Mittelalters. Nur die Hunnen verzichteten auf eine Panzerung und benutzten als Waffe den berühmten Reflexbogen.

Im Mittelalter wurde aufgrund der zahlreichen Kriege oft auf Bauern und Landarbeiter zum Auffüllen der Armeen zurückgegriffen. Das Landvolk war aus Kostengründen und seiner Unkenntnis im Umgang mit Kriegswaffen mit Gebrauchsgeräten wie Mistgabeln, Dreschflegeln, Knüppeln und Beilen bewaffnet. Die Taktik, den Verlust an gut ausgebildeten Soldaten durch den Einsatz von Hilfstruppen zu reduzieren, gehört selbst heute noch zur militärischen Strategie.

## Die Erfindung des Schwarzpulvers

Die Erfindung des Schwarzpulvers im 13. Jahrhundert und seine Verwendung als Explosivstoff in Schusswaffen veränderte die Kriegsführung drastisch. Der Kampf Mann gegen Mann wurde weitgehend durch den Distanzkampf ersetzt und die Qualität des technischen Geräts war entscheidend für Sieg oder Niederlage.

Schwarzpulver besteht in der Regel aus 74 Prozent Salpeter (Kaliumnitrat), 16 Prozent Holzkohle und 10 Prozent Schwefel. Seine Detonationsgeschwindigkeit beträgt 300–600 Meter pro Sekunde und seine Explosionstemperatur ungefähr 2000 Grad Celsius. Obwohl man die Erfindung des Schwarzpulvers oft den Chinesen zuschreibt, hat sich seine militärische Nutzung wohl im Vorderen Orient entwickelt. Feuerwaffen sind zuerst im Hundertjährigen Krieg im Jahre 1346 in Frankreich und bei einer Seeschlacht in Dänemark um 1354 eingesetzt worden. Die Artillerie gewann an Bedeutung, und es wurde eine Vielzahl an Mörsern und Kanonen für die unterschiedlichsten Zwecke entwickelt.

Schwarzpulver blieb bis zur Erfindung moderner Explosivstoffe wie Nitroglyzerin, Nitrozellulose oder Trinitrotoluol (TNT) das Treibmittel für Artillerie- und Handfeuerwaffen. Ständig verbessert wurden das Schussmaterial und die Schusswaffen. So wurden der Pulverbeutel wie die selbst gegossenen Bleikugeln durch Patronen ersetzt und der Vorderlader durch das Repetiergewehr.

Mit dem 19. Jahrhundert begann das Zeitalter der modernen Waffen. Die Hinterladergewehre ermöglichten das Schießen im Liegen und die raucharmen Pulver verbesserten die Tarnung. Ab dem Deutsch-Dänischen Krieg wurde aus Schützengräben gekämpft. Die Einführung des Maschinengewehrs mit bis zu 3000 Schuss pro Minute erlaubte es, mit geringem Eigeneinsatz eine große Zahl von feindlichen Soldaten zu verwunden oder zu töten.

In der Seekriegsführung wurden im amerikanischen Bürgerkrieg 1862 bei der Schlacht von Hampton Roads gepanzerte dampfgetriebene Kriegsschiffe eingeführt. Diese technische Neuerung markierte das Ende der hölzernen Kriegsschiffe.

Die Luftkriege begannen wohl mit frei fahrenden Ballons sowie mit Fesselballons, die aber ab dem Deutsch-Französischen Krieg 1870–1871 nur zur Feldaufklärung eingesetzt wurden. Erst im Ersten Weltkrieg wurde von den Militärs die Bedeutung einer aus Ballons, Starrluftschiffen und Flugzeugen bestehenden Luftwaffe erkannt. Gegen

Ende des Ersten Weltkriegs wurden auch zum ersten Mal Panzer eingesetzt.

Besonders grausam war aber die Verwendung von Giftgas an der West- und Ostfront. Da nach der Haager Landkriegsordnung der Einsatz von Giftgas verboten war, benutzten die Franzosen das Tränengas Xylylbromid und deklarierten es als Reizgas. Die Deutschen setzen zum ersten Mal Giftgas, auch als Reizgas deklariert, im April 1915 in der Schlacht bei Ypern ein. Sie benutzten 150 Tonnen Chlorgas, weil es als Abfallprodukt der chemischen Industrie besonders billig war und in unbegrenzten Mengen von ihr geliefert werden konnte. Später wurde dem Chlorgas noch Phosgen zur Steigerung der tödlichen Wirkung beigemischt. Um die Zielgenauigkeit zu verbessern und um die eigenen Truppen vor der Giftwirkung zu schützen, wurde das Gift nicht mehr bei günstigem Wind in Richtung Gegner abgeblasen, sondern mit Granaten verschossen. Im letzten Kriegsjahr war bereits jede dritte Granate eine Gasgranate. Als Schutz gegen Angriffe mit Giftgas wurden Gasmasken mit Filtern entwickelt, die Lungengifte zurückhielten oder zersetzten.

Deshalb wurden die leicht flüchtigen Lungengifte durch Hautgifte wie Senfgas, auch als Gelbkreuz bezeichnet, ersetzt. Diese Gifte hatten den „Vorteil", dass sie auf der Haut hafteten und die verseuchten Kampfräume für lange Zeiträume unbetretbar waren. Insgesamt kamen 113 000 Tonnen unterschiedlicher Kampfstoffe zum Einsatz. Während der Dauer des Kriegs wurden 1,2 Millionen Menschen durch Giftgas verletzt, 91 000 davon starben an ihren Verätzungen. Giftgas galt bei den Militärs als besonders effiziente Waffe, da es zumeist den Feind nicht tötete, sondern ihn für lange Zeit kampfunfähig machte und so den Gegner zusätzlich mit der Krankenversorgung und der psychologischen Betreuung belastete. Als Vater der Giftkampfwaffen gilt der deutsche Chemiker Fritz Haber. Als Vorteil der Giftkampfstoffe bei der Kriegsführung führte er Folgendes an: „Der Vorteil des Gaskriegs kommt in einem Stellungskrieg besonders zur Entfaltung, weil der Gaskampfstoff hinter jeden Erdwall und in jede Höhle dringt, wo der fliegende Eisensplitter keinen Zutritt findet." Er erhielt 1918 für die „Synthese von Ammoniak aus dessen Elementen" den Nobelpreis für Chemie.

# Die Waffenentwicklung im Umfeld
# des Zweiten Weltkriegs

Der Zweite Weltkrieg brachte einen unglaublichen Schub in der Waffenentwicklung, besonders bei Flugzeugen, U-Booten und Panzern. Der Einsatz der Luftwaffe zur Zerstörung ziviler Ziele wurde von der Reichsluftwaffe bereits 1937 mit dem Angriff auf die spanische Stadt Guernica geübt. In der „Aktion Feuerzauber" im April 1937 wurde von deutschen Soldaten der Legion Condor der erste vernichtende Luftangriff auf ein ziviles Ziel ausgeführt. Neuartige Brandbomben setzten die ganze Stadt in Brand, nachdem zuvor mit Sprengbomben gezielt die Wasserleitungen zerstört worden waren. Vermutlich wollte die NS-Führung die Wirksamkeit der Brand- und Sprengbomben unter realen Bedingungen „im scharfen Schuss" erproben. Gleichzeitig betrachtete man den Angriff auf Guernica auch als eine Art Generalprobe für einen sogenannten „Totalen Krieg", dessen Konzept General Erich Ludendorff 1935 entworfen hatte. Der Begriff kennzeichnet eine Tendenz, auch die Zivilbevölkerung umfassend mit in den Krieg einzubeziehen. Unterseeboote wurden im Zweiten Weltkrieg vorwiegend gegen Handelsschiffe eingesetzt, um die Versorgung des Feindes mit Rohstoffen und Kriegsmaterial zu unterbinden. Erst die Erfindung des Radars als Ortungssystem beschränkte den Einsatz der U-Boote gegen Handelsschiffe. Der Einsatz von Panzern, die mit hoher Geschwindigkeit fuhren, erlaubte große Geländegewinne, die dann nachfolgend von der Infanterie besetzt wurden.

Dramatisch waren die Folgen des Luftkriegs, der zunehmend als Mittel der Demoralisierung gegen die Zivilbevölkerung geführt wurde. In der ersten Phase des Zweiten Weltkriegs wurde die Luftwaffe vor allem zur Zerstörung der Rüstungsindustrie im Feindesland eingesetzt. Das Töten der Zivilbevölkerung sowie die unwiederbringliche Zerstörung von Kulturgütern wurden dabei wie beim deutschen Angriff auf Coventry in England billigend in Kauf genommen. In der letzten Kriegsphase wurde die Vernichtung deutscher Städte als Mittel zur Demoralisierung der Zivilbevölkerung und damit auch indirekt der Frontsoldaten eingesetzt. Durch den flächendeckenden Einsatz von Brandbomben, besonders Phosphorbomben, kam es wie beim Angriff auf Dresden zu hohen Verlusten bei der Zivilbevölkerung und zur Zerstörung von fast allen Gebäuden im Innenstadtbereich. Aufgrund der Überlegenheit der amerikanischen und englischen Luftstreitkräfte war für Deutschland der Krieg ab 1944 verloren.

Intensiviert wurde auch die Verwendung von Landminen, die vor allem gegen Panzer eingesetzt wurden. Geschätzt wurden im Zweiten Weltkrieg besonders in Russland und in Nordafrika etwa 300 Millionen Antipanzerminen verlegt. Nach dem Ottawa-Vertrag von 2009 ist der Einsatz von Personenminen verboten, die Nutzung von Minen, die auf Fahrzeuge abzielen, aber noch erlaubt. Nichtunterzeichner des Abkommens sind unter anderem China, Indien, Russland und die USA. Minen führten nach dem Zweiten Weltkrieg zum Tod von etwa einer Million Menschen, davon waren 80 Prozent Zivilisten und davon wieder 25 Prozent Kinder. Viele Personenminen, zum Beispiel die M-Minen der USA, sind so ausgelegt, dass sie die Person nur verstümmeln, aber nicht töten. Diese Form der Wirkung sollte den Vorteil haben, dass ein verwundeter Soldat den Gegner länger aufhält und belastet. Da Minen auch nach der Beendigung der Kampfhandlungen im Boden verbleiben, sind an Füßen und Beinen verstümmelte Kinder oft die späteren Opfer.

Im Zweiten Weltkrieg wurden chemische Waffen, das heißt Giftgase in Form von Nervengiften, in Massen produziert, aber nicht eingesetzt. Nervenkampfstoffe werden durch die Atemwege und die Haut aufgenommen und wirken schon in kleinsten Mengen tödlich. Die vier bekanntesten Nervenkampfstoffe sind Tabun, Sarin, Soman und VX. Tabun, das die Signalübertragung zwischen den Nervenzellen blockiert, wurde von der I. G. Farben entwickelt und ab 1942 in Bomben und Granaten verfüllt, fand jedoch keine Anwendung. In der Nähe von Breslau wurden in einer Chemiewaffenfabrik 12 000 Tonnen Tabun produziert. Nach Kriegsende wurden die Granaten und Bomben mit einem Inhalt von bis zu 10 Tonnen Tabun in der Nordsee versenkt, wo sie noch heute liegen. Nach dem Krieg wurde die Tabunproduktion in den USA und in Großbritannien weitergeführt. Saddam Hussein setzte im Irak-Iran-Krieg und 1988 gegen die kurdische Bevölkerung im Nordirak dieses Giftgas ein. Soman ist der giftigste und beständigste Nervenkampfstoff. Während des „Kalten Kriegs" wurde Soman in einer lagerfähigen Form, gebunden an einen Trägerstoff, in großen Mengen als R-55 in der Sowjetunion hergestellt. Die sogenannten Binärwaffen wurden in den USA entwickelt. Ein derartiges Geschoss enthält wenig giftige Chemikalien in zwei getrennten Kammern, die erst nach Abschuss gemischt werden und dann den Giftstoff entwickeln. Somit wird der Einsatz der Giftkampfstoffe für den Nutzer ungefährlicher.

Napalm ist eine Brandwaffe mit Benzin als Hauptbestandteil, die aufgrund der Zusatzstoffe als klebrige Masse am Ziel haftet und eine starke

Brandwirkung entfaltet. Bereits kleine Spritzer auf der Haut verursachen schwere und schlecht heilende Wunden. Napalm kann kaum mit Wasser gelöscht oder von der Haut abgewaschen werden. Napalm-Bomben sind mit Napalm gefüllte Blechkanister, die bei Aufschlag gezündet werden und deren Inhalt sich dabei über eine große Fläche verteilt. Das später entwickelte Napalm B ist ein Gemisch aus dem Verdickungsmittel Polystyrol sowie Benzol und Benzin. Es hat eine verbesserte Zerstörungswirkung, da es bis zu 10 Minuten brennt. Bei dem zweiten großen Napalm-Angriff auf Tokio im März 1945 warf die US Air Force 1500 Tonnen Napalm ab. 83 000 Menschen starben und eine Million Menschen wurden obdachlos. Die nächsten groß angelegten Napalm-Einsätze erfolgten während der Korea- und Vietnamkriege. Die großen Städte beider Länder wurden durch Napalm fast völlig zerstört. Über kleineren Zielen wurden Brandkanister vom Flugzeug aus im Tiefflug abgeworfen. Mittels eines 600-Liter-Kanisters konnte man alles Lebende auf einer Fläche in der Größe eines Fußballfeldes durch Feuer vernichten. Frankreich setzte Napalm im Indochina-Krieg ein, die Türkei bombardierte Städte in Zypern und die nigerianische Regierung verwendete im Biafra-Krieg im Nigerdelta Napalm in großen Mengen gegen die Zivilbevölkerung. Durch eine Konvention der UNO – ein Zusatzprotokoll zur Haager Landkriegsordnung – wurde der Einsatz von Napalm als eine übermäßiges Leid verursachende Waffe 1980 verboten. Deshalb haben die USA ihre Napalm-Bestände 2003 zerstört. Sie benutzen jetzt ein kerosinhaltiges Gemisch, das weniger Umweltschäden verursacht und deshalb nicht unter die UNO-Konvention fällt.

Entlaubungsmittel wie Agent Orange (Trichlorphenoxyessigsäure) wurden im großen Umfang von den Amerikanern im Vietnamkrieg eingesetzt. Sie nehmen dem Gegner die Deckung und zerstören seine Nahrungsmittelproduktion. Die Entlaubungsmittel haben in Vietnam zu anhaltenden gesundheitlichen Schäden bei der Zivilbevölkerung geführt.

Biologische Kampfstoffe sind Massenvernichtungswaffen, bei denen Krankheitserreger oder natürliche Giftstoffe (Toxine) gezielt als Kampfmittel eingesetzt werden. Zurzeit sind etwa 200 Erreger bekannt, die sich als biologische Waffen, sogenannte B-Waffen, verwenden lassen. Seit 1972 sind durch die Biowaffenkonvention die Herstellung, Lagerung und der Einsatz biologischer Waffen verboten.

Biologische Kriegsführung hat eine lange Tradition. Schon vor 2000 Jahren verseuchten die Perser, Griechen und Römer die Brunnen ihrer Feinde mit Leichen. Im Jahr 1346 wurde die Stadt Kaffa, eine Hafenstadt auf der Krim, von den Tataren mit Pesttoten beschossen, indem sie diese über die Stadtmauern katapultierten. Heute wird vermutet, dass die folgende große Pestwelle in Europa durch die Flüchtlinge aus dieser Stadt ihren Anfang nahm.

Bei der Bekämpfung der nordamerikanischen Ureinwohner setzten sowohl Franzosen als auch Briten Krankheitserreger als biologische Waffen ein. Die Indianer sollen mit verseuchten Decken, die von Erkrankten stammten, absichtlich mit Pocken infiziert worden sein. Da die amerikanischen Völker mit diesen Infektionskrankheiten nie in Berührung gekommen waren, verliefen Krankheiten wie die Pocken zumeist tödlich. Der Befehlshaber der britischen Streitkräfte, Jeffrey Amherst, kommentierte dies Art der Kriegsführung wie folgt: „Wir müssen jede Methode anwenden, um diese abscheuliche Rasse auszulöschen."

Zu Beginn des Ersten Weltkriegs verfügte Deutschland bereits über ein Arsenal an B-Waffen. In der deutschen Heeresführung überlegte man, ob Pesterreger gegen die Briten eingesetzt werden sollten. Man verzichtete aus humanen Gründen, fürchtete aber wohl auch, dass man eine mögliche Pandemie nicht hätte kontrollieren können. Allerdings wurden Sabotageanschläge zum Beispiel mit *Bacillus anthracis*, dem Erreger des Milzbrands (Anthrax), gegen Nutztiere des Feindes durchgeführt. 1917 stoppten die Deutschen ihr B-Waffen-Programm weitgehend. Nach Hitlers Machtübernahme 1933 wurde das B-Waffen-Programm wieder aufgelegt und intensiviert.

Japan gründete nach der Eroberung der Mandschurei 1932 die sogenannte „Einheit 731", deren Ziel es war, biologische Waffen für den Einsatz in Kriegen gegen China oder Russland zu entwickeln. In dieser Einheit führte man auch Versuche zur Wirksamkeit der Erreger an Gefangenen durch. So wurde ab 1943 die Krankheitsanfälligkeit weißer Menschen an amerikanischen Kriegsgefangenen getestet, da man vorhatte, sogenannte Ballonbomben mit B-Waffen mit günstigen Winden nach Amerika treiben zu lassen. Zur weiteren Erprobung wurden 1940 im Krieg gegen China Keramikbehälter mit Flöhen, die mit Pesterregern infiziert waren, über der Stadt Ningbo abgeworfen. Ende 1941 ließen die japanischen Truppen 5000 chinesische Kriegsgefangene frei, die man zuvor mit Typhus infiziert hatte. Als Folge litten sowohl die chinesischen Truppen als auch die Bevölkerung unter einer Typhusepidemie. Wenn immer die japanische Armee im Chinesischen Krieg auf Widerstand stieß, setzte sie Krankheitserreger ein, die von Flugzeugen aus versprüht wurden. Dabei waren die Verluste unter der Zivilbevölkerung etwa sechsmal höher als unter den Soldaten. Durch B-Waffen-Einsatz starben in den Provinzen Zhejiang und Jiangxi etwa 250 000 Menschen.

Die Sowjetunion wird verdächtigt, den Erreger der Tularämie, das Bakterium *Francisella tularensis,* gezielt zur Infektion deutscher Soldaten eingesetzt zu haben. Die Krankheit, auch als Hasenpest bezeichnet, ähnelt der Pesterkrankung. Da die Zahl der Erkrankungen von deutschen Soldaten an der Ostfront ungewöhnlich hoch war, vermutet man, dass die sowjetische Kriegsführung dieses Bakterium als biologische Waffe einsetzte.

Im Laufe englischer Biowaffenversuche wurde die schottische Insel Gruinard Island gezielt mit Milzbranderregern (Anthrax) verseucht. Innerhalb eines Tages starben sowohl die 60 Testschafe als auch die restlichen Tiere auf der Insel. Aufgrund der „positiven" Ergebnisse beabsichtigte man, Milzbrandsporen in Tierfutter einzuarbeiten und dieses verseuchte Futter über landwirtschaftlich genutzten Gebieten in Deutschland abzuwerfen. 1944 gab die amerikanische Kriegsführung die Produktion von einer Million kleiner Anthraxbomben in Auftrag, die über deutschen Großstädten abgeworfen werden sollten. Bei diesen Bombenanschlägen wäre die Hälfte der Bevölkerung an Milzbrand gestorben. Das Ende des Kriegs verhinderte diese Aktion.

Auf Befehl von Adolf Hitler wurde jede biologische Kriegsführung verboten, da die militärische Führung sie für inneffizient und unberechenbar hielt. Damit war das Deutsche Reich eine der wenigen Krieg führenden Nationen, die das Genfer Protokoll bezüglich des Verbots einer biologischen Kriegsführung nicht verletzten.

Nach dem Krieg nutzten die Amerikaner die Forschungsunterlagen von Shiro Ishii, dem Leiter der japanischen „Einheit 731", um im Fort Derrick eine eigene Forschungseinheit für B-Waffen aufzubauen. 1969 löste der amerikanische Präsident Richard Nixon das B-Waffen-Programm auf und alle B-Waffen sollen vernichtet worden sein.

Heute gilt eine große Sorge terroristischen Anschlägen mit B-Waffen in der Absicht, große Teile einer Bevölkerung durch Infektion mit tödlichen Erregern auszuschalten. In der nachfolgenden Tabelle sind die zwölf Erreger aufgelistet, das sogenannte „Dreckige Dutzend", die für einen Biowaffenanschlag am geeignetsten sind.

| Name | Übertragung von Mensch zu Mensch möglich | Inkubations- bzw. Latenzzeit | Letalitäts- rate (un- behandelt) | Maß- nahmen |
|---|---|---|---|---|
| Pocken | ja | 1–2 Wochen | bis zu 90 % | Schutz- impfung |
| Anthrax | nein | 1–6 Tage | je nach Art bis zu 80 % | Antibiotika |
| Pest | ja | 1–3 Tage | je nach Art 90 %–100 % | Antibiotika |
| Tularämie | nein | 2–10 Tage | bis zu 60 % | Antibiotika |
| Brucellose | nein | 2–3 Wochen | unter 5 % | Antibiotika |
| Queensland- fieber | ja | 9–40 Tage | unter 2 % | Antibiotika |
| Rotz | ja | 1–14 Tage | bis zu 100 % | Antibiotika |
| enzephali- tizide Viren | ja | bis zu 1 Woche | bis zu 50 % | z.T. Schutz impfung, aber nicht gegen alle |
| hämorrhagische Viren | ja | 4–21 Tage | je nach Art 90 %–100 % | keine |
| Rizin | nein | 1 Tag | bis zu 100 % | keine |
| Botulinum | nein | bis zu 5 Tage | bis zu 90 % | Schutz- impfung, Gegengift |
| Staphylococcus aureus | nein | 3–12 Stunden | bis zu 25 % | Antibiotika |

**13.1** Das „Dreckige Dutzend". Eine Auflistung von Erregern, die man als Biowaffen einsetzen kann.

# Kernwaffen

Kernwaffen – auch als Atom- oder Nuklearwaffen bezeichnet – sind Waffen, deren Wirkung auf kernphysikalischen Prozessen beruht, insbesondere auf der Kernspaltung bei Atombomben und auf der Kernfusion bei Wasserstoffbomben. Zusammen mit chemischen und biologischen Waffen gehören die Kernwaffen zu den sogenannten NBCR-Waffen, wobei R für radiologisch und N für nuklear steht. Zur Abgrenzung von konventionellen Waffen wird auch der Begriff Massenvernichtungswaffen (weapons of mass destruction) verwendet. Die Nutzung atomarer Prozesse als Waffe markiert einen Wendepunkt in der Kriegsführung, da derartige Waffen eine millionenfach größere Sprengkraft als der herkömmliche Sprengstoff TNT besitzen. Die Vereinigten Staaten testeten am 16. Juli 1945 bei Alamogordo in New Mexico ihre im Rahmen des Manhattan-Projekts entwickelte Trinity-Atombombe erfolgreich. Am 6. August 1945 warfen sie die ersten Atombomben über den japanischen Städten Hiroshima und Nagasaki ab. Die Explosionen töteten Hunderttausende Menschen und zerstörten die beiden Städte zum großen Teil. Viele der Bewohner starben durch die Druck- und Hitzewelle sofort, viele andere erlitten durch die freigesetzte Radioaktivität einen langsamen und qualvollen Tod. Aufgrund der Kapitulation des Deutschen Reichs im Mai 1945 unterblieb ein Atombombenabwurf auf Deutschland.

Die Hiroshima-Bombe hatte „nur" eine Sprengkraft von 13 Kilotonnen TNT. Die während des „Kalten Kriegs" von den Atomstaaten – Sowjetunion, USA, Frankreich, England und China – entwickelten Wasserstoff- und Neutronenbomben weisen ein Vielfaches dieser Sprengwirkung auf. Die im Oktober 1961 in der Sowjetunion gezündete Kernwaffe – die Zar-Bombe – hatte eine Energie von ungefähr 60 Megatonnen TNT. Da derartige Bomben in Ballungsgebieten wie etwa dem Raum New York oder umgekehrt Moskau alles Leben zerstört hätten, sprach man während der Phase des Kalten Kriegs vom Gleichgewicht des Schreckens. Obwohl später aufgrund vieler Verträge die Zahl der großen Kernwaffen deutlich reduziert wurde, forcierten die fünf großen Atomstaaten die Entwicklung taktischer Atomwaffen mit lokal begrenzbarer Sprengwirkung. Da heute auch Staaten wie Indien, Israel, Pakistan und möglicherweise Nordkorea über ein Kernwaffenarsenal verfügen, ist die Gefahr einer militärischen Auseinandersetzung mit Kernwaffen größer geworden.

Bei der sogenannten „Schmutzigen Bombe" (dirty bomb) wird Cobalt als Ummantelung der Bombe eingesetzt. Bei einer Explosion wird es in das

Radioisotop $^{60}$Cobalt umgewandelt. Aufgrund seiner starken radioaktiven Strahlung und seiner Langlebigkeit macht es große Areale für Menschen dauerhaft unbewohnbar. Neuerdings wird der Ausdruck „Schmutzige Bombe" auch für Explosivgeschosse gebraucht, die mit radioaktivem Material gefüllt sind. Bei der Explosion derartiger Geschosse werden alle Lebewesen in der Umgebung radioaktiv verseucht. Es wird befürchtet, dass Terroristen derartige Bomben bauen könnten, da radioaktives Material aus den Beständen der ehemaligen Sowjetunion auf dem Schwarzmarkt gehandelt wird.

## Waffensysteme im 21. Jahrhundert

Waffen jeder Art können heute mit Interkontinentalraketen, von U-Booten gestützten ballistischen Raketen sowie von strategischen Bombern aus alle Punkte auf der Erde in Stunden oder Tagen erreichen. Somit können militärische Operationen überall und schnell von technisch versierten Staaten durchgeführt werden.

Die militärische Zukunft gehört präzisionsgelenkten Waffen, Granaten, Bomben und Raketen, die dank moderner Elektronik immer zielgenauer werden. Unbemannte Flugzeuge, sogenannte Drohnen, werden mittels Laptop und Satellit in das Zielgebiet gesteuert und zerstören das Angriffsziel mit einer von der Drohne abgefeuerten Rakete. Selbst ein Rollstuhlfahrer kann von seinem Büro aus und damit fernab vom Geschehen mit seinem Laptop Drohnen wie „Predator" (Raubtier) oder „Reaper" (Sensenmann) punktgenau in den Bereich des Ziels steuern. Da die Entwicklung solcher Kriegsgeräte in den Industriestaaten ohne Rücksicht auf die Kosten mit Druck vorangetrieben wird, kann in einigen Jahren der „Feind" an jedem Platz auf der Erde vernichtet werden. „Mission accomplished" heißt es dann, wenn das Zielobjekt, etwa ein Bunker oder ein Fahrzeug mit oder ohne Menschen, zerstört ist. Falls die Drohne mit einer Hochleistungskamera ausgerüstet ist, kann man sogar die Aktion per Video verfolgen. Diese Kriegsführung vom Schreibtisch aus eröffnet völlig neue Möglichkeiten für interstaatliche Kriege oder innerstaatliche Scharmützel. Selbst einzelne Menschen, ob schuldig oder unschuldig, können sich nicht vor Drohnenangriffen in Sicherheit bringen. Zivile Opfer werden bei Drohnenangriffen als Kollateralschäden billigend in Kauf genommen.

Militärische Spezialisten, deren Ausbildung lang und teuer war, sowie die eigene Bevölkerung muss man bei Kampfhandlungen gegen Verletzung und Tod schützen. Deshalb werden in naher Zukunft Roboter und elektronisches Gerät unterschiedlicher Art das Kriegshandwerk für den Menschen übernehmen. Nur die Auswahl des Feindes und die Details seiner Ausschaltung bleiben den Militärs überlassen.

## Ausgemusterte Waffen für Kämpfe in Entwicklungsländern

Mit den sozialen Spannungen in Konfliktzonen weltweit steigt auch die Zahl sogenannter asymmetrischer Kriege wie der Bürgerkriege und der terroristischen Bedrohungen. Während die „Großen" die Effizienz ihrer Waffen mit Bezug auf Reichweite und Zielgenauigkeit ständig verbessern, kaufen sich die „Kleinen" ausgemusterte Waffen aus dem Arsenal der Großen. Dies gilt besonders für Maschinenpistolen, automatische Gewehre und Panzerfäuste, da diese Waffen bei lokalen Konflikten auch von schlecht ausgebildeten Soldaten bedient werden können. Viele dieser Waffen stammen aus den Arsenalen der ehemaligen Sowjetunion und der Deutschen Demokratischen Republik und werden von Waffenschiebern an Potentaten in Entwicklungsländern verhökert. Die Entwicklungsländer oder auch die jeweiligen Aufständischen zahlen dann mit Rohstoffen wie Seltenen Erden oder Diamanten. Auch ist es bei allen Industrienationen Brauch, ausgemusterte Waffen aus Kostengründen an befreundete Nationen zu veräußern. Diese leiten die Waffen dann mit Gewinn weiter an Interessenten in Spannungsgebieten. Die Folgen sind unzählige Tote vor allem in Zentralafrika und in vielen Teilen Asiens.

## 14.

# Krieg als legalisiertes Töten

Von dem legendären Mongolenfürsten Dschingis Khan soll nachfolgende Aussage stammen: „Die höchste Freude ist es, die Armeen seiner Feinde zu besiegen, sie vor sich herzutreiben, sie ihrer Habe zu berauben, ihre Familien in Tränen aufgelöst zu sehen, auf ihren Pferden zu reiten und auf den weißen Bäuchen ihrer Frauen und Töchter zu schlafen." Prägnanter kann man die Zielsetzung eines Eroberungskriegs nicht beschreiben.

Krieg (althochdeutsch chreg für Hartnäckigkeit) ist ein organisierter mit Waffengewalt ausgetragener Machtkonflikt zwischen Staaten als Völkerrechtssubjekten oder zwischen Bevölkerungsgruppen innerhalb eines Staates zur gewaltsamen Durchsetzung politischer, wirtschaftlicher oder ideologischer Interessen. Krieg als Staatsaktion erfordert ein Kriegsvölkerrecht zur Regelung zwischenstaatlicher Beziehungen sowie ein Kriegsrecht für Auseinandersetzungen im Inneren eines Staates. Das Völkerrecht tritt mit dem Beginn des Kriegszustands außer Kraft. Der Gegenbegriff zum Krieg ist der Frieden. Dieser setzt völkerrechtlich einen Friedensschluss zwischen ehemaligen Kriegsgegnern voraus. Wird eine Kriegspartei so weit zerstört, dass sie nicht mehr Vertragspartei sein kann, spricht das Völkerrecht von Debellation (Besiegung). Der Kriegszustand kann durch eine Kapitulation, das heißt durch die Niederlage einer der kriegsführenden Parteien oder durch den Abschluss eines Friedenvertrags, beendet werden.

Während individuelles oder kollektives Rauben und Morden wie auch geplantes Töten von Menschen heute generell als Verbrechen gelten und in einem Rechtsstaat strafbar sind, wird Krieg nicht als gewöhnliche Kriminalität angesehen, sondern als bewaffnete Auseinandersetzung zwischen Kollektiven, die sich dazu legitimiert fühlen oder vom Staat dazu legitimiert werden. Kriegsformen, etwa als Bürgerkriege, Unabhängigkeitskriege oder als bewaffnete Konflikte, sind vielfältig und nicht unbedingt an Staaten oder Staatssysteme gebunden.

Ob man das Töten im Krieg als Morden bezeichnen kann, hängt von der jeweiligen Situation und der persönlichen Einstellung des Betrachters ab. Das Töten von Zivilisten oder von kampfunfähigen Personen ist auf jeden Fall Mord. In modernen Kriegen übersteigt die Zahl der getöteten Zivilisten die der Soldaten und damit das Morden das Töten.

## Die ersten Kriege

Schon in der Jungsteinzeit wurden Gehöfte und Dörfer mit Erdwällen, Palisaden und steinernen Mauern umgeben. So waren vermutlich schon damals die Ansiedlungen das Ziel von Überfällen. Auch in anderen Teilen der Welt, die vom *Homo sapiens* besiedelt wurden, dürften mit der Sesshaftigkeit und der Gründung von Städten die kriegerischen Konflikte begonnen haben. Im Gegensatz zu Sippen auf der Wanderung waren befestigte Städte von Kriegshorden leicht zu lokalisieren, und Besitz wie Bevölkerungsdichte luden zum Morden, Brandschatzen und Vergewaltigen ein.

In der schriftlich belegten Menschheitsgeschichte haben etwa 14 400 Kriege stattgefunden, denen ungefähr 3,5 Milliarden Menschen zum Opfer gefallen sind. Diese Zahlen betreffen nur kriegerische Auseinandersetzungen, bei denen mehr als 1000 Menschen pro Ereignis starben. Das menschliche Leid, das stets mit einem Krieg einhergeht, ist nicht zu beziffern, sondern nur zu erahnen. Der Lagas-Umma-Krieg, der etwa 2500 v. Chr. in einem der dicht besiedelten Flusstäler in Mesopotamien stattfand, war einer der ersten historisch belegten Kriege. Der König von Lagas, E-ana-tum, ließ den Bericht über seinen Sieg in die sogenannte Geierstele einmeißeln, die sich heute im Louvre in Paris befindet. Die Stele zeigt Schlachtordnungen und Kampfwagen wie auch besiegte Feinde, sodass man tatsächlich von einer Schlacht zwischen beiden Stadtstaaten ausgehen kann. Es ging um das Wasser des Tigris und damit um den Füllstand des Kanalsystems und eine ausreichende Ernte. In der Zeit zwischen 1500 und 300 v. Chr. kämpfte im Vorderen Orient jeder gegen jeden, Ägypten gegen Syrien, die Hethiter gegen die Libyer, Assyrien wiederum gegen Juda und das israelische Nordreich.

Bereits im 26. Jahrhundert v. Chr. begannen auch die Chinesen mit den Schlachten von Banquan und Zhuluo ihre Kriegstradition. Vermutlich ging es auch hier im Flusstal des Yangtse um den Besitz von fruchtbarem Ackerland. In Griechenland, der Heimat der Demokratie, begannen die militärischen Auseinandersetzungen mit der mykenischen Eroberung Kretas um 1400 v. Chr. Etwa ab 500 v. Chr. wurden die Römer zur führenden Militärmacht. Sie „befriedeten" mit der „Pax Romana" den Mittelmeerraum und das restliche Europa von Ägypten bis England. Berichte über antike Kriegshandlungen wie die vielen Schlachten der Griechen und Römer kennt man aus dem Geschichtsunterricht, und man ordnet sie unter Heldensagen ein. Aufgrund der für Schüler geeigneten Darstellung antiker Kriege werden die Heldentaten mythisch verklärt, Grausamkeiten und Leid aber verschwiegen. Vom Krieg um Troja kennt man den Trick mit dem hölzernen Pferd, von den ägyptischen Kriegen die schöne Kleopatra und von den Griechen den Marathonlauf. Leider verschweigen die Chronisten, dass bei der Seeschlacht von Salamis (480 v. Chr.) von den an die Bänke geketteten Ruderern Tausende in ihren Galeeren ertrunken oder verbrannt sind.

Kriege in fernen Ländern etwa in Asien oder Mittel- und Südamerika, seien sie auch noch so verlustreich und grausam, finden bei der hiesigen Bevölkerung kaum Interesse. Auch die Kämpfe im Rahmen von Völkerwanderungen etwa der Hunnen und der Türken, die Kreuzzüge zur Eroberung der Heiligen Stätten oder die fast unzähligen Erbfolgekriege im Mittelalter sind höchstens Lehrstoff in den Geschichtsbüchern oder dienen in Historienfilmen zur Verklärung des Kriegs.

## Der Dreißigjährige Krieg als bis heute nachwirkende Katastrophe des deutschen Volkes

Der Dreißigjährige Krieg von 1618–1648 war ein Konflikt um die Vorherrschaft in Deutschland und gleichzeitig ein Religionskrieg. Die habsburgischen Mächte Österreich und Spanien trugen ihre dynastischen Konflikte mit Frankreich, den Niederlanden, Dänemark und Schweden auf deutschem Boden aus. Vor dem Dreißigjährigen Krieg lebten in Deutschland etwa 16 Millionen Menschen. Kriegshandlungen sowie Seuchen und Hunger fielen etwa 40 Prozent der Landbevölkerung und 33 Prozent der Stadtbevölkerung zum Opfer. In einigen Teilen des Reichs wie dem Ostseeraum und der Pfalz überlebte nur ein Drittel der Bevölkerung.

Außer den beiden Weltkriegen hat wohl keine andere Kriegsperiode das Schicksal Deutschlands und der Deutschen so stark bestimmt wie dieser Krieg. Vordergründig ging es um eine religiöse Auseinandersetzung zwischen den Katholiken und den Protestanten. Dahinter standen aber die Machtansprüche der großen und kleinen Landesherren.

Die militärischen Auseinandersetzungen wurden zumeist von Söldnerheeren geführt, die von den jeweiligen Landesherren angeworben wurden. Aufgrund der knappen Finanzmittel der Auftraggeber erhielten die Söldner kaum oder keinen Sold. So wurde der Krieg nach dem Motto geführt „Der Krieg ernährt den Krieg". Die jeweiligen Heere trieben auf den von ihnen besetzten Gebieten Abgaben und Kontributionen in Form von Geld und Naturalleistungen ein. Je länger die Kriege dauerten, umso mehr wuchs sich diese Praxis zu willkürlicher Plünderung mit allen Begleiterscheinungen von Raub und Mord aus. Besonders kleine Söldnergruppen, die eine Niederlage ihres Auftraggebers überlebt hatten, zogen plündernd und mordend durch das Land.

Die sogenannte Magdeburger Hochzeit steht für die völlige Verwüstung der Stadt Magdeburg 1631 durch die kaiserlichen Truppen unter Tilly und Pappenheim. Der Begriff ist wohl von Tilly geprägt worden und bezieht sich auf die Aussage: „Darauff ist ein Fressen unnd Sauffen gegangen / welcher drey gantzer Tage nach einander geweret / und also die Magdeburger Hochzeit celebrieret worden." Die Magdeburger Bürger galten als wehrhafte Protestanten und für die Kaiserlichen als vogelfrei. Durch die Kriegshandlungen starben rund 20 000 Magdeburger Bürger. 1631 soll die Einwohnerzahl noch 35 000 Bürger betragen haben. 1639 sank die Zahl durch Gewaltverbrechen und Abwanderung auf unter 500. Die Eroberung, Plünderung und Brandschatzung Magdeburgs gilt als das schlimmste Massaker des Dreißigjährigen Kriegs.

Selbst einige Angehörige der Tilly'schen Armee erschreckten über das Ausmaß der Gräueltaten: „Dann das Pappenheimsche Volck / wie auch die Wallonen / so am aller Unchristlichen ärger als die Türken gewütet / keinem leicht Quartier gegeben / sondern haben mit niderhawen / beydes der Weiber und kleinen Kinder / auch schwanger Weiber in Häusern und Kirchen / ingleichen an geistlichen Personen also tyrranisiert und gewütet /

dass auch viel von dem andern Tyllischen Volk selber ein Abschew darvor gehabt" (Theatrum Europaeum Band 2, Tafel 1631, 368).

Reiche Bürger konnten sich allerdings bei den kaiserlichen Soldaten freikaufen und unter deren Schutz die Stadt verlassen. Nach der Eroberung schrieb der kaiserliche General Pappenheim: „Es ist gewiss, seyd der Zerstörung Jerusalem, kein grewlicher Werck und Straff Gottes gesehen worden. All unser Soldaten seind reich geworden. Gott mit uns."

Papst Urban VIII. verfasste danach ein Schreiben, in dem er seine Freude über die „Vernichtung des Ketzernestes" zum Ausdruck brachte. Es ist den Dichtern der Klassik wie zum Beispiel Friedrich Schiller mit seinem Drama „Wallenstein" zu verdanken, dass diese Schreckenszeit im Bewusstsein der Deutschen lebendig geblieben ist.

## Krieg als gezielte Demoralisierung und Dezimierung der Zivilbevölkerung

Die Pfälzischen Erbfolgekriege (1688–1697) als „Raubkriege" kann man als Vorboten der moralischen Katastrophen während des Ersten und Zweiten Weltkriegs betrachten. Der Krieg zwischen den deutschen Fürsten und dem französischen König wurde durch den Tod des Kurfürsten von der Pfalz, der ohne Erben starb, ausgelöst. In diesem Krieg wurden fast die gesamte Pfalz und weite Teile Süddeutschlands durch französische Soldaten verwüstet. Ziel der französischen Truppen war es von Beginn an, Kontributionen einzutreiben und den Gegner durch gezielte Brandschatzungen zu demoralisieren. So wurden Mannheim, Speyer, Heidelberg und Mainz verwüstet und die Dome in Speyer und Worms in Brand gesteckt. Das Konzept der „verbrannten Erde", später in beiden Weltkriegen perfektioniert, wurde von dem französischen General Mélac seinen Truppen zur Durchführung befohlen; in der Folge wurden Dörfer und Städte, selbst Kirchen und Klöster, systematisch geplündert, niedergebrannt oder zerstört. Am schlimmsten hausten die Marodeure in Heidelberg. Sie massakrierten die Bevölkerung, brannten die Stadt nieder und zerstörten das Schloss. Diese Gräueltaten feierte der französische König in Paris mit einem „Te Deum" und ließ eine Medaille mit der Inschrift „Heidelberga deleta" prägen.

Das in der Neuzeit beispiellos brutale Vorgehen der französischen Armee im Süden Deutschlands legte den Grundstein für die Vorstellung einer „deutsch-französischen Erbfeindschaft" und war mitverantwortlich für den Krieg 1870/71 zwischen Frankreich und dem Norddeutschen Bund.

## Der Erste Weltkrieg: das Verbrechen von Machthabern und Militärs an den Menschen in Europa

Der Erste Weltkrieg war nach dem amerikanischen Historiker George F. Kennan die „Urkatastrophe des 20. Jahrhunderts". Oktoberrevolution, Stalinismus, Faschismus und Nationalsozialismus sowie schließlich der Zweite Weltkrieg sind ohne die Erschütterungen durch den Ersten Weltkrieg nicht denkbar. Einige Historiker fassen die Zeit von 1914 bis 1945 als den „Zweiten Dreißigjährigen Krieg" zusammen und beschreiben die Zeit der beiden Weltkriege als die Katastrophenzeit der deutschen Geschichte. Nach Ansicht des britischen Premierministers Lloyd George seien „die europäischen Völker in diesen Krieg hineingeschlittert".

Der Erste Weltkrieg kostete ungefähr 15 Millionen Menschen das Leben – davon 9 Millionen Soldaten und 6 Millionen Zivilisten. 40 Staaten mit einer Bevölkerung von 1,35 Milliarden waren an dem Krieg beteiligt und bis zu 70 Millionen Menschen standen unter Waffen.

Bei der Formulierung der Kriegsziele durch die jeweiligen Regierungen ging es Deutschland und Frankreich um Gebietsansprüche, England aber auch um die Beseitigung und Absetzung despotischer Strukturen und die Etablierung demokratisch legitimierter Regierungen auf dem Kontinent. Das Machtstreben der großen europäischen Nationen und der Nationalismus in den kleinen Staaten – vor allem auf dem Balkan – waren wohl der Auslöser für den Ausbruch des Ersten Weltkriegs.

Deutschland unter Wilhelm II. strebte unter dem sogenannten „Neuen Kurs" eine Weltmachtpolitik an, was besonders durch die Intensivierung des Flottenbauprogramms dokumentiert wurde. Österreich-Ungarn versuchte seine Machtstellung auf dem Balkan auszudehnen und traf auf die Interessen Russlands und den Panslawismus in den Balkanstaaten, der von Serbien angestachelt wurde. Am 1. August 1914 erklärte die Deutsche Reichsregierung Russland und wenige Tage später Frankreich den Krieg. Als Deutschland durch seinen Einmarsch die Neutralität Belgiens verletzte, trat auch England aufseiten der Entente in den Krieg ein. Ebenfalls im August schlossen das Osmanische Reich und Deutschland einen Bündnisvertrag. Auch das mit England verbündete Japan erklärte Deutschland den Krieg. Die Vereinigten Staaten bezeichneten den von den Deutschen verfolgten U-Boot-Krieg als völkerrechtswidrig und nahmen ihn zum Anlass den Mittelmächten den Krieg (1917) zu erklären.

Die intensiven Kriegsvorbereitungen sollten auf Wunsch der Obersten Heeresleitung durch eine intensive völkische Pressearbeit begleitet werden:

„Das Volk dürfe nicht in die Lage versetzt werden, sich erst beim Ausbruch eines großen europäischen Kriegs die Frage vorzulegen, für welche Interessen Deutschland in diesem Kriege zu kämpfen habe." Die Kriegsbegeisterung beschränkte sich aber nur auf das gebildete Bürgertum in den Städten, während die Arbeiterschaft und die Menschen auf dem Land einem Krieg reserviert gegenüberstanden. Besonders Oberschüler begeisterten sich für den vaterländischen Krieg und legten ein Notabitur ab, um den Krieg nicht zu verpassen. Der spätere Nobelpreisträger Thomas Mann sprach von dem Krieg als einer „Reinigung" und einem „Ausstieg aus der satten Friedenswelt".

Der Schriftsteller George L. Moss dagegen führte die Gründe für die Kriegsbegeisterung auf den Wunsch nach der Wiederherstellung einer intakten Männlichkeit in einer Zeit der Dekadenz zurück, in der die Frauenbewegung, die Schwulen und die Dekadenzdichter an Einfluss gewannen.

Keine der Nationen war auf einen langen Krieg eingestellt; so hatte man für die Soldaten keine Winterbekleidung vorgesehen, da die militärischen Führungen der Ansicht waren, der Krieg würde im Laufe des Jahres 1914 beendet werden. Die Realität war eine grausame Enttäuschung. Das deutsche Heer marschierte entgegen der Zusagen nicht durch das neutrale Belgien, sondern zerstörte die Festungen rund um Lüttich, brannte als Vergeltung gegen die vermuteten Angriffe von Freischärlern die Stadt Löwen nieder und ermordete Tausende Zivilisten. Eine 600 Kilometer lange Front, die sich von der deutschen Grenze quer durch Nordfrankreich bis zur Normandie zog, erstarrte in einem vierjährigen Stellungskrieg gefolgt von zermürbenden Materialschlachten. Die Schlacht von Verdun forderte mehr als 600 000 Tote und Verwundete auf beiden Seiten. Die schier endlosen Grabstätten der gefallenen Soldaten um die Stadt Verdun künden auch heute noch von dem sinnlosen Sterben.

Im ersten Kriegsjahr starben an einem Tag im deutschen Maschinengewehrfeuer 140 000 französische Soldaten. Nicht gezählt sind die Verwundeten, die notdürftig geheilt ihr restliches Leben als Krüppel verbringen mussten.

Die Freiwilligen, also für den Kampfeinsatz nur ungenügend ausgebildeten Soldaten, wurden von den Generälen in den sogenannten „Ersten Wellen" eingesetzt und benutzt, „damit sich der Feind verschieße", das heißt, dass ihm die Munition für die Maschinengewehre ausgehen sollte. Die Rolle der Freiwilligen als Kanonenfutter kommentierte Adolf Hitler in seinem Buch „Mein Kampf": „Freiwillige des Regiments List hatten viel-

**14.1** Die Folgen des Stellungskriegs im Ersten Weltkrieg.

leicht nicht recht kämpfen gelernt, allein zu sterben wussten sie wie alte Soldaten." Schon im ersten Kriegsjahr verbluteten vorrangig die deutsche und die französische akademische Jugend vor oder in den Stacheldrahtverhauen und Schützengräben der feindlichen Linien. In die Schützengräben eingedrungene Feinde wurden mit welchen Mitteln auch immer, Kugel oder Bajonett, massakriert. Man führte jetzt aus, was man zuvor an Strohpuppen geübt hatte. Der Einsatz von Gas, zuerst von den Franzosen als Reizgas, dann von den Deutschen als tödliches Chlorgas, belegt am besten, zu welcher Entmenschlichung es während eines zermürbenden Stellungskriegs kommen kann. Die körperliche und nervliche Belastung für die Soldaten, die wochenlang in Schützengräben unter steter Lebensgefahr ausharrten, muss unerträglich gewesen sein. Nur ein fast tierisch zu nennender Überlebenswille ermöglichte es ihnen, Dreck, Hunger und ständige Lebensgefahr zu überstehen. Trost mag nur das selbst unter diesen Umständen mögliche Miteinander und die Hilfsbereitschaft unter Kameraden gewesen sein. Aber je länger der Krieg dauerte und je mehr die Sinnlosigkeit des Kampfes jedem Einzelnen klar wurde, umso mehr dürfte moralisches Verhalten dem Selbsterhaltungstrieb gewichen sein. Das alltägliche Töten stumpfte nach und nach bisher vorhandene menschliche Gefühle ab. Niemand mag es verwundern, dass bei gegnerischen Angriffen nur das eigene Überleben im Vordergrund stand. Wer als Berufssoldat vier Jahre Krieg überlebte und zurück in der Heimat erfahren musste, dass er nur für militärisches Machtstreben der Obrigkeit Leben und Gesundheit riskiert hatte, dem waren wohl glückliche Jahre für den Rest seines Lebens versagt.

## Die Entbehrungen an der Heimatfront

Während des Ersten Weltkriegs, in dessen Verlauf die ökonomischen Potenziale aller Staaten ausgeschöpft wurden, forderte das Militär die rückhaltlose und unkritische Unterstützung durch die Heimatfront. Aber trotz aller Durchhalteappelle wie: „Nur das Durchhalten angesichts einer Welt von Feinden gereicht der Heimatfront zur Ehre, alles andere ist Defätismus und Sabotage", wirkte sich der Krieg auf die wirtschaftlichen Verhältnisse an der Heimatfront aus. Das Transportwesen, besonders die Eisenbahnen, waren überlastet, die Kohleförderung sank, der Krieg konnte nur noch über Anleihen und das Gelddrucken finanziert werden. Ab 1918 mangelte es auch an Stahl für die Waffenproduktion.

Die Planung der Nahrungsversorgung für die Zivilbevölkerung wurde bei Kriegseintritt vollkommen ignoriert, da Deutschland in Friedenszeiten weitgehend Selbstversorger war. Aufgrund der britischen Seeblockade kam es aber zu Versorgungsengpässen bei Düngemitteln und damit zu Ernteausfällen in der Landwirtschaft. Im Januar 1915 gab es in Berlin die ersten Brotrationierungen, wenig später dann im ganzen Reich. Die Blockade der Mittelmächte führte in Deutschland zu 700 000 Hungertoten. Weiterhin starben in Europa an der sogenannten „Spanischen Grippe", ausgelöst durch das Influenza-Virus und begünstigt durch schlechte sanitäre Verhältnisse, Unterernährung und Hunger, etwa 2 Millionen Menschen. Aufgrund des Hungers in der Zivilbevölkerung, der ausbleibenden militärischen Erfolge sowie der Friedensbemühungen des amerikanischen Präsidenten Wilson zeigte sich an der „Heimatfront" eine immer stärker werdende Kriegsmüdigkeit. Immer mehr Deutsche glaubten nicht mehr, dass der Krieg zur Verteidigung deutscher Interessen geführt werde und seine Fortsetzung einen Sinn habe. Nach Kürzungen der Brotrationen kam es 1917 und 1918 zu massiven Streiks, die durch das Militär unterdrückt wur-

**14.2** Schlange stehen vor einem Brotladen in Gelnhausen in den letzten Kriegsjahren.

den. In der zweiten Jahreshälfte 1917 brach die Versorgung völlig zusammen. Die Streiks wurden vom Heer als Versagen bzw. als Verrat schwächlicher Zivilisten gedeutet. Das öffentliche Leben in Deutschland wurde zunehmend von verwundeten und zu Krüppeln gemachten Soldaten bestimmt, die oft durch Bettelei ihren Lebensunterhalt fristen mussten. Dazu kamen noch zahlreiche Kriegsdienstverweigerer, die psychisch unfähig zum Kriegsdienst waren und zwecks Aufrechterhaltung der öffentlichen Moral zu Gefängnisstrafen verurteilt oder in Anstalten psychiatrisch behandelt wurden. Die Fehleinschätzungen der Verhältnisse an der Heimatfront durch das Militär dokumentiert am besten ein Satz aus dem von Generalfeldmarschall Paul von Hindenburg verfassten Buch „Aus meinem Leben" (1920): „Wie Siegfried unter dem hinterlistigen Speerwurf, so stürzte unsere ermattete Front; vergeblich hatte sie versucht, aus dem versiegenden Quell der heimatlichen Kraft neues Leben zu trinken."

Da die Siegermächte, vor allem Frankreich, Reparationsforderungen in bisher nicht gekanntem Ausmaß von Deutschland, Österreich-Ungarn und dem Osmanischen Reich forderten, legte der Erste Weltkrieg die Basis für den Zweiten Weltkrieg.

# Der Zweite Weltkrieg oder der zweite Teil
# eines Dreißigjährigen Kriegs

Im europäischen Kontext war der Zweite Weltkrieg ein vom national-sozialistischen Deutschland ausgelöster Raub-, Eroberungs- und Vernichtungskrieg mit dem langfristigen Ziel, ein unangreifbares deutsches Großreich aus eroberten und abhängigen Gebieten zu schaffen. Während territoriale Ansprüche zur Begründung von Angriffskriegen üblich sind, war es die nationalsozialistische Rassenideologie, die zur Massenvernichtung von Minderheiten in einem bisher nicht gekannten Ausmaß führte. Untermauert wurden die Theorien zur Rassenlehre von einem der Ideologen der Nationalsozialisten, Alfred Rosenberg, der diese in seinem 1930 erschienenen Buch „Der Mythus der 20. Jahrhunderts. Eine Wertung der geistig-seelischen Gestaltungskämpfe unserer Zeit" darlegte. Das Buch erreichte in Deutschland eine millionenfache Auflage.

Der folgende Abschnitt, der das Massaker an Tausenden von ukrainischen Bürgern schildert, soll illustrieren, wie moralisch verkommen die Machthaber des „Dritten Reichs" agierten.

Nach der Besetzung von Kiew, der Hauptstadt der Ukraine, 1941 durch deutsche Truppen wurden die jüdischen Einwohner der Stadt per Plakat aufgefordert, sich am Montag, dem 29. September, auf einem öffentlichen Platz zwecks Evakuierung einzufinden. Es versammelten sich etwa 50 000 Juden mit ihren Habseligkeiten. Die Menschen wurden zu der nahe gelegenen Schlucht Babyn Jar außerhalb der Wohngebiete geführt, von Angehörigen der Wehrmacht ordentlich in Zehnergruppen aufgestellt und vom Sicherheitsdienst mit Maschinenpistolen oder Maschinengewehren so gekonnt erschossen, dass sie rückwärts in die Schlucht fielen. Historiker streiten allerdings, ob die Menschen sich nicht in der Schlucht auf die bereits Getöteten legen mussten und dort erschossen wurden. An zwei Tagen wurden so ungefähr 33 000 Menschen wegen ihres jüdischen Glaubens ermordet. Pioniere der Wehrmacht sprengten die Ränder der Schlucht, sodass die Toten unter dem herabstürzenden Erdreich begraben wurden. Als sich nach der Niederlage in Stalingrad die sowjetische Armee Kiew näherte, wurden die Ermordeten, um das Massaker zu vertuschen, von Gefangenen „enterdet" und verbrannt. Die Helfer wurden nach Erledigung ihrer Aufgabe erschossen. Eine zeitlich und geografisch winzige Episode in einem weltumspannenden Krieg, die als das „Massaker von Kiew" in die Geschichte einging.

Gemessen am Leid für das Individuum war der Zweite Weltkrieg ebenso abscheulich wie die Kriege der letzten 3000 Jahre. Neu aber waren das Vernichtungspotenzial der Waffen, der Umfang der Kampfhandlungen, die gezielte Vernichtung der Zivilbevölkerung, die Ideologie vom Untermenschen und der Propagandakrieg. Verbrechen wie die Ermordung der Bevölkerung jüdischen Glaubens in weiten Teilen Europas, die Ermordung der Volksgruppen der Sinti und Roma, die Ermordung von geistig Behinderten, die Ermordung von Kriegsgefangenen sowie der Mord an Andersdenkenden, die sich dem Regime widersetzten, sind zwar als Verfolgung von Minderheiten nicht neu in der Menschheitsgeschichte, aber die Zahlen sowie die Perfektion und Brutalität der Durchführung zeigen eine neue Dimension der Entmenschlichung.

Viele der Täter wurden später in Deutschland nicht zur Rechenschaft gezogen, weil man sich zwar für die von Soldaten begangenen Gräueltaten schämte, aber auch den Aufbau der Bundeswehr nicht erschweren wollte. Das perfektionierte Morden während des Zweiten Weltkriegs kann man weder vergessen noch vergeben. Es sollte dagegen die unabdingbare Pflicht heutiger Generationen sein, alles dafür zu tun, dass sich solche im deutschen Namen begangene Verbrechen nicht wiederholen.

## Daten zum Zweiten Weltkrieg

Der Zweite Weltkrieg, der in Europa von 1939 bis 1945 dauerte, stellt den bisher größten und verheerendsten Konflikt in der Menschheitsgeschichte dar. Über 60 Staaten waren direkt oder indirekt am Kriegsgeschehen beteiligt und 110 Millionen Menschen standen unter Waffen. In nur sechs Jahren fanden etwa 55 Millionen Menschen den Tod, davon 39 Millionen in Europa und 16 Millionen in Asien. Charakteristisch für einen modernen Krieg wurden mehr Zivilisten als Soldaten getötet. Die größten Verluste erlitt die Sowjetunion mit 27 Millionen Toten, darunter 11 Millionen Soldaten, von denen 8 Millionen durch Kampfhandlungen und 3 Millionen in deutscher Kriegsgefangenschaft starben. Mit 15 Millionen Toten hatte allerdings China in den Kriegen mit Japan die höchste Opferzahl zu beklagen. Der Verlust an Wohnraum, an Wirtschafts- und an Kulturgütern war so umfassend, dass er in Zahlen nicht zu beziffern ist.

Der europäische Teil des Kriegs begann mit dem Überfall auf Polen am 1. September 1939, die militärischen Konflikte im asiatischen Raum wohl schon mit der Mandschurei-Krise 1931. Nach der militärischen Niederlage Polens besetzte die Sowjetunion Ostpolen, und der westliche Teil Polens wurde als Generalgouvernement in das Reich eingegliedert. Damit wurde Polen das vierte Mal unter seinen mächtigen Nachbarn aufgeteilt.

Die Beendigung der Kampfhandlungen im Krieg gegen Frankreich im Juni 1940 begünstigten den von Adolf Hitler lange geplanten Angriffskrieg gegen den östlichen Nachbarn, der mit dem Überfall der Wehrmacht im Juni 1941 auf die Sowjetunion dann auch realisiert wurde. Mit dem Kriegseintritt Italiens aufseiten des Deutschen Reichs wurde auch Nordafrika zum Kriegsschauplatz. Das ab Februar 1941 an den Kämpfen beteiligte Deutsche Afrikakorps konnte zwar die Niederlage der Achsenmächte in Afrika verzögern, aber nicht verhindern. 1942 traten die Vereinigten Staaten auf Seiten der Alliierten in den Krieg gegen die Achsenmächte ein, nachdem sie schon zuvor Großbritannien und die Sowjetunion logistisch unterstützt hatten. Nach dem Überfall auf Pearl Harbor erklärten die USA dem Kaiserreich Japan den Krieg, und Japan verbündete sich mit Deutschland und Italien. Japan eroberte die Philippinen, Burma, Indochina, Thailand, Malaysia, Singapur, Indonesien und Teile von Neuguinea. An Grausamkeit standen die japanischen Truppen den Deutschen in nichts nach. Die Expansion Japans wurde 1942 durch die Schlacht im Korallenmeer von den US-Streitkräften beendet. Die Abwürfe von Atombomben auf Hiroshima und Nagasaki zwangen Japan zur Kapitulation.

Nach Landungen in Sizilien, in der Normandie (1944) und in Südfrankreich führten US-amerikanische, englische und französische Gruppen in Kontinentaleuropa einen Landkrieg gegen die deutsche Wehrmacht. Im Krieg gegen die Sowjetunion brachte der Kampf um Stalingrad die Wende zugunsten der Sowjetunion. Am 2. Mai 1945 gab General Helmuth Weidling den Befehl zur Einstellung der Kampfhandlungen in der umkämpften deutschen Hauptstadt Berlin. Am 8. Mai 1945 trat die bedingungslose Kapitulation der deutschen Wehrmacht in Kraft.

Deutschland hatte auf Betreiben der Nationalsozialisten unter ihrem Führer Adolf Hitler mit Unterstützung der Wehrmacht und der Großindustrie einen Krieg begonnen, den es aufgrund der Zahl wehrfähiger Staatsbürger und der materiellen Ressourcen nicht gewinnen konnte. Eine rassistisch geprägte Ideologie, welche physische und psychische Überlegenheit der arischen und besonders der germanischen Rasse über die slawischen „Untermenschen" propagierte, führte dazu, dass die Risiken eines Mehrfrontenkriegs völlig falsch eingeschätzt wurden.

Zwar ging man bereits bei der Planung des Kriegs davon aus, dass man die besetzten Gebiete, besonders im Osten, ausplündern und die Bewohner als Zwangsarbeiter ins „Reich" oder in die Protektorate verschleppen wollte, aber man verrechnete sich bei der Standhaftigkeit der britischen Bevölkerung, dem Partisanenkampf in den besetzten Gebieten und besonders bezüglich des Kriegseintritts der Amerikaner aufseiten der Alliierten. Auch die Länge der Ostfront und der hingebungsvolle Kampf der russischen Bevölkerung für ihre Heimat wurden falsch eingeschätzt

## Neue Waffen führen zu mehr Opfern

Begünstigt durch den technischen Fortschritt beeinflussten zwei Waffengattungen, nämlich die U-Boot-Waffe und die Luftwaffe erheblich die Art der Kriegsführung und den Kriegsausgang. U-Boote wurden von allen kriegsführenden Parteien mit Kriegsflotten auf allen Weltmeeren gegen Kriegs- und Handelsschiffe mit großem Erfolg eingesetzt. So verloren die Alliierten im Zeitraum von 1940 bis 1942 acht Millionen Bruttoregistertonnen Schiffsraum durch deutsche U-Boot-Angriffe. Hatte ein Schiff auf dem Weg von den USA nach England Treibstoff oder Munition geladen, so verbrannte die Besatzung nach einem Torpedotreffer auf dem sinkenden Schiff. Schiffsbrüchige wurden von den Unterseebootbesatzungen nur in seltenen Fällen gerettet, da ein U-Boot auf Feindfahrt keine Schiffbrüchigen aufnehmen konnte oder wollte. Im Winter 1944 versenkten russische U-Boote innerhalb von wenigen Tagen vier mit dem Roten Kreuz gekennzeichnete Passagierschiffe mit Flüchtlingen, die von Ostpreußen zu den Nordseehäfen unterwegs waren. Dabei starben etwa 20 000 Zivilisten – vorwiegend Frauen und Kinder.

Die Bedeutung der Luftwaffe für die Zerstörung von Bodenzielen mittels Bomben oder Bordgeschützen war schon während der letzten Jahre des Ersten Weltkriegs erkannt worden. So konzentrierten sich die industrialisierten Nationen auf den Bau von Kampfflugzeugen und deren Ausstattung mit Bomben und Bordwaffen. Deutschland probierte die Wirksamkeit seiner Luftwaffe im Spanischen Bürgerkrieg aus.

Die bei der Zerstörung von Guernica (Kapitel 13) gewonnenen Erkenntnisse nutzte man beim Luftangriff auf Warschau im September 1939, bei der Zerstörung von Rotterdam im Mai 1940 und beim Angriff auf Coventry im November 1940. Die Angriffe auf Rotterdam und Coventry leitete der vormalige Chef der Legion Condor und Verantwortliche für die Vernichtung von Guernica, Wolfram von Richthofen. Obwohl die sogenannte Flächenbombardierung vorrangig der Rüstungsindustrie galt, wurden Opfer unter der Zivilbevölkerung sowie der Verlust von Wohnraum nicht nur toleriert, sondern als Mittel zur Demoralisierung der Zivilbevölkerung begrüßt. Der deutschen Luftwaffe gelang es allerdings nicht, in der sogenannten „Schlacht um England" die britische Royal Air Force entscheidend zu schwächen.

Das Britische Luftfahrtministerium gab am 14. Februar 1942, wohl in Reaktion auf die Bombardierung Londons und Coventrys, die „Area Bombing Directive" (Anweisung zum Flächenbombardement) heraus. Der Oberbefehlshaber des RAF Bomber Command, Marshall Arthur Harris, vertrat die Ansicht, dass man durch sogenanntes „Moral Bombing" in Form der Flächenbombardierung von Großstädten die Moral und den Widerstandswillen der deutschen Bevölkerung brechen und so das Deutsche Reich zur Kapitulation zwingen könne. Ab August 1942 flog auch die amerikanische, in England stationierte Luftwaffe Angriffe auf deutsche Ziele. Die Kooperation begann im März 1942 mit dem Großangriff auf Lübeck, dem Ende Mai der 1000-Bomben-Angriff auf Köln und die Zerstörung Hamburgs folgten. Bei den Luftangriffen vom 13. bis 15. Februar 1945 auf Dresden, einer Stadt voll mit Flüchtlingen, starben etwa 25 000 Menschen.

**14.3** Die Zivilbevölkerung litt unter dem Flächenbombardement im Zweiten Weltkrieg in einem bisher noch nie dagewesenen Ausmaß.

Alle Kulturdenkmäler Dresdens wurden durch Brand- und Sprengbomben zerstört. Kurz vor Kriegsende, als die Niederlage des Deutschen Reichs schon feststand, wurden auch kleinere Städte wie Pforzheim, Würzburg, Paderborn, Darmstadt, Hanau oder Hildesheim noch weitgehend durch Luftangriffe dem Erdboden gleichgemacht. Opfer waren neben den Alten hauptsächlich Frauen und Kinder.

Die Flächenbombardements der Alliierten demoralisierten nicht nur die Zivilbevölkerung, sondern zerstörten auch die Rüstungsanlagen und Verkehrsverbindungen in Deutschland. Sie waren neben den Verlusten im Krieg gegen die Sowjetunion wohl entscheidend für die Niederlage Deutschlands.

Auch der amerikanisch-japanische Krieg wurde durch die Luftwaffe entschieden. Bei der Bombardierung Tokios 1942 durch die USA starben ungefähr 100 000 Einwohner. Die Abwürfe von Atombomben auf Hiroshima und Nagasaki beschleunigten zwar die Kapitulation Japans, kosteten aber auch rund 300 000 Menschen das Leben und zerstörten die beiden Innenstädte völlig. Zum ersten Mal in der Geschichte der Menschheit wurden mit Absicht viele Menschen radioaktiv verseucht. Viele von ihnen starben nach langem Siechtum.

## Die Verbrechen häufen sich mit der Dauer des Kriegs

Die deutschen Nationalsozialisten planten unter der Führung des Reichskanzlers Adolf Hitler ab 1933 die Umsiedlung oder Vernichtung von Menschen aufgrund ihrer Religion, ihrer Staatsangehörigkeit oder ihrer Ethnie. Dies betraf besonders Menschen jüdischen Glaubens. Im Verlauf des Kriegs wurden die Planungen konsequent in Taten umgesetzt. Geschätzt starben 6 Millionen Juden in den Gaskammern der Vernichtungslager, verhungerten oder wurden durch Erhängen oder Erschießen getötet. In deutschen Sammellagern ließen über 3 Millionen russischer Kriegsgefangener ihr Leben, weil die Wehrmacht sie gezielt verhungern ließ.

Als sich die militärischen Niederlagen ab 1942 häuften, wurde das Vorgehen gegen die in der Sowjetunion und in Osteuropa lebende Zivilbevölkerung immer brutaler. Der Führerbefehl vom 16. Dezember 1942 ordnete an: „Wenn dieser Kampf gegen die Banden sowohl im Osten wie auf dem Balkan nicht mit den allerbrutalsten Mitteln geführt wird, so reichen in absehbarer Zeit die verfügbaren Kräfte nicht mehr aus, um dieser Pest Herr zu werden. Die Truppe ist daher berechtigt und verpflichtet

**14.4** Es gab auch im Zweiten Weltkrieg nicht nur Befehlshaber, sondern auch zahllose Willfährige, die das Morden ausführten. Das Bild zeigt deutsche Soldaten, die Zivilisten erschießen.

in diesem Kampf ohne Einschränkungen auch gegen Frauen und Kinder jedes Mittel anzuwenden, wenn es nur zum Erfolg führt."

## Die Rolle der Partisanen im Zweiten Weltkrieg

Ein Partisan (von ital. partigiano für Parteigänger) ist ein bewaffneter Kämpfer, der nicht zu den regulären Streitkräften eines Staates gehört. Einen Kämpfer in Bürger- und Kolonialkriegen bezeichnet man auch als Guerillero. Einen rechtlichen Status für Partisanen kennt das Völkerrecht nicht. Er fällt aber unter die Regeln des Kriegsvölkerrechts.

Im Zweiten Weltkrieg gab es im Kampf gegen die Sowjetunion anfangs weder in Weißrussland noch in der Ukraine größeren Widerstand durch Partisanen. Erst durch die Verbrechen der SS, des Ordnungsdienstes und der Wehrmacht an Zivilisten und Gefangenen entstand im Rückraum der Ostfront eine intensive und wirkungsvolle Partisanentätigkeit. Im Rahmen der Partisanenbekämpfung wurden in der rückwärtigen Ostfront etwa

350 000 Menschen getötet, davon waren aber nach Schätzungen nur ungefähr 10 Prozent Partisanen.

Der im Mai 1941 erlassene Kriegsgerichtsbarkeitserlass „Barbarossa" des Oberkommandos der Wehrmacht (OKW) verfügte das Folgende: „Freischärler sind durch die Truppe im Kampf oder auf der Flucht schonungslos zu erledigen. Weiterhin sollen alle anderen Angriffe feindlicher Zivilpersonen auf der Stelle mit den äußersten Mitteln bis zur Vernichtung des Angreifers vollzogen werden." Zugleich wurde in dem Erlass den deutschen Soldaten Straffreiheit für Verbrechen zugesagt, die im Rahmen des Angriffs auf Russland begangen wurden.

## Vergewaltigung als Mittel zur Demoralisierung der Zivilbevölkerung

Die Vergewaltigung von Frauen durch Soldaten ist so alt wie Krieg oder Eroberungszüge an sich. Schon seit der Antike werden bei den Eroberungen von Städten die Frauen und oft auch noch minderjährige Mädchen Opfer von Vergewaltigungsorgien durch eine entmenschlichte Soldateska. Aber erst seit dem Zweiten Weltkrieg wurde besonders von Japan und der Sowjetunion die Massenvergewaltigung der Frauen des Feindes als Mittel eingesetzt, um die Zivilbevölkerung und die Soldaten an der Front zu demoralisieren. Niemals seit dem Dreißigjährigen Krieg wurden in einem Waffengang so viele Frauen und Mädchen vergewaltigt wie im Zweiten Weltkrieg. Die Soldaten der Roten Armee missbrauchten etwa 2 Millionen deutsche Frauen und die Japaner verschleppten etwa 200 000 Asiatinnen, um sie als sogenannte „Trostfrauen" in den Bordellen an der Front zur Prostitution zu zwingen. Bei der Einnahme von Stuttgart und Pforzheim kam es 1945 zu Massenvergewaltigungen durch französische Soldaten und bei der Einnahme von Freudenstadt gab es eine dreitägige Vergewaltigungsorgie durch französisch-marokkanische Soldaten. Gegen moralische Bedenken, falls nach langen Kriegsjahren noch vorhanden, wurde ihnen von ihrer militärischen Führung vermittelt, die Vergewaltigungen und Brandschatzungen seien die gerechte Vergeltung für die Ermordung von Zivilisten durch die deutschen Truppen in dem französischen Ort Oradour. Der Alkohol dürfte aber mehr zur Enthemmung beigetragen haben als die Erinnerung an ein Ereignis, das den meisten Soldaten unbekannt war.

Diese Untaten wurden aber von den Verbrechen, welche die Rotarmisten in Ostpreußen verübten, weit übertroffen. Sie mordeten, plünderten, vergewaltigten und stahlen – und dies ungestraft und monatelang. Einer der Vorbereiter dieser Verbrechen war der Journalist Ilja Ehrenburg mit seinen Aufrufen zum Töten: „Wenn du nicht pro Tag einen Deutschen getötet hast, ist es ein verlorener Tag. Wenn du den Deutschen nicht tötest, tötet er dich. Wenn du den Deutschen leben lässt, hängt er den russischen Mann auf und schändet die russische Frau. Wenn du einen Deutschen getötet hast, töte einen zweiten – nichts stimmt uns froher als deutsche Leichen" (gekürzter Text aus dem Aufruf „Töte" in der Zeitung Krasnaja Swesda im Juli 1942).

## Kriegspropaganda und Propagandakrieg

Propaganda (von lat. propagare für verbreiten, ausdehnen, fortpflanzen) bezeichnet einen absichtlichen und systematischen Versuch Sichtweisen zu formen, Erkenntnisse zu manipulieren und Verhalten zu steuern, um eine vom Handelnden erwünschte Reaktion zu erzeugen. Während man im politischen Raum von Propaganda spricht, bezeichnet man solches Tun in der Wirtschaft als Werbung und in der Religion als Missionierung. Man kann Propaganda von Agitation unterscheiden. Während man unter Propaganda allgemeine Überzeugungsarbeit versteht, befasst sich Agitation nach Lenin mit dem „Appell an die Massen zu bestimmten konkreten Aktionen". Oft werden beide Tätigkeiten zu dem Begriff Agitprop zusammengezogen.

Gezielte und organisierte Kriegspropaganda wurde als psychologische Kriegsführung – die Waffe, die auf die Seele zielt – zu allen Zeiten von allen kriegsführenden Mächten betrieben. In der amerikanischen Propaganda tauchten ab 1917 abschreckende Bilder von deutschen Soldaten als mordenden Bestien auf. Die Bilder sollten der eigenen Bevölkerung klarmachen, dass man auf der richtigen Seite stand. Die deutsche Propaganda konterte den Barbarenvorwurf mit der Darstellung der eigenen Seite als kultur- und friedliebende Nation.

In Deutschland waren es vor allem die Nationalsozialisten, welche die Bedeutung der Propaganda zur Zweckinformation der Bevölkerung erkannten. So schrieb Adolf Hitler in „Mein Kampf" (1926) über die Prinzipien für Plakate: „Beschränkung auf wenige Themen und Schlagworte, geringer geistiger Anspruch, Abzielen auf das gefühlsmäßige Empfinden der Masse, Vermeidung von Differenzierung und die tausendfache Wiederholung der Glaubenssätze." Aber erst mit dem Siegeszug der Medien, zuerst der Printmedien, dann des Rundfunks und zuletzt des Fernsehens wurde Propaganda zu einem wichtigen Element auch der Kriegsführung. Ziele waren und sind die Demoralisierung des Feindes und die Stärkung der Wehrfähigkeit der Heimatfront durch zweckgerichtete Informationen. Vor und im Zweiten Weltkrieg nutzten Adolf Hitler und sein „Reichsminister für Volksaufklärung und Propaganda" Joseph Goebbels Presse, Rundfunk, Plakate, Flugzettel, Film und Massenveranstaltungen, um die deutsche Bevölkerung für Rassenwahn und Vernichtungskrieg zu begeistern. Ab der Machtübernahme besaß die NSDAP das Propagandamonopol durch die uneingeschränkte Herrschaft über alle Medien. Zentrale Themen der NS-Propaganda waren Nationalismus, Rassismus, Antisemitismus, Antikommunismus, die Verherrlichung des kriegerischen Heldentums, das nationalsozialistische Frauenbild und der bedingungslose Führerkult um Adolf Hitler. Direkt zur Kriegsvorbereitung diente die These, dass Deutschland ein „Volk ohne Raum" sei und sich mit dem „Recht des Stärkeren" Lebensraum im Osten erobern müsse. Die ab 1933 betriebene Massenproduktion des preiswerten Radios „Volksempfänger", im Volksmund auch „Goebbelsschnauze" genannt, schuf die technischen Voraussetzungen für diese Propaganda.

Bei allen kriegsführenden Parteien waren Rundfunksendungen das bevorzugte Mittel, um die eigene Bevölkerung zu indoktrinieren und den Feind mit Fehlinformationen zu versorgen. Zu den Sendern gehörten zum Beispiel der deutsche Auslandssender „Germany Calling" oder der britische Sender „Soldatensender Calais".

1941 musste die NS-Propaganda den Russlandfeldzug vor der Bevölkerung rechtfertigen. Sie begründete den Angriff mit „der Verteidigung des Abendlandes gegen den Bolschewismus und gegen den jüdisch-bolschewistischen Untermenschen". So gab die SS die Broschüre „Der Untermensch" heraus, die russische Bürger anhand von Hetzartikeln und diskriminierenden Bildern als Untermenschen darstellte. Der antisemitische Text beginnt mit einer Behauptung Himmlers von 1935: „Solange es Menschen auf der Erde gibt, wird der Kampf zwischen Menschen und Untermenschen geschichtliche Regel [...] Der Untermensch sieht zwar wie ein Mensch aus, ist jedoch eine furchtbare Kreatur, geistig und seelisch tiefer stehend als jedes Tier." Als nach der Niederlage in Stalingrad die Kriegsmüdigkeit in der deutschen Bevölkerung zunahm, versuchte Propagandaminister Goebbels 1943 in seiner Berliner Sportpalastrede mit der Formulierung „Wollt ihr den totalen Krieg?" die Kriegsbegeisterung der Zivilbevölkerung wieder anzufachen, was auch teils gelang.

Mit dem Aufkommen des Fernsehens wurden Bildberichte vom Kriegsgeschehen immer wichtiger. Die Kriegsberichterstatter sollen dabei möglichst authentische Bildreportagen vom Kriegsgeschehen liefern. Solche Berichte werden allerdings oft sowohl vom Militär als auch von der jeweiligen politischen Führung kontrolliert. Zumeist verherrlichen sie die eigenen Soldaten als Heroen zur Verteidigung des Vaterlandes. Bilder und Kriegsberichte von den jeweiligen Fronten werden häufig von allen Parteien einer strengen Zensur unterworfen und falls nötig gefälscht.

Nach dem Vietnamkrieg, in dem die Militärs erfahren mussten, welche Wirkungen reale Bilder auf die Kriegsmoral in der Heimat hatten, gingen sie dazu über, das Handeln von Journalisten zu kontrollieren und Berichte und Bilder zu zensieren. Spätestens ab dann wurden die Bürger in der Heimat der kriegsführenden Partei über die wahren Schrecken des Kriegs schändlich belogen. Im Golfkrieg gegen den Irak hielten 150 ausgewählte Journalisten und Lobbyisten für die amerikanische Öffentlichkeit die Fiktion von einem sauberen unblutigen Krieg aufrecht. Arthur Ponsonby formuliert in seinem Buch „Lügen in Kriegszeiten": „In Kriegszeiten ist das Versäumnis zu lügen eine Nachlässigkeit, das Bezweifeln einer Lüge ein Vergehen und die Erklärung der Wahrheit ein Verbrechen." Spätestens seit dem Vietnamkrieg wissen die Militärs, dass der Krieg an der Front geführt, aber in der Heimat entschieden wird

Im Irakkrieg wurde die Wirklichkeit nicht nur ausgespart, sondern Gräueltaten des Feindes zur Motivation der eigenen Bevölkerung auch frei erfunden. Auch die Militärs haben ihren Sprachgebrauch zur Schilderung militärischer Operationen an die im politischen Bereich übliche Schönfärberei angepasst. So bezeichnen sie das Töten von Zivilisten durch fehlgeleitete Granaten und Bomben heute als nicht vermeidbare Kollateralschäden. In Afghanistan scheuen sich Politiker und Militärs von einem Krieg zu reden, sie nennen die bewaffneten Auseinandersetzungen „Friedensmissionen".

## Kriege von 1945 bis heute

Wer glaubte, dass nach der moralischen Katastrophe des letzten Weltkriegs Völker und Nationen begriffen hätten, dass weder innerstaatliche noch interstaatliche Kriege Lösungen für bestehende Konflikte anbieten können, der sieht sich getäuscht. Von 1945 bis 2010 starben in über 230 Kriegen 25 Millionen Menschen. Besonders innerstaatliche Scharmützel sind so

| Zahl der Toten | Geschehen | Zeitraum |
|---|---|---|
| 55 000 000–60 000 000 | Zweiter Weltkrieg | 1939–1945 |
| 1 300 000–6 100 000 | Chinesischer Bürgerkrieg | 1928–1949 |
| 20 000 000 | Zweiter Japanisch-Chinesischer Krieg | 1937–1945 |
| 3 800 000–5 400 000 | Zweiter Kongokrieg | 1998–2003 |
| 2 500 000–3 500 000 | Koreakrieg | 1950–1953 |
| 2 300 000–3 800 000 | Vietnamkrieg | insgesamt 1945–1975 |
| 300 000–3 000 000 | Bangladesch-Krieg | 1971 |
| 1 500 000–2 000 000 | Afghanischer Bürgerkrieg und sowjetische Intervention | seit 1971 |
| 1 000 000 | Erster Golfkrieg, Iran-Irak | 1980–1988 |

**14.5** Auflistung der Opfer bedeutender Kriege nach dem Ende des Zweiten Weltkriegs.

grausam wie eh und je und treffen zumeist die Zivilbevölkerung. Seit 1993 ist die Zahl der Kriege zwischen den Nationen rückläufig. Die innerstaatlichen Kriege machen mittlerweile 90 Prozent aller militärischen Konflikte aus; ihre Zahl ist mit 60 pro Jahr erstaunlich konstant.

Diese Angaben enthalten nicht nur gefallene Soldaten, sondern auch die kriegsbedingten Opfer durch Hunger, Seuchen, Kriegsverbrechen und Völkermord. Allein in den afrikanischen Bürgerkriegen etwa in Mosambik oder Ruanda starben etwa 5 Millionen Menschen.

Die „Bundeszentrale für Politische Bildung" fasst die Aussichten auf eine friedlichere Zukunft der Menschen wie folgt zusammen: „Seit Mitte der 1990er-Jahre eskalieren weltweit mehr und mehr innerstaatliche Konflikte – mit fatalen Folgen für die Bevölkerung der betroffenen Regionen. Hunger, Vertreibung und Völkermord sind ständige Begleiter dieser neuen Kriege. Zwar ist es in den vergangenen Jahren auch gelungen, eine Reihe dieser Auseinandersetzungen zu beenden. Ein wirklicher, tragfähiger Frieden wurde aber nur in wenigen Fällen erreicht, weil häufig wichtige Konfliktursachen bestehen bleiben. Innerstaatliche Konflikte verursachen Probleme, die die Staatengemeinschaft auch in den kommenden Jahren und Jahrzehnten stark in Anspruch nehmen werden: zerfallende Staaten, Privatisierung von Gewalt, Kriegsökonomien, die Verbreitung von Waffen, transnationaler Terrorismus und organisierte Kriminalität" (Schreiber 2011). Während zwischen den großen Nationen wie China, Russland und den Vereinigten Staaten aufgrund der Waffenarsenale ein Gleichgewicht des Schreckens herrscht, sind es besonders Länder, die von den ehemaligen Kolonialstaaten in die Freiheit entlassen wurden, die ihre innerstaatlichen, oft religiösen Konflikte mit großer Brutalität austragen. Mit primitiven Waffen wie Hacken und Macheten werden dort Hunderttausende von Menschen – zumeist Zivilisten – ermordet. Aufgrund der ungerechten Verteilung der Lebensgrundlagen auf dieser Erde werden derartige Konflikte künftig an Umfang und Brutalität zunehmen.

## Das Bestreben, die Kriegsfolgen zu mildern

Der Begriff „Humanitäres Völkerrecht" beinhaltet heute die zusammenfassende Bezeichnung für das Kriegsführungsrecht. Es umfasst alle Bestimmungen des Völkerrechts, die im Falle eines Kriegs oder eines anderen bewaffneten Konflikts den bestmöglichen Schutz von Menschen, baulichen Einrichtungen sowie der natürlichen Umwelt vor Auswirkungen der Kampfhandlung zum Ziel haben. Das Humanitäre Völkerrecht betrifft das „ius ad bellum", das Recht zum Krieg, und das „ius in bello", das Recht im Krieg.

Als Kriegsschuldfrage bezeichnete man in der Weimarer Republik die öffentliche Debatte über die Schuld am Ersten Weltkrieg. Bis 1914 wurde die Frage der Kriegsschuld kaum diskutiert und auch nicht in den Friedensverträgen festgeschrieben. Das seit dem Westfälischen Frieden praktizierte „Tabula-rasa"-Prinzip schloss die Prüfung der Kriegsgründe sowie die Strafverfolgung der Besiegten aus. Die Oblivionsklausel (von lat. oblivisci für vergessen) war das Element vieler europäischer Friedensverträge. Sie besagt, dass nach einem Krieg beide Seiten die begangenen Gräuel vergessen würden – dies in der Absicht, dass der vergangene Krieg nicht die Gründe für einen neuen Krieg liefern würde. Erst seit dem Ersten Weltkrieg wurde die Kriegsschuldfrage politisch akut. Seine Opfer und die durch ihn verursachten Schäden übertrafen diejenigen früherer europäischer Nationalkriege bei Weitem. Außerdem blieb das zuvor kodifizierte Kriegsvölkerrecht, das primär die Kriegsführung normierte, weitgehend unwirksam. Der Versailler Vertrag leitete das Ende der Oblivionsklausel ein; die Schuld für den Krieg wurde allein den Mittelmächten aufgebürdet.

Mit dem Weitergelten der Oblivisionsklausel wäre der Zweite Weltkrieg vielleicht vermieden worden.

Da man um die Jahrhundertwende einsah, dass Kriege nicht zu vermeiden sind, bemühte man sich, Regeln für die militärischen Auseinandersetzungen zu schaffen. Die Unterzeichner- bzw. Mitgliedsstaaten der Haager Landkriegsordnung (Den Haag 1899 und 1907), vieler Genfer Konventionen und der Vereinten Nationen haben sich seitdem verpflichtet, im Kriegsfall Mindestregeln wie zum Beispiel ein Ultimatum, eine Kriegserklärung und Mindestrechte der Verwundeten, der Gefangenen und der Zivilbevölkerung zu respektieren. Die Not im und nach dem Krieg versuchen Organisationen wie das Rote Kreuz und der Rote Halbmond zu lindern. Ihre Aufgaben sind der Schutz des Lebens, der Gesundheit und der Würde sowie die Verminderung des Leids von Menschen in Not ohne Ansehen von Nationalität und Abstammung oder religiöser, weltanschaulicher oder politischer Ansichten der Betroffenen. Das Rote Kreuz wurde 1863 von Henri Dunant zusammen mit einigen Schweizer Bürgern gegründet. Dunant war Zeuge der Schlacht von Solferino (1859), in der 6000 Soldaten getötet und 25 000 verwundet wurden. Das Elend wie die mangelnde Versorgung der Verwundeten entsetzten ihn so sehr, dass er beschloss, eine unabhängige Hilfsorganisation, das „Rote Kreuz", zu gründen.

Seitdem versucht eine große Zahl gemeinnütziger Organisationen das menschliche Elend, besonders in innerstaatlichen Kriegen zu mildern. Niemand wird die Nützlichkeit solcher Organisationen im Dienst der Menschlichkeit bestreiten. Ein „Caveat" ist aber angebracht, da mit dem Einsatz etwa des Roten Kreuzes eine gewisse Normalität hergestellt wird und der Krieg einen Teil seines Schreckens verliert. Im Zentrum aller Bemühungen muss nicht die Minderung des Leids, sondern die Vermeidung des Kriegs stehen. Wenn man jedoch die Veranlagung des Menschen zum Töten real einschätzt, wird man in der Praxis lindern müssen, wo man die Untaten nicht vermeiden kann.

Wenn auch ein Krieg noch so schrecklich ist, so finden sich doch auch immer wieder zahlreiche Menschen, die unter dem Einsatz des eigenen Lebens anderen ohne Ansehen der Person beistehen. Sie dienen der Menschlichkeit, wo Autoritäten versagen. Gerade Kriege sind auch der Ort der höchsten Form der Menschlichkeit. Eine hohe Achtung gilt etwa russischen Ärzten und Pflegern, die, trotz der Gräueltaten der Nazis an ihrer eigenen Bevölkerung, vielen deutschen Verwundeten und später Gefangenen das Leben retteten.

# 15.

# Dein Nachbar, der Mörder

3 Millionen Jahre Angst vor Verfolgung und Tod müssen sich so tief in das Bewusstsein von Menschen eingegraben haben, dass das Töten von Mitgliedern der eigenen Art als „ultima ratio" ein nicht löschbarer Bestandteil menschlichen Verhaltens ist, damals wie heute. Wenn man jemanden umbringt, nimmt man ihm nicht nur alles, was er hat und ist, sondern auch alles, was er in Zukunft noch hätte bekommen oder werden können.

Dabei sind Aggressionen und Wehrhaftigkeit Verhaltensmerkmale, welche Überleben und Weiterentwicklung der Ethnie *Homo sapiens* erst ermöglichen. Keine noch so konsequente Erziehung zum Prinzip „Liebe deine Feinde" kann dieses evolutionäre Erbe löschen. In nicht angestrebten, ungewöhnlichen Situationen kann jeder zum Mörder werden. Es sind die sozialen Umstände oder Fehlleistungen des Gehirns, die in eine friedliebende Gesellschaft eingebettete Bürger zum Töten treiben. Eine Erziehung zum Guten im Menschen verhindert nicht das Töten, sondern reduziert die Anzahl der Situationen, bei denen natürliche Aggressionen zu Tötungsdelikten kulminieren. Das Vermeiden des Ermordens von Missliebigen wird oft nur durch die Nachteile verhindert, die der potenzielle Mörder durch seine Taten erfahren würde. Der Streit, ob man zum Mörder geboren oder dazu erzogen wird, ist prinzipiell nicht beizulegen. Beides, Veranlagung und Erziehung, trägt je nach Persönlichkeit und Lebensumständen des Täters in unterschiedlichem Maße zum Verhalten in extremen Situationen bei. Während man jedoch die Erziehung und das gesellschaftliche Umfeld zum Guten hin steuern kann, bleibt unser genetisches Erbe unser Schicksal.

Mord ist in unserer Gesellschaft dank der Lebensumstände, der hohen Aufklärungsrate bei Gewaltverbrechen und der Furcht vor drakonischen Strafen selten geworden. Entfällt jedoch die Suche nach dem Missetäter und demzufolge auch die Strafe, so kann Morden zur Alltäglichkeit werden. So sind nach dem Waffenstillstand im Zweiten Weltkrieg noch Millionen von Menschen, vorwiegend deutsche Staatsangehörige, ermordet worden, nur weil die Täter keine Sanktionen befürchten mussten. Auch im Jahre 2012 wurden in Krisengebieten wie in Somalia oder Angola zahllose Menschen ermordet, weil die Staatsmacht korrupt oder ohnmächtig war. In diesen Fällen dominiert nicht Strafe, sondern Rache. Nur mit dem Schutz durch das Gesetz und mit hinreichenden Mitteln in Staatshand, die Strafbewehrung auch durchzusetzen, kann man fortan das Töten auf niedrigem Niveau halten.

## Mord als das schlimmste aller Verbrechen

Kein anderes Verbrechen fasziniert uns so sehr und stößt uns so ab wie Mord. Es beschäftigt uns, seit laut biblischer Überlieferung Kain aus Habgier seinen Bruder Abel erschlagen hat. Es gibt keine Tageszeitung, die nicht täglich über Morde, die Täterermittlung oder über die nachfolgenden Strafverfahren berichtet. Ins Fernsehen schaffen es allerdings nur spektakuläre Kriminalfälle – spektakulär, was die Zahl der Opfer, die Prominenz des Getöteten oder die Genialität der Tat anbetrifft.

Alle früheren wie heutigen Rechtsordnungen legen fest, dass derjenige bestraft wird, der einen Menschen vorsätzlich tötet. Dieses gilt allerdings nicht, wenn das Töten im Auftrag einer dazu legitimierten Organisation, etwa durch den Staat, angeordnet wird (Kapitel 14). Mord bezeichnet im allgemeinen Sprachgebrauch meist die als am schwersten gewertete Form der vorsätzlichen Tötung. Ihm wird gesellschaftlich ein besonderer Unwert zugeschrieben. Durch die hervorgehobene Stellung des Mordes als verwerflichste Handlung ist in allen Rechtssystemen Europas auch die schwerste Strafandrohung, nämlich die Todesstrafe oder lebenslängliche

Haft, vorgesehen. Schriftlich fixierte Rechtsordnungen, die Strafen für begangene Rechtsbrüche festlegen, gibt es in Vorderasien seit über 4000 Jahren.

Der in Keilschrift vor rund 3800 Jahren auf Steinstelen in Mesopotamien niedergelegte „Codex Hammurabi" stellt eine Sammlung von Rechtssprüchen dar, die den Umgang der Bürger miteinander in Stadtstaaten wie Sippur regelten. Der König Hammurabi soll das Gesetzeswerk vom Sonnenkönig Schamasch erhalten haben. „Ein Mann, dem Unrecht geschieht und eine Rechtssache erhält, möge vor meine Statue ‚König der Gerechtigkeit' treten und sich meine beschriebene Stele vorlesen lassen und meine erhabenen Worte hören und meine Stele möge ihm die Rechtssache zeigen. Sein Urteil möge er ersehen" (Rückseite einer Stele, Kolumne 25, 3–17). Der „Codex Hammurabi" setzt Strafen für Rechtsbrüche fest, unter anderem auch für Tötungsdelikte. Gemeingefährliche Straftatbestände sollen mit dem Tod bestraft werden: „Gesetzt ein Mann hat einen minderjährigen Freigeborenen gestohlen, so wird er getötet." Der „Codex Hammurabi" dürfte die Vorlage für die Mose zugeschriebenen Moralgebote in der Bibel gewesen sein. Die Verfasser der biblischen Texte haben wohl die Gebote den Landessitten angepasst und einer fiktiven Person Mose zugesprochen, der sie vom Gott der Israeliten, Jahwe, erhalten haben soll. So ergibt sich aus der 800 Jahre später formulierten jüdisch-christlichen Ethik ein fundamentales Gebot zum Nichttöten – niedergelegt in den Zehn Geboten.

Der in Athen lebende Gesetzesreformer Drakon (um 650 v. Chr.) führte die Unterscheidung zwischen unbeabsichtigter und vorsätzlicher Tötung in das Strafrecht ein. So forderte ein bedachter und geplanter Mord die Blutrache, der sich der Mörder nur durch Flucht entziehen konnte. Dagegen sollte ein Totschlag finanziell gesühnt werden. Gemeinsames Prinzip früher Rechtssysteme ist das „Talion", das Auge-um-Auge-Prinzip, nach dem der Tod des Opfers mit dem Tod des Täters vergolten wird. Im deutschen Mittelalter galt Mord als verheimlichte Tötung im Gegensatz zur Tötung im offenen Kampf Mann gegen Mann. Es gab den „ehrlichen Totschlag", ein Tatbestand vergleichbar der heutigen Notwehrsituation. Die „Constitutio Criminalis Carolina" von 1532 gilt als die erste deutsche Strafgesetzordnung. Mord und Totschlag wurden mit Blick auf die Strafe klar unterschieden; Mörder wurden zum grausamen Rädern, Totschläger nur zum Enthaupten verurteilt.

Mord, Totschlag, Räuberei

Vergewaltigung, Brandstiftung, Verrat

Münzfälschung, Bruch der Urfehde, schwerer Diebstahl

durch Zauberei bedingter Personenschaden

**15.1** Auflistung von Kapitalverbrechen nach der „Constitutio Criminalis Carolina".

Moderne Strafrechtssysteme unterscheiden zwischen minder qualifizierter vorsätzlicher Tötung und einer besonders verwerflichen Form, im deutschen Sprachgebrauch Mord genannt. Hinsichtlich der Definition bezieht sich die Unterscheidung in den meisten Fällen entweder auf das „ethische Moment des Gesamtbildes der Tat" oder auf das „psychologische Moment der Entschlussfassung". Im deutschen Recht wird die Bezeichnung „Totschlag" für alle Tötungen verwendet, die nicht Mord sind. In der Bundesrepublik Deutschland wird der Straftatbestand Mord im Strafgesetzbuch (StGB) in Paragraf 211, Totschlag in Paragraf 212 und fahrlässige Tötung in Paragraf 222 geregelt. Die auf das römische Recht zurückgehende Abgrenzung zwischen Affekts- und Vorbedachtstötung, die kennzeichnend für das Moment der Entschlussfassung ist, kann auch heute noch international als verbindlich angesehen werden.

## Die Historie des Mordens

Mord begleitet die Menschheit seit es Waffen, Besitz und Rivalen gibt. Kürzlich fand man auf einem Friedhof bei Dschebel Sahaba in Nubien die Überreste von 59 Leichen, die vor etwa 14 000 Jahren einem Massaker zum Opfer gefallen waren. Die Körper vieler Opfer enthielten noch steinerne Pfeilspitzen und wiesen Verletzungen auf der linken Körperseite auf, was auf Kämpfe mit Rechtshändern hindeutet. Vor 7000 Jahren wurden in Thalheim bei Heilbronn über 36 Menschen im Schlaf ermordet – Erwachsene wie Kinder. Die Verletzungen stammten zumeist von Pfeilen und Keulenschlägen. In den Gräbern fand man kaum Überreste von Frauen, was darauf hindeuten kann, dass Frauenraub der Anlass für das Massaker gewesen sein könnte. Der Eiszeitmann mit Namen Ötzi, dessen tiefgefrorene Leiche man 1991 in den Alpen entdeckte, wurde vor 5300 Jahren durch einen Pfeil so schwer verwundet, dass die Verletzung zum Tod führte. Vermutlich waren Massaker seit der Zeit des Neandertalers und des Homo sapiens alltäglich.

Falls schon Vor- und Urmenschen ihre Artgenossen töteten, muss während der Evolution den Tätern ein solches Verhalten einige Überlebens- und Fortpflanzungsvorteile verschafft haben. Es mag grotesk klingen, Totschlag und Mord als für die Entwicklung der Menschheit vorteilhaft darzustellen. Aber das Töten kann – evolutionsbiologisch betrachtet – so nützlich sein, dass die daraus folgende Frage nicht nur lautet, warum Morde in unserer Entwicklungsgeschichte eine so große Rolle spielten, sondern vielmehr auch, warum sie – außer in Kriegszeiten – dennoch selten vorkommen. David M. Buss formuliert diesen Sachverhalt wie folgt: „Die Evolution des mörderischen Geistes trägt Züge eines Wettrüstens, je besser die Waffen und je höher die Bevölkerungsdichte und das soziale Ungleichgewicht, umso größer wird die absolute Zahl der von Individuen begangenen Tötungsdelikte."

## Totschlag und Mord in Mythos und Kunst

Die ersten Berichte in Schriftform über Tötungen jedweder Art sind etwa 5000 Jahre alt und stammen aus Mesopotamien. Den Griechen und später den Römern gebührt das Verdienst, die Schilderung von Mord und Totschlag in zeitlose Epen, wie die „Ilias" von Homer (etwa um 750 v. Chr.) oder die „Aeneis" von Vergil (70–19 v. Chr.), verwandelt zu haben. In der „Ilias" wird im Kampf um Troja (etwa 1200 v. Chr.) Hektor, der Sohn des Priamus, von Achilleus im Zweikampf getötet. Der Sieger schleift den Toten an seinen Streitwagen gebunden dreimal um Troja. Nur gegen ein stattliches Lösegeld, vielleicht auch auf Druck der Götter, gibt er den Leichnam dem Vater zur Bestattung zurück. Mord auf Befehl der Götter, auf Anordnung der weltlichen Obrigkeit oder aus individuellem Wunsch beschäftigt seitdem Dichter, Maler und Bildhauer. Die prominenten Opfer wie etwa Julius Caesar, der heilige Matthäus oder Abraham Lincoln kommen vorwiegend aus den Bereichen Religion und Politik, das heißt, sie gehörten zu den Mächtigen.

Auch William Shakespeare setzt sich in seinen späten Tragödien „Hamlet", „Othello" und „Macbeth" (Erstaufführungen um 1600) mit dem Entstehen und den Folgen von Mord auseinander. Hamlet rächt seinen ermordeten Vater, Othello tötet aus blindwütiger Eifersucht seine Gattin Desdemona und das Ehepaar Macbeth mordet aus Habgier und Machtsucht den schottischen König Duncan. In ähnlicher Weise wie in der Literatur findet das Töten auch seinen Niederschlag in historischen Gemälden und in der Bildhauerei.

In seinem Essay (1827) „On Murder Considered as One of the Fine Arts" betrachtet der englische Autor Thomas de Quincey Mord nach ästhetischen Kriterien. Hinter dem Begriff „Kunst des Mordens" verbirgt sich die Ansicht, dass Mord eine Kunstform darstellen kann und als solche nur der Ästhetik, aber nicht der Moral verpflichtet ist. So führt er aus: „Nachdem der Moral Genüge getan worden sei, könne der Connaisseur innehalten, um den Grad an Brutalität oder die Finesse in der Ausführung des Verbrechens zu bewerten." Quinceys Gedanken finden ihren Niederschlag in einem modernen literarischen Genre, das sich zurzeit auf dem Siegeszug durch Print- und elektronische Medien befindet, dem Kriminalroman bzw. dem Kriminalfilm. Aus Gründen der in unserer Gesellschaft akzeptierten Moral wird allerdings der Täter gefasst und gebührend bestraft. So weist der mahnende Zeigefinger darauf hin, dass Leser oder Betrachter ihre möglichen Mordfantasien nicht in die Realität umsetzen sollen, da Entdeckung der Tat und Strafe der Untat auf dem Fuße folgen.

## Statistische Daten zum Morden in modernen Gesellschaften

Mord ist ein viel erforschtes Phänomen – und das aus gutem Grund. Er ist der faszinierendste und folgenschwerste Akt, den ein Mensch vollziehen kann. In den USA werden mit großer Konstanz pro Jahr ungefähr 16 500 Morde gemeldet; in Deutschland werden laut Bundeskriminalamt zwischen 900 und 1400 Morde im Jahr registriert – neben etwa 200 000 weiteren schweren Straftaten wie etwa Raub. In den meisten Fällen wird in Deutschland der Täter ermittelt. Zusätzlich kommen auf jeden vollendeten Mord mehr als drei Mordversuche, bei denen dank fundierter medizinischer Behandlung die Betroffenen überleben. Interessant ist eine über einen langen Zeitraum durchgeführte FBI-Statistik (Federal Bureau of Investigation), die etwa 430 000 Morde erfasst, wonach in 13 600 Fällen Ehemänner ihre zumeist erheblich jüngeren Frauen umgebracht haben. Wegen seiner Häufigkeit bezeichnet man diesen Mordtyp als Uxorizid.

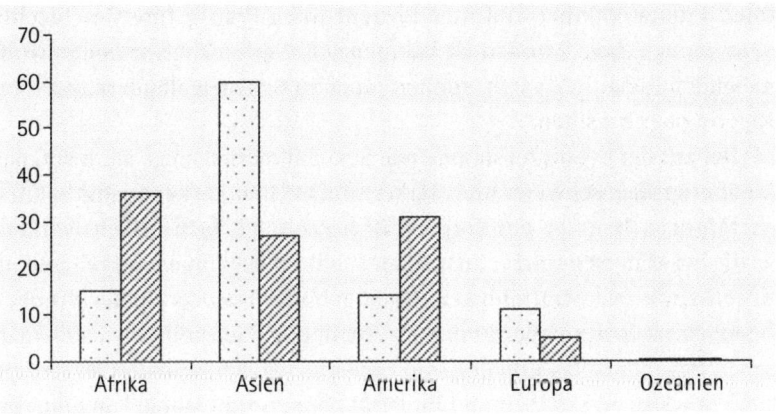

**15.2** Prozentanteile der Kontinente an der Weltbevölkerung (erste Säule) und an den weltweiten Morden 2011 (zweite Säule). So beträgt der Anteil Europas an der Weltbevölkerung 11 Prozent, der Mordanteil aber nur 5 Prozent.

Das Büro der Vereinten Nationen für Drogen und Verbrechensbekämpfung (UNODC) veröffentlichte 2011 eine internationale Studie (2011 Global Study of Homocide), die vorsätzliche Tötungsdelikte erfasst. Danach werden in Kolumbien und Südafrika bezogen auf die Einwohnerzahl die meisten Menschen pro Jahr umgebracht. 2012 hat allerdings Honduras die Spitzenposition übernommen, was man auf den blühenden Drogenhandel und eine Aufklärungsquote bei Tötungsdelikten von nur 10 Prozent zurückführen kann. Deutschland steht bei den Tötungsdelikten pro 100 000 Einwohner in dieser Rangliste an 49. Stelle. Hierzulande kommen von allen begangenen Morden 41 Prozent auf die Tötung eines Geliebten oder eines Ehegatten. Der Psychiater Andreas Marneros nutzt sogar für Morde aus gekränkter Liebe oder Eifersucht die spezielle Bezeichnung „Intimizid". Die überwiegende Zahl der Tötungsdelikte ereignet sich zwischen 20 und 4 Uhr nachts in Wohnungen und da in Schlafzimmern und Küchen.

Sieht man sich genauer an, was Statistiken über Mörder aussagen, dann entdeckt man interessante, teils überraschende Muster in den Daten. So ist Mord ein vorwiegend maskulines Phänomen. Jahr für Jahr beträgt in den USA der Männeranteil bei den Mördern etwa 87 Prozent. Auch die meisten Mordopfer sind Männer, im Mittel etwa 75 Prozent. 22 Prozent der Morde werden von Männern an Frauen verübt, in 10 Prozent der Fälle töten Frauen Männer und in 2 Prozent töten Frauen ihre Geschlechtsgenossinnen. Das „Morden ist Männersache" gilt nicht nur in den wohlhabenden Industriestaaten, sondern auch in Schwellenländern, wie etwa Nigeria oder Brasilien.

Der aus der Evolution stammende Sexualdimorphismus, das heißt, dass Männer größer, schwerer und stärker sind als Frauen, begünstigt Männer als Mörder schon von der Körperkraft her. Auch Persönlichkeitsmerkmale, die bei Männern stärker ausgebildet sind als bei Frauen, korrelieren mit Kriminalität und Straffälligkeit. Dazu gehören Traumen in der Kindheit, Impulsivität in der Pubertät und die Sucht nach Sensationen als Erwachsener. Besonders das Erleiden von Gewalt sowie ein schwieriges soziales Umfeld während Kindheit und Pubertät können zum Mangel an Empathie und sittlichem Empfinden während des gesamten Lebens führen.

Den höchsten Mordanteil hat die Gruppe der 20- bis 30-Jährigen, aber schon mit einem Alter über 15 steigen die Mordtaten allmählich an und bleiben auch bei den 30- bis 50-Jährigen noch hoch. Man verzeichnet einen steilen Anstieg der Tötungsdelikte beim Eintritt der jungen Männer in die Phase der reproduktiven Konkurrenz. Mörder unternehmen bei der Planung, Durchführung und Verschleierung ihrer Taten gewaltige Anstrengungen, was wiederum zeigt, wie viele Mörder strategisch vorgehen, statt einem irrationalen, wirren, spontanen Impuls nachzugeben.

Bemerkenswert ist der Umstand, dass dennoch die meisten Mörder gefasst werden, obwohl der wichtigste Zeuge, der Ermordete, nicht mehr aussagen kann. Während in Deutschland nur 14 Prozent aller Einbrüche, 15 Prozent der Brandstiftungen und 20 Prozent aller Diebstähle aufgeklärt werden, sind es bei Mordfällen immerhin über 70 Prozent.

## Die Ursache von Tötungsdelikten in rechtsstaatlichen Gesellschaften

Zumeist sind wir der Meinung, dass nur verrückte oder verzweifelte Menschen, die in gewalttätigen Subkulturen aufgewachsen sind, ernsthaft einen Mord ins Auge fassen oder gar ausführen. Das Spektrum der psychischen Zustände aber, die in einen Mord münden können, reicht von Arglist bis zum Erbarmen. Mord ist nicht die Folge eines einzelnen Antriebs. Man denke nur an die Palette von Gefühlen wie Hass, Neid, Geiz, Angst, Habgier, Eifersucht oder schlicht Groll, die zum Töten motivieren können. Oft genug löst auch eine komplexe Mischung dieser Gefühle die Tat aus.

Mordmotive unterscheiden sich grundlegend von Anlässen für andere Gewalttaten wie Prügeleien, Raub oder Vergewaltigung. Mord ist kein einheitliches Phänomen; unterschiedliche Mordtaten verlangen nach unterschiedlichen Erklärungen. Die Tötungen einer Ehefrau, eines Rivalen, eines eigenen oder eines fremden Kindes oder eines gegnerischen Soldaten weichen erheblich voneinander ab, was Motiv, Methode und das Opfer angehen. Sicherlich werden normale, gebildete und erfolgreiche Menschen nie ernsthaft in Erwägung ziehen, einem anderen Menschen das Leben zu nehmen. Die Motive von kaltblütigen Auftragskillern oder Gangstern, die im Verlaufe eines anderen Verbrechens zur Waffe greifen, sind leicht zu verstehen. Diese Leute töten für Geld oder um Zeugen aus dem Weg zu räumen. Serienmörder zum Beispiel töten – zumeist in zeitlichen Abständen – Menschen aus unterschiedlichen Gründen. Oft ist das Primärdelikt eine Sexualstraftat, besonders häufig eine Vergewaltigung, die einen Mord nach sich zieht. So wurden beispielsweise im Zeitraum von 1993 bis 2005 in Ciudad Juárez in Mexiko 400 Frauen ermordet, 137 davon aus sexuellen Motiven. Allerdings konnte nicht nachgewiesen werden, dass alle Morde von einem Täter begangen wurden. Bei sadistischen Serienmördern spielen abartige Fantasien als Vorläufer der Tat eine besondere Rolle. Manche Täter handeln aber auch aus sozialem Misserfolg und versuchen durch ihre Taten die Aufmerksamkeit ihres Umfeldes zu erlangen. Sie sehnen sich förmlich danach als Killer zu gelten und genießen es, im Mittelpunkt des öffentlichen Interesses zu stehen.

Ein besonderes Kapitel in der weit gefächerten Palette von Gewaltverbrechen stellen die sich in letzter Zeit häufenden Tötungsdelikte an Schulen dar, wie etwa der Amoklauf eines 17-jährigen Schülers in Winnenden, bei dem 15 Menschen getötet wurden. Viele Psychologen sind der Meinung, dass sich durch eine bessere Schulbildung die Hälfte aller Straftaten an Schulen verhindern ließe.

Das Töten von Mitmenschen ist in Staaten mit einer unsozialen Gesellschaftsstruktur, das heißt bei gravierenden Unterschieden zwischen Arm und Reich, relativ häufig. In Ländern mit einem korrupten Rechtssystem begünstigen Beschaffungskriminalität und die geringe Aufklärungsrate das Ermorden von Begüterten, Konkurrenten oder missliebigen Zeugen. In Rechtsstaaten aber, so in den meisten Staaten Mitteleuropas, ist Mord von der möglichen Strafe her betrachtet eine Handlung, die sich zumeist nicht auszahlt. Tötet ein Räuber bei einem Banküberfall, bei dem er eine Million Euro erbeutet, einen Angestellten oder Polizisten, so wird er fast immer gefasst und muss etliche Jahre hinter Gittern verbringen. In den Genuss seiner Beute kommt er dabei kaum.

Eifersucht oder das von einem Partner nicht akzeptierte Ende einer Beziehung können manche dazu treiben, den Partner zu erschießen oder zu erwürgen, andere begehen aus enttäuschter Liebe Selbstmord. Mancher Ehepartner tötet seine Frau, weil sie ihn verlassen will, und ein anderer begeht einen Mord, um seine Frau loszuwerden. Die Ermordung eines untreuen Partners gründet sich bei Frauen zumeist auf gekränkte Eitelkeit oder verletzte Liebe, beim Mann aber auch auf die Enttäuschung, als Hahnrei der Weitergabe seiner Gene beraubt zu sein. Das letzte Motiv zur Durchführung der Tat ist Tätern oft nicht bewusst, da es sich um einen Instinkt aus der Evolution der Spezies Mensch handelt.

sich selbst, Frau und Kinder vor Verletzung, Vergewaltigung und Tod schützen

einen Erzrivalen auslöschen

sich Ressourcen oder das Territorium eines Rivalen aneignen

sexuelle Kontakte mit der Partnerin eines Konkurrenten ermöglichen

einen Eindringling davon abhalten sich mit der eigenen Frau zu paaren

Furcht und Schrecken zu verbreiten, sodass kein Feind mehr einen Übergriff wagt

Investitionen in Kuckuckskinder vermeiden

Ressourcen sichern, die für die Fortpflanzung wichtig sind

die ganze Blutlinie eines Rivalen auslöschen

15.3 Eine Liste möglicher Vorteile, die unsere männlichen Vorfahren durch die Tötung eines Konkurrenten hätten erreichen können.

Das aus dem römischen Recht kommende Prinzip „Mater semper certa est" (Wer die Mutter ist, ist immer gewiss) weist darauf hin, dass Männer nicht immer sicher sein können, der genetische Vater ihrer Kinder zu sein. Deshalb haben Männer über die Jahrtausende in vielen Kulturen mit einer Vielzahl von Methoden versucht, sicherzustellen, dass sie auch tatsächlich der genetische Vater ihrer Kinder sind. Im Mittelalter blockierten von ihrer Burg abwesende Ritter den Genitalbereich ihrer Frauen mit einem Keuschheitsgürtel aus Metall, zu dem nur sie den Schlüssel hatten. Bei den Muslimen wurden Frauen vom Besitzer in einem Harem eingesperrt, der von Eunuchen bewacht wurde. Mädchen wurden und werden bis heute die Schamlippen beschnitten und die Klitoris entfernt, um das Vergnügen an der Sexualität zu reduzieren. In vielen islamischen Ländern müssen Frauen in der Öffentlichkeit ihren Körper mit Burka, Kopftuch und Gesichtsschleier verhüllen. Sowohl voreheliche Beziehungen wie Ehebruch werden nach islamischem Recht, der Scharia, zur Abschreckung mit drakonischen Strafen, etwa mit einer Steinigung, bestraft.

In den meisten westlichen Ländern dagegen schreibt das Gesetz die Gleichberechtigung von Mann und Frau vor, und weder voreheliche Beziehungen noch Untreue in der Ehe werden strafrechtlich verfolgt. Bei der herrschenden Promiskuität, die durch effiziente Verhütungsmittel begünstigt wird, kann es folglich passieren, dass selbst die werdende Mutter nicht weiß, wer der Vater ihres Kindes ist. Erst ein auf einer DNA-Analyse beruhender Vaterschaftstest schafft dann Gewissheit.

Trotz aller sexuellen Freizügigkeit töten auch heute noch betrogene Frauen oder Männer aus enttäuschter Liebe oder schlicht aus Rache ihre Ehepartner oder Geliebten. In vielen Gesellschaften werden die Seitensprünge eines Mannes als „affaire négligeable" akzeptiert, während die Untreue der Frau einen Mann der Lächerlichkeit preisgibt, besonders, wenn er ihre Untreue nicht bemerkt oder gar duldet. So ist das Motiv zum Mord bei Männern oft gekränkte Eitelkeit, bei den Frauen dagegen enttäuschtes Vertrauen. Der Neid, dass die eigene Frau mit einem Konkurrenten ein größeres sexuelles Vergnügen empfindet, als bei ihrem Mann selbst, trägt zur Tötungsabsicht bei. In archaischen Gesellschaften wurden sowohl schwangere Frauen wie Säuglinge getötet, wenn der genetische Vater ihnen keinen Schutz mehr gewähren konnte. Selbst heute noch leben Stiefkinder besonders gefährlich. Der Lebenspartner sieht die Kinder aus einer vorhergehenden Beziehung als Hindernis für genetisch eigene Kinder an, was dazu führen kann, dass er ihnen nach dem Leben trachtet. Mütter, die sich aus Verzweiflung selbst töten, nehmen ihre Kinder oft mit in den Tod, weil sie die Kinder nicht schutzlos zurücklassen wollen.

## Psychopathen als Mörder

Unter Psychopathie (Kunstwort aus Seele und Leiden) wird in der Psychologie und Psychiatrie eine schwere Form der antisozialen Persönlichkeitsstörung verstanden. Sie geht bei den Betroffenen mit dem weitgehenden oder völligen Fehlen von Empathie, sozialer Verantwortung und Gewissen einher. Psychopathen verstehen es Empathie vorzutäuschen, handeln aber sehr manipulativ, um ihre Ziele zu erreichen. Nicht alle Psychopathen werden zu Straftätern oder gar Mördern. Sie sollten aber zur Vorsicht dauerhaft psychologisch behandelt werden.

Bei vielen Psychopathen weisen definierte Gehirnregionen Defizite auf. So ist zum Beispiel das Volumen der prä- und orbitofrontalen Gehirnrinde reduziert. Daraus entstehen mangelhafte soziale Bindungen und das Fehlen von Schuldbewusstsein. Betroffen können auch die Funktion der Amygdala und des Hippocampus sein. Eine Veränderung dieser Hirnregionen beeinflusst Lernfunktionen, Angstkonditionierung und Affektregulation. Bei Psychopathen stellt man weiterhin im Gehirn verringerte Dopamin- und Serotoninspiegel fest. Dieser Mangel an „Glückshormonen" könnte zur Enthemmung latent vorhandener aggressiver Impulse führen. Der Testosteronhaushalt dagegen ist normal (Kapitel 11).

Der Architekturstudent und frühere Marineinfanterist Charles Joseph Whitman wurde durch seinen Amoklauf in Austin, Texas, am 1. August 1966 bekannt. Zunächst erstach er seine Mutter und seine Frau. Danach erschoss er vom Turm der Universität Texas aus 15 Menschen und verletzte 66 weitere. Whitman konsultierte vor der Tat einen Arzt und erzählte ihm von seinen Gedanken, einen Turm zu besteigen und mit einem Gewehr auf Menschen zu schießen. Der Arzt diagnostizierte „eine gewisse Feindseligkeit" bei Whitman. In einem Abschiedsbrief, den er nach dem Töten seiner Frau und seiner Mutter verfasste, gab er an, mit den Turmmorden seinem Vater, den er abgrundtief hasste, Schande bereiten zu wollen. Den Besuch beim Arzt kommentierte er in dem Schreiben wie folgt: „Ich sprach mit einem Arzt über zwei Stunden und versuchte, ihm meine Ängste über meine wiederkehrenden aggressiven Gedanken zu schildern. […] Nach meinem Tod soll eine Autopsie vorgenommen werden, ob da eine Geisteskrankheit vorliegt." Die Autopsie ergab einen Hirntumor, ein Glioblastom, der Einfluss auf das Verhalten von Charles Joseph Whitman gehabt haben könnte.

Am 22. Juli 2012 tötete der Rechtsextremist Anders Breivik mit einer Autobombe im Regierungsviertel von Oslo acht Menschen. Danach erschoss er als Polizist verkleidet auf der Ferieninsel Utoya innerhalb von 60 Minuten 69 weitere Menschen. Seine Eltern waren geschieden, und der Junge wurde immer wieder auffällig und stand als Folge in psychologischer Behandlung. Das Verhalten des Jungen wurde mit „Gefühlsarmut sowie das Fehlen der Elemente von Lust und Freude" erklärt. Ein Psychiater reagierte besorgt auf den Gemütszustand des Kindes und schrieb 1983: „Wir halten an unserer ursprünglichen Konklusion fest, dass Anders so vernachlässigt wird, dass die Gefahr besteht, dass sich eine schwere psychopathologische Krankheit entwickelt." Als Erwachsener war Breivik Mitglied in einem Sportschützenverein und nahm ab Juni 2010 an 13 Trainingseinheiten teil. Er gehörte mehreren rechtsradikalen Organisationen an, trat aber wieder aus, weil die Organisationen „den multikulturellen Forderungen und den selbstmörderischen Idealen des Humanismus" nachgegeben hätten. Er sah sich als „Commander" einer Nachfolgeorganisation der Tempelritter, die als christliche Kämpfer Europa vom Islam befreien wollten. In der Rückschau erkennt man bei Anders Breivik alle Symptome eines gemeingefährlichen Psychopathen. In einem so freien und friedliebenden Land wie Norwegen war man aber auf einen Mörder vom Typ Breivik nicht gefasst.

Während der Premiere des Batman-Films „The Dark Knight Rises" erschoss der Student James Holmes im Juli 2012 zwölf Menschen. Er sah sich in die Rolle des Bösewichts Joker aus den Batman-Filmen versetzt. Auch er stand in psychiatrischer Behandlung, ohne dass seine Mordabsichten von Fachleuten erkannt wurden.

Von Psychopathen begangene Straftaten werden nicht häufiger, allerdings sind die Auswirkungen ihres Fehlverhaltens gravierender, da ihnen automatische Waffen zur Verfügung stehen und in modernen Wohlstandsgesellschaften die Schutzinstinkte von potenziell Gefährdeten teils verkümmert sind.

## Wird die Neigung zum Morden durch die Veranlagung oder die Erziehung bestimmt?

Die meisten Morde sind keine Affekttaten. Eine Untersuchung über das Verhalten von Mörderinnen ergab, dass etwa 56 Prozent aller Taten vorsätzlich verübt wurden. Oft sind der Tat Jahre der Planung vorausgegangen, in denen Konzepte aufgestellt, verfeinert oder verworfen wurden. Mörder betreiben oft einen erheblichen organisatorischen Aufwand: Sie beschaffen sich Waffen, wählen eine Zeit aus, in der ihr Opfer besonders verletzlich ist, und sorgen für ein Alibi. Viele Morde sind durch intensive Gefühle wie Wut, Eifersucht oder Neid motiviert. Gefühle geben den letzten Kick zur Ausführung einer geplanten Tat und ermöglichen eine effektive Anpassung an die spezifische Konfliktsituation. Gefühle stellen keinesfalls einen Gegensatz zur Vernunft dar, sondern sind überaus effiziente Kofaktoren zum Erreichen eines Ziels. Im Falle einer Tötung liefert die Erregung den zur Durchführung der Tat nötigen zusätzlichen Energieschub, aber die Tat selbst ist kalkulierter Versuch zur Problemlösung.

Um zu erklären, warum Menschen andere Menschen töten, weisen Anhänger der Erziehung zum Guten mit der Theorie des „unbeschriebenen Blattes" auf eine Reihe unterschiedlicher Einflüsse hin, wie zum Beispiel ein schlechtes Elternhaus, mangelnde Sozialisierung, Brutalität in den Medien und eine gewaltverherrlichende Subkultur. Weiterhin dienen schwere psychische Störungen, die von Traumen während der Kindheit, Alkoholismus oder der genetischen Veranlagung herrühren sollen, als Begründung für Gewalttätigkeit besonders bei Jugendlichen. Morde sollen auch durch Hirnschäden wie etwa Defekte im Mandelkern und in den Frontallappen begünstigt werden (Kapitel 9). Aber nur eine kleine Minderheit von Menschen mit Gehirnschäden wird gewalttätig, und eine schwere Kindheit muss nicht eine Karriere als Mörder begünstigen. Aufgrund einer zerebralen Läsion kann es jedoch durchaus sein, dass der aus der Evolution stammende Tötungsinstinkt beim Kind nicht mehr durch eine Erziehung zum Guten korrigiert werden kann.

Die meisten Killer sind jedoch nicht verrückt. Sie töten aus spezifischen Gründen wie sexuellem Verlangen, Habgier, Neid, Rache, Status- und Imagegewinn oder um jemanden loszuwerden, von dem sie meinen, er könne ihnen schaden. Die forensische Psychologin Carol Holden hat über einen Zeitraum von mehr als 18 Jahren zahlreiche Mörder befragt und schließt aus ihren Interviews: „Eine Grenze zwischen ihnen und uns ist nahezu nicht auszumachen. Mörder sind bei der Kosten-Nutzen-Analyse einer Konfliktsituation einfach nur zu einem anderen Ergebnis gelangt als Sie oder ich."

Viele Menschen glauben, dass die niederen Instinkte, die einen Mann oder eine Frau zum Morden bewegen, durch die uns angeborene Vernunft in Schach gehalten werden. Diesem Glauben zufolge ist das Töten eines Menschen einfach unvernünftig. In ihrem Buch „The Crime of Passion" folgen David und Gene Lester dieser Sichtweise: „Die meisten Morde werden aufgrund eines plötzlichen Impulses verübt, in der Hitze der Leidenschaft, in Situationen, in denen die Gefühle des Mörders seine Fähigkeit zum

Abwägen außer Gefecht setzen." So sind viele Experten der Meinung, dass Tötungsdelikte sich typischerweise ereignen, wenn Wut die Vernunft ausbremst, wenn tief verwurzelte Emotionen die Kontrolle übernehmen und wenn der Verstand vor der Erregung kapituliert. Diese Auffassungen gehen von einem Getrenntsein von Gefühl und Ratio aus, das aber so im Gehirn nicht existiert (Kapitel 9 und 10). Leidenschaften können die Vernunft überdecken, sie schalten sie aber nicht aus.

Evolutionspsychologen sind dagegen der Ansicht, dass wir alle mit einer psychischen Grundausstattung auf die Welt kommen, die darauf optimiert ist, eine Reihe von Anpassungsproblemen zu lösen, mit der unsere Ahnen während ihrer Entwicklungsgeschichte immer wieder zu kämpfen hatten. Diese psychische Ausstattung hilft uns zu überleben und uns fortzupflanzen, also genau die Anpassungsleistungen zu vollbringen, die jeder einzelnen Generation in unserer Ahnenkette gelungen sein muss, sonst gäbe es uns nicht. Unsere psychischen Adaptionen tauchen im Laufe der Individualentwicklung erst nach und nach mit der Geschlechtsreife auf. Erst dann werden sie im Kampf um eine erfolgreiche Fortpflanzung benötigt. Die große Faszination, die Mord auf Menschen ausübt, kann in die verstörende Annahme münden, dass auch unsere Fähigkeit zum Töten eine evolutionäre Anpassung sein könnte. Mord kann eine überaus effiziente Strategie zur Überwindung gewisser Hindernisse sein. Könnte Mord also im Laufe der Hunderttausende von Jahren unserer Evolution so große Vorteile gebracht haben, dass er sich fest in unsere Köpfe eingenistet hat?

Man sollte nicht vergessen, dass der Schlüssel zur Evolution im Reproduktionserfolg liegt. Die Gewinner im Spiel des Lebens sind nicht die, die nur einfach überleben, sondern jene, die sich am effizientesten fortpflanzen. Die Konkurrenz um Fortpflanzungschancen ist eine mächtige Triebkraft in unserem Leben und sie kann äußerst ungemütliche Züge annehmen. So steht in der Bibel: „So tötet nun alles, was männlich ist unter den Kindern, und alle Frauen, die nicht mehr Jungfrauen sind; aber alle Mädchen, die noch unberührt sind, die lasst für euch leben" (4. Mose 31, 17–18).

Nach einer Theorie von David M. Buss, Professor für Psychologie an der Universität von Texas, lassen sich fast alle der vielen Mordarten – von Affekttaten bis zu systematisch geplanten Auftragsmorden – als Produkte einer streng evolutionären Logik erklären. In seinem Buch „Der Mörder in uns – Warum wir zum Töten programmiert sind" führt er aus: Töten ist fraglos verwerflich, aber es ist nur in seltenen Fällen die Folge einer

Psychose oder einer kulturellen Prägung. Mord ist die Folge des Selektionsdrucks, dem unsere Art in ihrer Entwicklungsgeschichte ausgesetzt war. Mord fasziniert die Menschen. Er lenkt die Aufmerksamkeit auf sich wie keine andere Tat. Diese Faszination geht auf eine tief verwurzelte Intuition zurück, die eine lange Geschichte hat. Ganz gleich wie fremd uns die unglaublichen und extremen Mordfälle, von denen wir hören, auch sein mögen: Der Mordimpuls steckt in uns allen, er erwächst aus elementaren, unbewussten psychischen Mechanismen. Dass wir von ihm gefesselt sind, ist durchaus sinnvoll. Er dient dem Überleben, denn wir müssen Menschen, die uns gefährlich werden können, permanent im Auge haben. Mord folgt einer elementaren Logik, aber diese Logik ist nicht nur in den Köpfen jener Menschen verankert, die tatsächlich zu Mördern werden, sondern in allen (Originaltext gekürzt und zusammengefasst).

## Die Entwicklung von Schutzmechanismen

Die lange Geschichte der Lebensbedrohungen durch Artgenossen hat im Laufe der Evolution dafür gesorgt, dass wir eine Reihe hochsensibler Schutzmechanismen entwickelt haben, die verhindern sollen, dass wir getötet werden. Ein getöteter zeugungsfähiger Mensch ist für die humane Evolution der schlimmste Verlust.

Schutzmechanismen gegen das Sterben greifen schon sehr früh im Leben, schon vor der Geburt in der vermeintlichen Geborgenheit des Embryos im Mutterleib. Ein Spontanabgang einer befruchteten Eizelle ist die größte Gefahr für das werdende Leben. Wissenschaftler wie David Haig von der Harvard-Universität sind der Ansicht, dass Spontanaborte besonders dann stattfinden, wenn der Körper der Mutter registriert, dass der werdende Embryo sich nicht gut entwickelt oder genetische Defekte aufweist. Oft wird aber der Körper dann durch ein vom Embryo initiiertes Täuschungsmanöver von einer Fehlgeburt abgehalten. Der Embryo setzt das Hormon Chorion-Gonadotropin (hCG) im Blutkreislauf der Mutter frei. Der Körper der Frau interpretiert die hohe hCG-Konzentration als Zeichen für die Gesundheit des Embryos und stößt ihn nicht ab. Somit ist sogar der Mutterleib eine potentiell feindselige Umgebung, in der ein werdendes Kind seine Interessen auf Kosten der Mutter durchzusetzen versucht. Auch das Schreien des Neugeborenen, das zumeist als Unmutsäußerung dient, ist gleichzeitig ein Schutz gegen eine mögliche Bedrohung. Heute, nach der konditionalen Straffreisetzung der Abtreibung, stellen die gesellschaftlichen Verhältnisse die größte Gefahr für das Überleben des Embryos bzw. des Fetus dar. Selbst der heilige Mutterschoß ist ein potenzieller Mordschauplatz.

Es ist nicht leicht, einen Menschen zu erwürgen oder ihn mit einem Kopfkissen zu ersticken, denn es hat sich im Laufe der Zeit ein Arsenal an Gegenmitteln entwickelt, wie etwa das Abschrecken des Täters durch lautes Schreien oder die Adrenalinausschüttung zur schnellen Flucht. Das Töten ist ein riskantes Geschäft, das vergleichsweise oft fehlschlägt und im Extremfall auch zum Tod des Angreifers führt.

So verdanken Tausende von Menschen ihr Leben einem Instinkt, der sie vor Täuschungsmanövern potentieller Mörder warnt. Unser evolutionär gewachsenes Arsenal an Selbstverteidigungsstrategien legt allen Möchtegern-Mördern enorme Hindernisse in den Weg. Ein Tötungsversuch bedarf der intelligenten Vorbereitung und ist selbst dann für den Täter mit hohen Risiken verbunden; vielleicht sind deshalb Morde so selten.

## Mordfantasien als Vorläufer der Tat

Eine von dem schon zuvor zitierten Psychologen David M. Buss durchgeführte Befragung mit ungefähr 5000 Probanden ergab, dass sich 91 Prozent aller Männer und 84 Prozent aller Frauen schon einmal lebhaft vorgestellt hatten, jemanden umzubringen. Diese Mordfantasien fußen auf einem tief sitzenden psychischen Unterbau, der es uns ermöglicht, in ganz bestimmten Situationen zu töten. Denkt man über diese gewiss überraschenden Ergebnisse nach, so muss man realisieren, dass sich der menschliche Geist im Laufe der Evolution sehr genau an die Konditionen für Leben und Sterben angepasst hat. Es gibt im Reptiliengehirn verwurzelte Denkmuster, die oft von einem inneren Dialog begleitet und in übermächtige Emotionen eingebettet sind, die uns aber schlussendlich zu potenziellen Mördern machen.

Mordfantasien sind manchmal flüchtig, oft aber recht detailliert und ausführlich. Mordgedanken nehmen in den Köpfen der meisten normalen Leute viel Zeit ein; sogar Leute, die wir für harmlos halten, tragen sich manchmal mit Mordabsichten. Für gewöhnlich gehört dazu, dass man erstaunlich spezifische Mordszenarien auf- und umbaut, verschiedene Methoden zur Tatausführung in Betracht zieht und sorgfältig über die möglichen Konsequenzen nachdenkt. Da Mord ein schwierig auszuführendes Verbrechen ist und die erfolgreiche Tat für den Täter gravierende Konsequenzen haben kann, beschäftigen sich viele Zeitgenossen, obwohl sie nie zu Mördern werden wollen, mit unterschiedlichen Planspielen zur möglichen Tat. So erfreuen sich auch Kriminalromane sowie dem Genre zugerechnete Filme und Fernsehspiele einer immer größeren Beliebtheit. Die Muster aber, die Tötungsfantasien entstehen lassen und dann auslösen, müssen in unseren Gehirnen archiviert sein. Da wir die Mechanismen, die solche Fantasien beflügeln, aber nicht kennen, ist kaum Abhilfe durch einen Appell an die Realitäten des Alltags möglich.

Zumindest von der Evolution her gesehen gibt es einen engen Zusammenhang zwischen Tötungsdelikten und erzwungenem Sexualverkehr. Da die meisten Zeitgenossen abstreiten werden, dass ihre Mordfantasien Vorläufer einer Tat sein können, kann man ihnen Vergleichbares vorhalten, nämlich sexuelle Fantasien. Sexuelle Vorstellungen gehen sexuellen Handlungen voraus, leiten uns aber nicht notwendigerweise zu ihnen. Tatsächlich setzt die große Mehrheit von uns ihre sexuellen Fantasien nicht in Taten um. Aber die sexuellen Szenarien, die sich in unseren Köpfen abspielen, erfüllen durchaus wichtige Funktionen. Manchmal verleihen sie uns den Mut, unsere Schüchternheit zu überwinden und sexuelle Wünsche Wirklichkeit werden zu lassen. Sie erlauben uns aber auch herauszufinden, was uns erregt und was uns abstößt. Sexuelle Fantasien bieten die Gelegenheit, die Konsequenzen sexueller Handlungen abzuwägen, bevor es zu spät ist. Sie machen es möglich, an sich abstoßende sexuelle Szenen innerlich zu erleben und zu erkennen, dass sie als verwirklichte Taten für unser gesellschaftliches Miteinander verheerende Folgen haben können. Ohne Zweifel senken aber auch vorab durchlebte Fantasien bei einer günstigen Konstellation, etwa ein Zusammentreffen mit einer allein in der Dunkelheit eines Parks spazierengehenden Frau oder einem äußerst dürftig bekleideten Teenager, die Hemmschwelle zum Begehen der Tat.

## Was Menschen zum Selbstmord treibt

Laut der Weltgesundheitsorganisation WHO hat sich die Suizidrate weltweit in den letzten 45 Jahren um 60 Prozent erhöht. Jährlich sterben fast eine Million Menschen den Freitod. Zwischen einzelnen Ländern bestehen dramatische Unterschiede bei der Selbsttötung; so ist die Selbstmordrate in Russland und Teilen Asiens besonders hoch, in Mitteleuropa aber niedrig. Die Gründe für einen Suizid wie wirtschaftliche Sorgen, Alkohol, Drogen sowie unheilbare Krankheiten sind in allen Ländern ähnlich. Alte bringen sich eher um als Junge. In Deutschland nehmen sich rund 10 000 Menschen jährlich das Leben, allerdings mit stark fallender Tendenz. Dagegen steigt die Zahl der Suizidversuche, aber viele der Selbstmordkandidaten werden aufgrund einer effizienten Prävention davor bewahrt, die Gesundheit oder sogar ihr Leben zu verlieren. Unter Selbstmord oder Suizid – aus dem Lateinischen sui caedes, Tötung seines Selbst – versteht man das willentliche Beenden des eigenen Lebens, das heißt eine Selbsttötung. Die oft genutzte Bezeichnung Selbstmord ist irreführend, da es für diese Form der Tötung keine niederen Beweggründe gibt. Eine weitere Form der Selbsttötung ist auch das Unterlassen von lebenserhaltenden Maßnahmen. Das Wort Freitod hat etwas Heroisches an sich, da das Ausscheiden aus dem Leben als Schritt in eine neue Freiheit gesehen wird; nach Friedrich Nietzsche tötet sich der Mensch selbstbestimmt zur rechten Zeit. Berühmte Menschen, die sich das Leben nahmen, waren Sokrates, der den Schierlingsbecher trank, oder Brutus, der sich nach dem Verrat an Caesar in sein Schwert stürzte. Bei japanischen und deutschen Generälen galt es als ehrenhaft, sich nach einer verlorenen Schlacht das Samuraischwert in den Bauch zu rammen oder sich zu erschießen. Oft kam es auch zu kollektiven Selbsttötungen, wenn die militärische Lage keinen Ausweg mehr bot, etwa wie bei der Eroberung der israelischen Festung Masada durch die Römer. Bei Männern ist es in vielen Gesellschaften der Verlust der „Ehre", der von den Betroffenen den Freitod fordert. Philosophen und Geisteswissenschaftler bezeichnen den Entschluss zur Selbsttötung nach reiflicher Überlegung und aus innerer Ruhe und Freiheit heraus als ein Grundrecht des Menschen. Dem widersprechen vehement die christlichen Kirchen, da nach ihrer Auffassung das Leben dem Menschen von Gott geschenkt wird und folglich es auch nur von Gott wieder genommen werden kann. In christlichen Ländern wurden deshalb Selbstmörder lange Zeit nur außerhalb des Friedhofs, in ungeweihter Erde bestattet.

Bedeutende Vertreter der Aufklärung wie Immanuel Kant oder Georg Wilhelm Friedrich Hegel bestreiten das Recht des Menschen, seinem Leben ein Ende zu setzen. Kant bedient sich des Bildes, dass ein Mensch seinen Wachposten nicht verlassen darf. Er hält den Suizid grundsätzlich für verwerflich, denn: „Das Subjekt der Sittlichkeit in der eigenen Person zu vernichten, ist eben soviel, als die Sittlichkeit selbst ihrer Existenz nach, soviel an ihm ist, aus der Welt zu schaffen." Kants Zeitgenosse David Hume dagegen war der Meinung, dass Selbsttötung ein in der Gesellschaft verbrieftes Recht sei. Eine Entscheidung solle, egal ob für oder gegen das Leben, immer respektiert werden.

**15.4** Selbstmörderfriedhof in Berlin-Grunewald mit anonymen Holzkreuzen.

Aus medizinischer Sicht ist Suizid eben kein Freitod, sondern das Symptom einer behandlungsbedürftigen, medizinischen Störung wie Depression, bipolare Störung oder Schizophrenie. Auch chronische, unheilbare Erkrankungen wie Zungenkrebs können zum Suizid führen. Wir töten uns selbst, weil das Weiterleben unerträglicher scheint als der Tod. Ist der Patient nicht mehr in der Lage, sich zu töten, kann ein Ausweg der assistierte Suizid oder die „Sterbehilfe" sein. Diese wird international kritisch diskutiert und unterschiedlich geregelt.

Die heute häufigen, zumeist religiös motivierten Attentäter, die beabsichtigen, mit ihrem Tod möglichst viele Menschen zu töten, stellen eine Sonderform des Märtyrertods dar. Obwohl im Islam der Suizid streng verboten ist und denen, die sich töten, die Aufnahme ins Paradies verweigert wird, wird Selbsttötung akzeptiert, wenn sie der Verteidigung des Glaubens gilt. Der islamische Märtyrertod bedarf aber stets der Anerkennung durch die religiöse Führung, da er sonst als Freitod gilt. Die früher geforderte Einwilligung der Eltern bei minderjährigen Attentätern ist nach neuerer schiitischer oder sunnitischer Rechtsauslegung nicht mehr nötig. So entscheiden die geistlichen Führer alleine, ob Jungen oder Mädchen in den Märtyrertod geschickt werden. In der Auseinandersetzung zwischen

Wertesystemen – etwa der arabischen und der europäischen Kultur – vermengen sich bei den Auftraggebern für Selbstmordattentate religiöse und politische Motive. Zumeist sind religiöse Indoktrination, manchmal Aufputschmittel oder finanzielle Zuwendungen an die Eltern im Spiel. Besonders Kinder mit Sprengstoffgürteln zum Ermorden Unschuldiger auszusenden, ist ein Verbrechen, das durch keine noch so gute Absicht zu rechtfertigen ist. Dabei sind allerdings die Auftraggeber mit ihren nicht überprüfbaren Versprechungen über ein Weiterleben im Paradies die eigentlichen Mörder.

# 16.

## Gewalt in den Medien

chon im antiken Griechenland wurde darüber nachgedacht, ob man Märchenerzähler kontrollieren müsse, da sie den Kindern durch Erzählungen über Gräueltaten falsche Werte vermittelten. Die Diskussion um den pädagogischen Wert von griechischen oder nordischen Heldensagen für Kinder oder von Märchen wie etwa „Rotkäppchen" oder „Rumpelstilzchen" hält bis heute an.

Bis in die Neuzeit wurde staatliche Gewalt in Form von Demütigungen und Hinrichtungen als öffentliches Spektakel dargeboten. Diebe wurden mit Pranger bestraft und auf dem Marktplatz zur Belustigung des Publikums zur Schau gestellt. Öffentliche Enthauptungen, Hexenverbrennungen und Folterungen zogen Tausende von Zuschauern an. Derartige öffentliche Bestrafungen der Täter für begangene Taten sollten auf die Zuschauer abschreckend wirken. Zumeist empfanden die Menschen eine Hinrichtung aber als Spektakel und zeigten auch kein Mitleid mit dem Delinquenten, sondern eine insgeheime Freude, dass sie wegen einer ähnlichen Straftat nicht erwischt worden waren. Nach ihrer Auffassung verdiente der Täter die Strafe, nicht nur weil er zum Beispiel gemordet hat, sondern auch weil er so dumm war, sich erwischen zu lassen.

In Ländern wie Afghanistan oder Iran sind öffentliche Steinigungen zwar nicht mehr die Regel, aber sie kommen heute noch vor. Hier übernehmen Menschen, die sich frei von Schuld fühlen, das Hinrichten selbst. Durch das Werfen von Steinen helfen sie das Opfer grausam zu töten. Oft trifft das Urteil der Steinigung untreue Ehefrauen, Frauen, die das Opfer einer Vergewaltigung wurden, oder Frauen, die ein Kind von ihrem Liebhaber erwarten. Von den Steinewerferinnen hat sich wohl die eine oder die andere selbst danach gesehnt, ihrem Mann untreu zu werden, aber entweder ergab sich keine Gelegenheit oder die Furcht vor Entdeckung mit nachfolgender Strafe hat sie zurückgehalten. Nun bleibt wenigstens die Genugtuung, dass die eigene Standhaftigkeit durch die gerechte Strafe für die nicht so ehrbare Übeltäterin ihren Lohn erfährt.

## Die Wirkung von Gewalt in den Medien

Am 30. Oktober 1938, dem Vorabend von Halloween, strahlte der New Yorker Radiosender CBS ein Hörspiel des Sience-Fiction-Romans „The War of the Worlds" von Herbert George Wells aus. Die realistische Inszenierung von Orson Welles ließ Tausende von Menschen glauben, dass an diesem Abend geheimnisvolle Marsmenschen in Amerika gelandet seien. Eine Massenhysterie war die Folge, die zu Recht noch heute als einschlägiger Beleg für die Wirkung der Massenmedien dient. Heute ist die Diskussion über die Wirkung von Gewaltdarstellungen in den Medien ein Thema, das dann immer verstärkt auftaucht, wenn sich zum Beispiel Gewaltdelikte Jugendlicher nach einer Vorlage aus einer Fernsehsendung ereignen. Einige Menschen sehen die Medien als eine Gefahr an, welche die Kultur zerstört und eine Bedrohung für die Menschheit darstellt (Allmachtshypothese), andere bestreiten diese Befürchtungen und sehen keinerlei Risiko für die Zuschauer (Ohnmachtshypothese). Die Wahrheit liegt wohl in der Mitte, da aggressive Charaktere als Konsumenten von fiktiver Gewalt zur Ausübung von realer Gewalt motiviert werden können. Im Gegensatz dazu behaupten Vertreter der sogenannten „Katharsistheorie" (psychische Reinigung durch affektive Erschütterung), dass Gewaltdarstellungen in den Medien Spannungen abbauen und die Gewaltbereitschaft mindern würden.

Fiktionale Gewalt beinhaltet im Unterschied zu real dokumentierten Gewaltszenen die Darstellung von Gewalt im Rahmen der Vorstellung. Der Begriff „Mediengewalt" steht zusammenfassend für die Gewalt im Fernsehen, im Film, in den Printmedien, bei Computerspielen sowie im Internet. Ziel wissenschaftlicher Studien zum Thema „Mediengewalt" ist es, die Wirkung solcher Darstellungen auf mögliche Verhaltensänderungen bei Zuschauern, Lesern, Spielern und Nutzern darzulegen. In den letzten Jahren stehen vor allem Computerspiele mit Gewaltdarstellungen in der Kritik, da hier aufgrund des interaktiven Charakters der Spieler selbst an virtuellen Gewalthandlungen teilhaben kann. Beim Konsum von Filmen und Beiträgen der Printmedien wird dagegen nicht selbst gehandelt, sondern die Handlung wird vorgegeben. Aber auch diese Art der Darstellung hat eine „Vorbildfunktion", welche das Handeln des Konsumenten beeinflussen kann.

Die Zahl der Gewalttaten im öffentlichen Raum geht in Deutschland zurück, aber die Taten werden brutaler. Auch die Gewalttaten von Jugendlichen nehmen ab, aber nicht weil diese Altersgruppe weniger gewaltbereit ist, sondern weil es aufgrund der Alterspyramide weniger Jugendliche gibt und die Jugendrichter härter durchgreifen. Man beobachtet bei gewaltbereiten Jugendlichen allerdings immer öfter latente Tötungsabsichten. Früher war es ein Testen, wer der Stärkere ist, es ging um Revierkämpfe, und es ging um Mädchen. Heute wird gezielt der Schwächere gesucht, um ihn zum Beispiel mit Tritten gegen den Kopf „fertigzumachen".

## Auch Geschriebenes kann die Gewalt fördern

Als unsere Ahnen lernten, Zeichen in Steine zu meißeln oder in Lehm zu ritzen, begann auch die Darstellung von Gewalt in Form sogenannter Heldentaten. Schriften, welche die Gewalt verherrlichen, gibt es seit die Babylonier die Schrift erfanden. Platon bezeichnete die Erfindung der Schrift zwar als eine Form zur Entlastung des Gedächtnisses, aber auch als den ersten Schritt zum kulturellen Niedergang der Menschheit. Jeder Dummkopf könne seine Gedanken niederschreiben und müsse sie nicht mehr mit kritischen Geistern inhaltlich diskutieren. Die Menge und auch der Einfluss des Geschriebenen vermehrten sich mit den technischen Möglichkeiten, angefangen mit dem Gänsekiel, über die Druckerpresse bis hin zum Personal Computer. Bücher, die der Obrigkeit, der Kirche oder dem Staat, lästig waren, wurden auf den „Index Librorum Prohibitorum" (Liste der verbotenen Bücher) gesetzt oder vom Scharfrichter öffentlich verbrannt. Vor seiner Abschaffung 1965 standen etwa 6000 Bücher auf dem

Index der katholischen Kirche. Die erste überlieferte öffentliche Bücherverbrennung fand im Auftrag des Konzils von Nicäa im Jahre 325 statt und auch aktuell ist es in manchen Ländern aus Hass oder Rache üblich, heilige Bücher wie die Bibel oder den Koran zu verbrennen. Gewalt wird auch heute noch in Schriften jeglicher Art verherrlicht, aber in Zeiten der elektronischen Medien ist ihr Einfluss auf das Individuum oder die Volksmeinung erheblich gesunken.

## Das Fernsehen als dominantes Medium in unserer Gesellschaft

Das Fernsehen dominiert unter den unterschiedlichen Medien, da es alle Zielgruppen – vom Kleinkind zuhause bis zum 80-Jährigen im Altersheim – erreicht. In einem durchschnittlichen Haushalt kann man unzählige verschiedene Programme empfangen, sodass für jeden zu jeder Tageszeit etwas geboten wird. Kein anderes Medium beeinflusst die öffentliche Meinung so stark wie das Fernsehen.

Die Fernsehanstalten, besonders die Privatsender, richten ihr Programm dabei nicht nach ethischen Gesichtspunkten, sondern nach Einschaltquoten und Werbeeinnahmen aus. So tauchen nach der sogenannten „Groebel-Studie", die 1992 begonnen wurde, in Spielfilmen und Serien des Fernsehens pro Woche 481 Mordszenen auf. Da aus den USA importierte billige Action-Filme und Krimiserien besonders hohe Einschaltquoten aufweisen, muss es ein breites Interesse der Zuschauer an fiktiven Gewalt- und Mordszenen geben. Es ist gerade so, dass die Medien die Lücke gefüllt haben, die der Rückgang von realen Gewalttaten hinterlassen hat. Gewalttaten werden als Teil der realen Welt akzeptiert und als nicht vermeidbare Handlungen angesehen. So wird ihr Fehlen im Unterbewusstsein als Mangel empfunden und man ist dankbar für die Ersatzhandlungen, die von den Medien angeboten werden. Auch Sex- oder Pornofilme, zumeist erst ab 18 Jahren freigegeben, kann man häufig unter der Rubrik „Gewaltdarstellung" einordnen, da Frauen oft als Sexsklavinnen dargestellt und so entwürdigt werden. Pornofilme werden aber in der Regel nicht vom öffentlich-rechtlichen Fernsehen gezeigt, sondern von Privatsendern wie Beate-Uhse-TV. Auch Videotheken machen das beste Geschäft mit Pornofilmen, die man inzwischen auch über das Internet bestellen kann. Somit ist der Jugendschutz im Bereich Pornofilm praktisch ausgehebelt.

Als besonderes Phänomen der heutigen Gesellschaft fällt die Begeisterung für Krimis auf. Schaut man das Tagesangebot der Fernsehanstalten durch, so findet man auf unterschiedlichen Kanälen ein breites Angebot an Kriminalfilmen. Am Dienstag, den 23. Oktober 2012 interessierten sich 5,8 Millionen Zuschauer für die Krimiserie „Mord mit Aussicht", dies ist ein Marktanteil von 18 Prozent. Beim privaten Marktführer RTL waren es bei einer thematisch ähnlich gelagerten Serie mit dem Titel „CSI Miami" 4,5 Millionen Zuschauer. Der Sat.1-Thriller „Online – Meine Tochter in Gefahr" lockte immerhin noch 3,4 Millionen Zuschauer vor die Bildschirme. Alle diese Sendungen liefen am gleichen Abend und in allen wurde gemordet. Fragt man nach den Beweggründen für das Einschalten von 14 Millionen Menschen, so muss man differenzieren, ob es die Tat selbst war, welche die Zuschauer faszinierte, oder die nachfolgende Ermittlung des Täters und damit seine mögliche Bestrafung.

In Krimis gibt es oft zwei Handlungsstränge: Neben dem eigentlichen Kriminalfall finden sich Alltagsszenen, die Menschen anhand ihres Privatlebens nachvollziehen können. So hat die ermittelnde Kommissarin zum Beispiel Eheprobleme mit ihrem Lebenspartner und gleichzeitig wird das soziale Umfeld eines Mordopfers thematisiert.

Da die „Multi-Kulti"-Gesellschaft in ihren Wertvorstellungen immer heterogener wird, muss auch das Fernsehen sein Angebot erweitern, angefangen von den Heimatfilmen bis hin zu Porno- und Horrorfilmen. Dazu dient zum einen die Vielfalt der Sender und zum anderen die Verlegung von sogenannten jugendgefährdenden Sendungen in das Nachtprogramm.

Die Übertragung von Sportsendungen im Fernsehen fördert ein latent in der Gesellschaft vorhandenes Problem, nämlich Sport als Ersatz für kriegerische Handlungen aufzufassen. Darauf weist oft schon die Sprache der Sportreporter hin. Bei den Reportagen wird vom Kampf gesprochen, vom Niedermachen des Gegners und vom Erledigen des Kontrahenten. In der bildlichen Darstellung präsentiert sich der Gewinner in Siegespose, während der Verlierer unbeachtet von der Bildfläche verschwindet. Die „Fans" von besiegten Fußballmannschaften müssen oftmals die Erniedrigung und den Verlust ihrer Ehre durch Einknüppeln auf die Anhänger des Siegers wiederherstellen. Gerade im Sport, besonders beim Aufeinandertreffen von Nationalmannschaften, wird das archaische Prinzip „Wir und die Anderen" wieder bis zum Exzess zelebriert.

# Die Verherrlichung der Gewalt in Horrorfilmen

Hans D. Baumann hat Horror wie folgt charakterisiert: „Horror ist eine Gattung der Phantastik, in deren Fiktionen das Unmögliche in einer Welt möglich und real wird, die der unseren weitgehend gleicht und wo Menschen, die uns ebenfalls gleichen, auf diese Anzeichen der Brüchigkeit ihrer Welt mit Grauen reagieren."

Der Horrorfilm ist ein Filmgenre, das beim Zuschauer Gefühle der Angst, des Schreckens und der Verstörung auslöst. Oft treten dabei übernatürliche Akteure oder Phänomene auf, welche die potenziellen Opfer mit Verstümmelung oder Tod bedrohen. Mary Shelleys Roman „Frankenstein" wurde bereits 1910 zum ersten Mal – allerdings als Stummfilm – verfilmt. Gruselfilme wie etwa die Verfilmung des Edgar-Wallace-Romans „Der Hexer", in denen ein Mord nur mit einem Schrei symbolisiert wird, werden höchstens noch in Programmen und zu Zeiten gezeigt, die geringe Einschaltquoten vermuten lassen. In zeitgemäßen Horrorfilmen wird der Protagonist (Hauptdarsteller) von übernatürlichen Gegenspielern wie Vampiren, Werwölfen, Zombies, Außerirdischen oder außer Kontrolle geratenen Mutanten bedroht. In den 1970er-Jahren traten an die Stelle von Dracula und Frankenstein blutrünstige Psychopathen und Kannibalen, die mit Motorsägen oder Metzgerwerkzeug ihren meist jugendlichen Opfern auf den Leib rückten.

In Slasherfilmen (engl. slash für aufschlitzen) geht die Aggression von psychopathischen Mördern aus. Als Splatterfilm (engl. splatter für spritzen) bezeichnet man eine Art des Horrorfilms, bei der die Darstellung exzessiver Gewalt und spritzendes Blut im Vordergrund stehen. Übertroffen mit Bezug auf Gewaltdarstellung wird diese Filmform noch von dem Genre „Gore" (engl. geronnenes Blut oder auch durchbohren), in dem das Zerstückeln wie das Ausweiden von menschlichen Körpern in klinisch detaillierten Nahaufnahmen präsentiert wird. Der zweiteilige Actionfilm „Kill Bill" („Töte Bill" oder auch „Tödliche Abrechnung") von Quentin Tarantino behandelt zum Beispiel das Thema „Rache für erlittenes Unrecht". Nicht nur dass der Film äußerst blutrünstig ist, sondern es wird auch jede Form von Moral negiert und dafür die Gewalt des Stärkeren verherrlicht. Dennoch kommen Filmkritiker in ihrer Bewertung zu folgendem Urteil: „Ein wahnsinniges Werk mit brillantem, gewalttätigem Entertainment." Somit werden selbst die gewalttätigsten Szenen entschuldbar, wenn der Film als künstlerisch wertvoll eingestuft wird.

Einen Prototyp des modernen Splatterfilms schuf 1968 George A. Romero mit seinem stilbildenden Werk „Die Nacht der lebenden Toten". Darin erheben sich die Toten aus ihren Gräbern und fallen als Zombies über die Menschen her. Die meisten Splatterfilme sind in Deutschland erst ab 18 Jahren freigegeben, um Minderjährige vor den psychischen Auswirkungen brutaler filmischer Gewalt zu schützen.

Gewaltverherrlichende oder -verharmlosende Filme findet man in zunehmender Zahl in allen Medien. Während Horrorfilme nur bei einer Minderheit der Bevölkerung Gefallen finden, sind Gangster- und Kriminalfilme in allen Gesellschaftsschichten beliebt und werden gern gesehen.

Filme jeglicher Art kann man sich natürlich in einer Videothek ausleihen und sie in den trauten vier Wänden allein oder mit Freunden anschauen. Damit entzieht man sich der Gefahr beim Besuch eines „unappetitlichen Films" in einem Kino, von Freunden oder Vorgesetzten gesehen zu werden. Da man sich mittels einer Online-Videothek jeden Film auf den PC oder das Fernsehgerät laden kann, ist eine Kontrolle darüber, wer welchen Film sieht, unmöglich geworden.

Wenn ein Film einen strikten Jugendschutz erfordert, darf er nicht mehr offen vertrieben oder beworben werden und gilt als indiziert. Das wird durch die „Freiwillige Selbstkontrolle der Filmwirtschaft" (FSK) oder die „Spitzenorganisation der Filmwirtschaft" (SPIO) kontrolliert. Die einschlägigen Gesetzesparagrafen, die in solchen Fällen zur Anwendung kommen, beziehen sich auf die Straftatbestände „Gewaltdarstellung", „Gewaltverherrlichung" oder „Gewaltverharmlosung". Die Weitergabe indizierter Filme an Jugendliche kann mit einer Freiheitsstrafe von bis zu einem Jahr belegt werden. Die Selbstkontrolle greift allerdings nicht bei den Handy-Filmen der „Amateur-Paparazzi", die unkontrolliert ins Internet gestellt werden können. Sie dienen weniger der Verherrlichung der Gewalt, sondern versuchen durch negative Darstellungen aus dem intimen Bereich, die Persönlichkeit eines Kontrahenten zu zerstören.

## Zur Attraktivität von Gewalt im Computerspiel

In Deutschland spielen 38 Prozent der Männer und 22 Prozent der Frauen Computer- und Videospiele. Die öffentliche Diskussion um die Gewalt in Computerspielen spitzt sich oft auf die Frage zu, ob diese an Amokläufen oder Formen anderer Gewalt bei sowohl Jugendlichen wie Erwachsenen schuld oder zumindest mitschuldig sind. Die Behauptung,

fiktive Gewalt habe zwangsläufig reale Gewalt zur Folge, lässt sich allerdings nicht beweisen.

Ego-Shooter oder auch First-Person-Shooter sind eine Kategorie der
Computerspiele, bei denen der Spieler aus der Egoperspektive in einer frei
begehbaren dreidimensionalen Spielwelt agiert und mit Waffen andere
Spieler oder computergesteuerte Gegner bekämpft. Die vom Spieler ge-
lenkte Figur ist menschlich oder menschenähnlich. Zu den Waffen, über
die der Spieler zum Ausschalten eines Gegners verfügt, gehören Messer,
Motorsägen, Pumpguns oder sogar Raketenwerfer. Die Umsatzzahlen von
Shootern und Actionspielen deuten auf eine große Faszination hin, die vom
Spielen mit der Gewalt ausgeht.

In vielen Computerspielen soll durch eine möglichst realistische Darstellung der Spielwelt eine besondere Atmosphäre geschaffen werden. In
Spielen mit Kampf- oder Kriegsszenen schließt das deshalb auch die Darstellung von Gewalt ein. Mit zunehmender technischer Entwicklung wird
auch die Gewalt immer realistischer präsentiert. Natürlich geht es bei den
„Ballerspielen" um das Gefühl der Omnipotenz, um die Lust an der Waffe
und der Macht über andere.

Der Zusammenhang zwischen virtueller Gewalt in Computerspielen und
realer Gewalt ist wissenschaftlich umstritten. Das Spektrum der diskutierten
Wirkung reicht von keinerlei Effekt über Aggressionssteigerung und Ver-
rohung bis hin zum Aggressionsabbau.

Dennoch werden Computerspiele und insbesondere Ego-Shooter oft als
dominierende Ursache für extreme Gewalttaten von Jugendlichen genannt.
Beim Schulmassaker von Littleton in den USA, an der Columbine High
School in Colorado und auch beim Amoklauf am Gutenberg-Gymnasium
in Erfurt spielte jeder der Täter mit einem Ego-Shooter.

# Gewalt im Internet

Bei Filmen, Computerspielen und beim Kauf von CDs kann man den Zugang für Kinder und Jugendliche begrenzen. Dies gilt aber nicht für das
Surfen im Internet. Eltern können zwar den Zugang zum Computer für
ihre Kinder einschränken, da aber der eigene PC schon für 10-Jährige eine wichtige Informationsquelle darstellt, ist es fast unmöglich, das Nutzen ganz zu verbieten. In den Industriestaaten haben 71 Prozent der 7- bis
10-Jährigen Zugang zum Internet, bei den 15- bis 17-Jährigen sind es
schon 99 Prozent. Kinder und Jugendliche benutzen zunehmend häufig

interaktive Onlinedienste zum Austausch mit Gleichgesinnten oder zur Präsentation eigener Inhalte. Kinder können beim planlosen Surfen im Internet auf Horror-, Gewalt- und Pornografieseiten stoßen, die auch deshalb ihr Interesse finden, weil sie die Erwachsenen nachahmen wollen.

Viele Eltern begleiten ihre Kinder bei der Internetnutzung, führen Kontrollen durch und schränken den Umgang mit dem PC eventuell ein. Ungefähr ein Drittel aller Eltern kümmert sich allerdings nicht darum, was ihre Kinder im Internet konsumieren. Da immer mehr Mobiltelefone internetfähig sind, ist die Internetnutzung der Jugendlichen kaum noch zu kontrollieren. Die Hoffnung, durch Kontrolle über Geräte wie PC oder Handy den Zugang zur medialen Welt einschränken zu können, gleicht dem Kampf von Don Quijote gegen die Windmühlenflügel.

## Der Schutz von Kindern und Jugendlichen vor Gewalt in den Medien

Nach neueren Erkenntnissen der Wissenschaft kann der Konsum von Mediengewalt einen Einfluss auf die Aggressivität von Kindern und Jugendlichen haben. Allerdings gibt es zu diesem Thema genauso viele Meinungen wie Experten: „For some children, under some conditions, some television is harmful. For other children under the same conditions, or for the same children under other conditions, it may be beneficial. For most children, under most conditions, most television is probably neither harmful nor particularly beneficial" (Wilbur Schramm).

In einem Experiment teilten Pädagogen Kinder in zwei gleich große Gruppen ein. Die Kinder in der einen Gruppe sahen sich einen gewaltfreien Film an, die anderen einen Gewaltfilm. Danach spielten sie gegeneinander Hockey. Die Kinder der Mannschaft, die den Gewaltfilm gesehen hatten, rammten ihre Gegner mit den Ellbogen, zogen sie an den Haaren und versuchten sie zu Boden zu werfen. Die Kinder, die den gewaltfreien Film gesehen hatten, zeigten dagegen ein normales sportliches und faires Verhalten. Das Ergebnis des Experiments war eindeutig: Kinder, die man mit dem Gewaltfilm konfrontiert hatte, waren eindeutig gewalttätiger als diejenigen, die einen gewaltfreien Film gesehen hatten.

Obwohl Expertenmeinungen bezüglich der Einflussintensität von in Medien gezeigter Gewalt auf Kinder differieren, ist davon auszugehen, dass gerade aggressive Kinder, die vielleicht dazu noch in schwierigen sozialen Umständen leben, von Gewaltdarstellungen negativ beeinflusst werden. Untersuchungen zeigen auch, dass aggressive Jugendliche, die in einer bildungsarmen Umgebung leben, öfter Medien nutzen, in denen Gewalt breit und möglichst realistisch gezeigt wird. Bei Kleinkindern besteht sogar die Gefahr, dass das Gesehene im Unterbewusstsein gespeichert wird und sich später beim Jugendlichen in Form von gesteigerter Gewaltbereitschaft äußert.

Kinder unter 6 Jahren stehen unter permanenter Aufsicht von Eltern oder Erziehern und verfügen auch noch nicht über die Fähigkeit, Inhalte von Medien eigenhändig zu nutzen. Somit besteht für diese Altersgruppe kaum die Gefahr, dass sie mit Gewalt im Fernsehen konfrontiert werden. Ab einem Alter von etwa 12 Jahren können Kinder alle vorhandenen Medien oft besser als ihre Eltern bedienen. Eine perfekte Kontrolle durch Eltern oder Lehrer ist dann nicht mehr möglich. Im Gegenteil – die technischen Lösungen zur Informationsvermittlung werden immer besser, und die Medien beherrschen einen immer größeren Anteil der kindlichen Lebenswelt. Mit dem sogenannten „Cybermobbing" ist eine neue Gewaltform entstanden, die nicht auf die körperliche Verletzung zielt, sondern die Persönlichkeit angreift. In sozialen Netzwerken verbreiten schon Kinder, aber vor allem Jugendliche falsche Informationen und anstößige Bilder über Rivalen. Da die Informationen oftmals kopiert und weiterverbreitet werden, hat nicht einmal der Täter eine Chance, dies rückgängig zu machen.

Die scheinbar einfachste Lösung, Gewalt in den Medien generell zu verbieten, scheitert an kommerziellen Interessen und an verbrieften Rechten wie der Pressefreiheit oder dem Recht auf freie Meinungsäußerung.

Was den Erziehungsberechtigten als Mittel zur Eindämmung virtueller Gewalt bleibt, ist die Erziehung der Kinder und Jugendlichen zum humanen Miteinander und zur Toleranz gegenüber Minderheiten. Dieses ist gewiss eine Herkules- oder vielleicht eine Sisyphusaufgabe, wenn man den rapide wachsenden Einfluss der Medien auf die Alltagswelt aller Menschen in Betracht zieht.

# 17.

## Die Liebe der Menschen zum Garten

„In meinem Garten find / ich viel Blumen schön und fein / viele Kränze wohl draus wind ich / und tausend Gedanken bind ich / und Grüße mit darein." Diese Zeilen sind der 1822 erschienenen Novelle „Aus dem Leben eines Taugenichts" des romantischen Schriftstellers Joseph von Eichendorff entnommen. Der Held der Erzählung wird als „Faulenzer" von seinem Vater, einem ehrbaren Müller, in die Welt geschickt, um seinen Lebensunterhalt durch seiner Hände Arbeit zu verdienen. Er findet eine Anstellung als Gärtner in einem Schlossgarten und verliebt sich in die zugehörige Gräfin. Den Garten befreit er als Erstes von Kartoffeln und pflanzt Blumen, die er seiner Angebeteten vor das Schlafzimmer legt. Zumeist geht er seiner Lieblingsbeschäftigung nach, nämlich unter einem Apfelbaum zu liegen und vor sich hin zu träumen: „Oder ich legte mich an schwülen Nachmittagen auf den Rücken hin, wenn alles so still war, dass man nur die Bienen sumsen hörte, und sah, wie über mir die Wolken nach meinem Dorfe zuflogen und die Gräser und Blumen sich hin und her bewegten und gedachte an die Dame ..., so, dass ich nicht recht wusste, ob ich träumte oder wachte." Eichendorffs Novelle ist eine wunderschöne Ode an den Garten als Symbol für die Sehnsucht des Menschen nach Geborgenheit und Wohlbefinden.

## Die Liebe der Menschen zu Pflanzen

In ihrer genetischen Entwicklung haben sich Tiere und Pflanzen vor etwa 2 Milliarden Jahren getrennt. Mit den Pflanzen verbindet uns seitdem keine gemeinsame genetische Entwicklung mehr. Viele der Säugetiere gehören zwar zu unseren evolutionären Vorfahren, sind aber wie zum Beispiel Löwe und Tiger als Raubtiere auch gleichzeitig eine Gefahr für den Menschen. Tiere dienen uns als Nahrungsquelle; sie zu jagen bedeutet aber auch immer, sich einem Risiko auszusetzen, das mit der Verletzung oder gar dem Tod des Jägers enden kann. Pflanzen dienen dem Menschen zur Nahrung, zum Häuserbau und sie lassen sich als Schutz oder Deckung benutzen, aber von ihnen geht keine Bedrohung für den Menschen aus. Natürlich können Inhaltsstoffe von Pflanzen giftig sein, und in Deutschland werden mehr Menschen von umstürzenden Bäumen erschlagen als von Wölfen angegriffen. Auch gibt es sogenannte fleischfressende Pflanzen wie den Sonnentau oder die Venusfliegenfalle. Karnivore Pflanzen beschränken sich meist auf das Vertilgen von Insekten, können aber sogar Tiere von der Größe eines Froschs verspeisen.

Der Mensch verfügt über ein angeborenes aggressives Verhalten, das ihm hilft, sich gegen konkurrierende Säugetiere zu verteidigen. Ganz anders verhält es sich bei Pflanzen; der Mensch ist sich seit Urzeiten bewusst, dass von Pflanzen keinerlei Gefahren ausgehen. Nur Pflanzen können Sonnenlicht in Nahrungsstoffe umsetzen und den lebenswichtigen Sauerstoff produzieren. Ohne die Stoffwechselaktivitäten von Pflanzen gibt es kein Leben auf der Erde, wobei man allerdings Mikroorganismen dem Pflanzenreich zuordnen muss. Anfangs hat der Mensch von Pflanzenprodukten gelebt, die ihm die Natur bot. Später hat er Pflanzen durch Züchtung auf seine Bedürfnisse hin verbessert. Mit Blumenschmuck entdeckten unsere Vorfahren die Liebe zum Schönen.

## Mein Freund der Baum

„Mein Freund der Baum ist tot" lautete 1968/69 der Titel eines Erfolgsschlagers der Sängerin Alexandra. Unter den Tausenden anderer Pflanzen genießen Bäume die besondere Verehrung von Menschen. Vermutlich trafen die frühzeitlichen Steppenbewohner auf ihrer Wanderung nach Nordwesten auf Wälder und bestaunten zum ersten Mal 10 bis 20 Meter hohe Bäume wie etwa Eichen und Buchen. Bäume beeinflussten die Lebensweise der Menschen. Sie boten ihnen Schutz vor Regen und Sonne, sie lieferten ihnen Bau- und Brennholz, Material für die Gerätschaften oder Nahrung wie etwa Eicheln und Bucheckern für das Hausvieh. Frei stehende Bäume mit ausladenden Kronen avancierten zu Versammlungsplätzen der Menschen und in der Mythologie zu Thingplätzen der Götter.

Bäume als Symbole der Unsterblichkeit scheinen sich nicht zu verändern, während Menschen, die in ihrer Nachbarschaft leben, altern und sterben. Bäume haben in der Mythologie der Völker, die in bewaldeten Gebieten leben, eine besondere Bedeutung. In der nordischen Mythologie galt die Esche „Yggdrasil" als Weltenbaum, der die drei Ebenen Unterwelt, Mittelwelt und Himmel miteinander verbindet. Weiterhin ist sie das Sinnbild des Lebens – vom Werden und Vergehen bis zur seiner Wiedererneuerung. Die Inder kennen in ähnlicher Funktion „Asvattha", den Feigenbaum, und die Perser den „Simurgh-Baum", der in der iranischen Mythologie der Ursprung aller Pflanzen ist. Die Germanen hielten ihre Versammlungen, das Thing, unter Eichen ab, und im Mittelalter tagte man unter der Dorflinde und die Dorfjugend traf sich dort zum Tanz.

In der Kulturgeschichte der Menschheit spielt der Apfelbaum (*Malus domestica*) unter den fruchttragenden Bäumen eine besondere Rolle. Er ist seit 4000 Jahren im Nahen Osten als Obstlieferant beliebt und heute zählen wir 1500 unterschiedliche Apfelsorten, von denen 60 Sorten kommerziell angebaut werden. Im Durchschnitt verzehrt jeder Mensch auf der Erde 8,5 Kilogramm Äpfel im Jahr. Kürzlich wurde sogar das Erbgut des Apfelbaums mit 742 Millionen genetischen Buchstaben entschlüsselt.

Der vom Baum fallende Apfel symbolisiert die Ernte und den daraus entstehenden Reichtum und die Macht. Der Apfel selbst galt schon bei den Babyloniern als Heilmittel. Wie das Motto „An apple a day keeps the doctor away" zeigt, glaubt man auch heute noch an die heilende Kraft der Äpfel. In der griechischen Mythologie raubt Herakles die goldenen Äpfel der Hesperiden, da ihr Besitz das ewige Leben garantieren sollte. Sie wurden allerdings von der Göttin Athene ihren Besitzerinnen zurückgegeben. Die Germanen brauten aus Apfelsaft und Bienenhonig ihren Met und die Zisterzienser züchteten in ihrem Klostergarten 1170 die „Borsdorfer Renetten", eine Apfelsorte, die noch heute angebaut wird. In Grimms Märchen wie etwa im „Schneewittchen" symbolisiert der Apfel sowohl das Gute wie das Böse. Der „Goldene Apfel" war die Bezeichnung für die Stadt Konstantinopel und New York nennt man heute den „Big Apple". Kaum eine andere Frucht hat die Kulturgeschichte der Menschheit so bestimmt wie der Apfel.

# Die besondere Beziehung der Menschen zum Garten

Im Buch Mose heißt es in der Bibel: „Und Gott der HERR pflanzte einen Garten in Eden im Osten und er setzte dorthin den Menschen, den er gebildet hatte. Und Gott der HERR ließ aus dem Boden allerlei Bäume wachsen, begehrenswert anzusehen und gut zur Nahrung und den Baum des Lebens in der Mitte des Gartens und den Baum der Erkenntnis des Guten und des Bösen" (1. Mose 2, 8–9).

Der Garten Eden ist wohl der berühmteste aller Gärten. Der Begriff Eden steht im Sumerischen für Steppe. Nach der Schöpfungsgeschichte ist der Garten Eden das Paradies. Im Garten Eden übertraten Menschen das einzige Gebot, mit dessen Einhaltung der Respekt vor Gott, dem Schöpfer, zum Ausdruck gebracht werden konnte. Menschen aßen vom Baum der Erkenntnis und mussten sich fortan mit Gut und Böse auseinandersetzen. Um zu verhindern, dass sie auch vom Baum des ewigen Lebens aßen und damit unsterblich sein würden, vertrieb sie Gott aus dem Paradies. Fortan ist zwar die Abstammung des Menschen nach der Lehre der Bibel noch göttlich, seine Geschichte aber ist menschlich.

Nach archäologischen Erkenntnissen lag der Garten Eden in Mesopotamien in einem Tal in der Nähe der Stadt Täbris zwischen Urmiasee und Kaspischem Meer. Die mystische Darstellung eines Paradieses beschreibt wohl die fruchtbaren Steppen, in denen Menschen ohne den mühseligen Ackerbau unbeschwert von Jagd und Viehzucht leben konnten. Mit der letzten Eiszeit vor 10 000 Jahren vertrockneten die Steppen und die Menschen mussten entweder ihr Wohngebiet verlassen oder die unter Mühsal erlangte Nahrung bevorraten, um nicht zu verhungern. Insofern symbolisiert die Vertreibung aus dem Paradies die Suche nach neuem Acker- und Weideland.

Die Vorstellungen vom Garten als Paradies und dem Leben darin sind sehr vielfältig und geben einen interessanten Einblick in die Bedürfnisse und Sehnsüchte der jeweiligen Kultur. Die Kelten waren stolz auf ihren Avalon, den Apfelgarten, und die griechische Mythologie kennt den Garten der Hesperiden mit seinen goldenen Äpfeln. Der Philosoph Epikur versammelte seine Anhänger in einem Garten, damit sie sich dort der Seelenruhe (Ataraxie) und Sorglosigkeit hingeben konnten. Klostergärten vermitteln uns bis heute das Bild einer geordneten, in sich geschlossenen Welt. In der Aufklärung wurde der Paradiesgarten als eine vor jeder Zivilisation liegende Urlandschaft interpretiert. Der ökologisch bewusste Mensch von heute sieht das Paradies als Wildnis, als Urwald oder als Bio-

**17.1** Siegel aus dem Britischen Museum in London. Das Rollsiegel (2200 v. Chr.) zeigt zwei Menschen, einen Baum und eine oder zwei Schlangen. Alle drei Elemente des biblischen Sündenfalls, über den die Bibel etwa 1000 Jahre später berichtet, sind auf diesem mesopotamischen Rollsiegel zu sehen.

194 top, in dem die durch Technik und Kultur bedingte Entfremdung des Menschen von der Natur überwunden werden kann.

Im heutigen Deutschland haben Gärten einen hohen Erholungswert; im Sommer wird der Hausgarten zuweilen zum zweiten Wohnzimmer. Hausgärten sind die Nachfolger der Bauerngärten, in denen die Bäuerin ihr Obst und Gemüse für den Eigenbedarf zog. Da viele Menschen in Deutschland in der zweiten oder dritten Generation von Bauernhöfen stammen oder in Landregionen aufgewachsen sind, sind der Hausgarten oder der mit Blumen bepflanzte Balkon Reminiszenzen an die bäuerliche Vergangenheit. Heute findet man Nutzpflanzen in modernen Ziergärten eher selten, aber dafür sind sie ein Eldorado für Blütenpflanzen und idyllische, gestaltete Sitzecken. Kaffee und Kuchen oder das abendliche Bier im Garten sind Höhepunkte für Bürger, die sich vom Stress des Tages erholen wollen.

Die noch heute in Laubenkolonien zusammengefassten Gärten sind dagegen meist im 19. Jahrhundert als Armengärten entstanden. Als die Obrigkeit merkte, dass man die Nahrungsversorgung einer rapide wachsenden Bevölkerung nicht mehr sicherstellen konnte, vergab man an die Armen etwa 400 Quadratmeter Land für den Anbau von Kartoffeln und Gemüse zur Selbstversorgung. Die sogenannten Schrebergärten dagegen gehen auf eine Idee einer Bürgerinitiative um 1865 in Leipzig zurück und sind nach dem Arzt Moritz Schreber benannt. Sie hatten ursprünglich das Ziel, Kindern von Industriearbeitern einen Spiel- und Turnplatz zu verschaffen und sie mit der Vielfalt von Pflanzen vertraut zu machen. Heute sind Gartenkolonien Oasen inmitten der Städte mit ihrem Geschosswohnbau. Für aus dem Arbeitsprozess ausgeschiedene Hobbygärtner ist ihr Garten mit seiner Hütte ein Ort der Ruhe; sie lieben das Gespräch mit dem Nachbarn und das Kultivieren von Nutz- und Zierpflanzen ist eine ideale Beschäftigung im vierten Lebensquartal. Der Zulauf jüngerer Interessenten hat sich allerdings verstärkt; heute gehen viele der Neuverpachtungen an junge Familien. Kleingärtner sammeln das Regenwasser, verzichten auf chemischen Dünger und sind stolz auf ihre biologischen Anbaumethoden. Der Garten wird zum Paradies, zum Symbol der Gewaltfreiheit, dessen Erhalt jeder Mühe wert ist.

## Die Sehnsucht der Menschen nach einem Leben frei von Bedrohungen

Obwohl über die lange Zeit humaner Evolution Menschen vorwiegend aufgrund von Flucht und Kampf überlebt haben, dominiert bei den meisten Erdbewohnern die Sehnsucht nach Geborgenheit und einem friedlichen Zusammenleben mit ihren Nachbarn. Die große Zahl kriegerischer Auseinandersetzungen, auch in der heutigen Zeit, scheint dagegen eine andere Sprache zu sprechen, aber zumeist wird die Mehrheit von einer Minderheit zur Anwendung von Gewalt beauftragt, verführt oder gezwungen. Im Einklang mit einer gartenähnlichen Natur zu leben, die frei von Bedrohungen ist, könnte vielleicht helfen, auch den Menschen friedfertiger zu stimmen. Der Garten, als Rückzugsgebiet in ein Naturreservat, das der Mensch nach seinen Vorstellungen gestalten kann, mag als Symbiose aus geschenkter Natur und gestaltender Kultur dienen.

## 18.

## Quo vadis *Homo sapiens* – wohin soll die Reise gehen?

Denkt man über die Zukunft der Menschheit nach, so ist man einerseits mit vielen Fragen konfrontiert und andererseits mit Antworten, die unter dem Vorbehalt des „Eventuell" oder des „Vielleicht" stehen. Als Erstes stellt sich die Frage, was das eigentlich ist – „die Menschheit". Aus Sicht der Biologie ist die Antwort einfach: Zur Art der Menschen oder der Hominiden gehört, was auf zwei Beinen läuft und über ein Bewusstsein verfügt. Versuchen wir jedoch soziale oder kulturelle Kategorien einzuführen, so wird es schwierig. Was hat der Milliardär in seinem New Yorker Penthouse außer seiner Anatomie und Physiologie mit einem Indianer im Urwald Amazoniens gemeinsam? Was verbindet den Terroristen im Bürgerkrieg mit der Kindergärtnerin in einer deutschen Kleinstadt? Hinsichtlich ihrer Lebens- und Verhaltensweisen sind die Individuen der auf unserem blauen Planeten lebenden Spezies *Homo sapiens* so unterschiedlich, dass sich Aussagen über ihre zukünftige Entwicklung als statistische Einheit als fast unmöglich erweisen.

Als Nächstes stellt sich die Frage, für welchen Zeitraum man die Zukunft der Menschheit voraussagen will. Nehmen wir 10 Jahre, so ist zwar die Treffsicherheit hoch, aber es wird wenig Sensationelles dabei sein. Fällt die Wahl auf 1000 Jahre, so können wir uns an Visionen begeistern, aber die Voraussagen über die Lebensverhältnisse im Jahr 3013 werden zur reinen Spekulation. Ein Rückblick in das Jahr 1913 belehrt uns, dass bisher nur die Verfasser von Zukunftsromanen wie Jules Verne oder Herbert George Wells zumindest die technische Entwicklung erahnt haben. Wählen wir als Kompromiss die Lebenszeit eines in Deutschland in Sicherheit und Wohlstand lebenden Bürgers, also etwa 80 Jahre, so hat das den Vorteil, dass sich die jetzt 80-Jährigen an die Lebensumstände ihrer Jugend erinnern und sie mit ihrem heutigen Alltag vergleichen können. Ein solcher Rückblick kann als Kontrolle dienen, um festzustellen, in welchen Bereichen sich Lebensumstände überhaupt ändern und wie sie von Unvorhersehbarem bestimmt werden. Zwar wissen wir, dass sich die technische Entwicklung fortlaufend beschleunigt, aber Lebensprinzipien wie die Wahl der Ausbildung oder die Gründung einer Familie unterscheiden sich in einer so kurzen Zeitspanne kaum. Somit mahnt der Rückblick über das eigene Leben eher von zu großen Fortschrittsfantasien Abstand zu nehmen.

Menschsein wird aus den sich evolutionär an die Umwelt anpassenden Erbanlagen und einem Gehirn bestimmt, das fähig ist, das Wissen seiner Zeit zu speichern und weiterzuentwickeln. Somit ändert sich das gemeinschaftliche Wissen, etwas vereinfacht formuliert, in einer Generationszeit von 30 Jahren, da jeder Neugeborene eine sich ständig ändernde Welt neu erfährt. So gesehen verfügt der moderne Mensch über eine dem *Homo erectus* ähnliche Emotionalität, einen dem Neandertaler vergleichbaren Körperbau, aber über ein Gehirn, das vorausdenkt und seinen Träger zu technischen und kulturellen Höchstleistungen treibt.

Futuristen konzentrieren sich bei ihren Vorhersagen oft auf die technische Entwicklung im Lebensumfeld der Menschen und neuerdings zunehmend auf die Veränderung der natürlichen Umwelt. Entscheidend für die Zukunft der Menschheit ist es aber, ob es den Durchschnittsbürgern gelingt, ihr archaisches Verhalten ihren Mitmenschen gegenüber in ein friedvolles Miteinander zu verwandeln. In unserer Naivität glauben wir, dass die Zukunft der Menschen durch Wissenschaft und Technik dominiert wird, dabei sind es unsere Gefühle oder Emotionen, die zumindest über die Lebensschicksale der Einzelnen entscheiden.

Wie die Erfahrungen der letzten 80 Jahre zeigen, sind die Aussichten für ein künftiges friedliches Miteinander denkbar schlecht.

# Ist die biologische Evolution des Menschen wirklich zum Stillstand gekommen?

Der Genetiker Steve Jones (geb. 1944) fasste das Thema „Der heutige Mensch und die Evolution" in einem Satz zusammen: „We have stepped outside evolution" (Wir haben uns außerhalb der Evolution gestellt). Für Millionen von Jahren fußte die Evolution auf den Prinzipien Mutation und Selektion. Beide Prinzipien haben anscheinend für Menschen ihre Gültigkeit verloren. Heute scheint eher das Prinzip „Survival of the unfittest" zu gelten. Bei solchen generalisierenden Feststellungen sollte man allerdings bedenken, dass evolutionäre Veränderungen erst in Zeiträumen von 10 000 Jahren sichtbar werden. Der Mensch hat es seit Langem nicht mehr nötig, sich seiner Umwelt anzupassen, er hat die Umwelt sich angepasst. Der Säbelzahntiger, vor dem er einst fliehen musste, hat sich verabschiedet, die anderen wilden Tiere wurden in den Zoo geschickt oder in Reservate verbannt. Forscher sprechen angesichts des Massensterbens vieler Arten vom Anthropozoikum, einem vom Menschen bestimmten Zeitalter.

Wie ihre genetischen Anlagen belegen, kamen die ersten anatomisch modernen Menschen vor 40 000 Jahren nach Europa und glichen weitgehend den heutigen Erdbewohnern. Zufällige Veränderungen des Erbmaterials können sich durchsetzen, wenn sie einen Überlebens- und Fortpflanzungsvorteil bringen. Das setzt aber die Abgeschlossenheit von Menschengruppen voraus, in denen solche Veränderungen vererbt und vermehrt werden können. Isolierte Inselpopulationen gibt es aber auf der Erde so gut wie nicht mehr. Selektion, also die Propagierung oder Aussonderung von Merkmalen, die für das Überleben und die Fortpflanzung förder- oder hinderlich sind, erfolgt vielerorts nicht mehr durch das Prinzip „Survival of the fittest", sondern durch den technischen und kulturellen Wettbewerb der Individuen und Nationen. Als Folge dieser Lebensbedingungen werden Bürger zumindest in reichen Staaten ständig größer, früher geschlechtsreif und schlauer. Manche Jugendliche überragen ihren Großvater um 20 Zentimeter oder andere pubertieren auffällig früher als es noch bei ihren Eltern der Fall war. Beide Beobachtungen sind aber nicht Folge eines evolutionären Prozesses, sondern veränderter „Aufzuchtbedingungen". Ein erhöhter Eiweißanteil in heutigen Nahrungsmitteln begünstigt das Längenwachstum und die frühere Geschlechtsreife. Dank der Impfungen ist der Heranwachsende auch von der Parasitenlast früherer Jahre befreit. Eine Mangelernährung sowie eine Vielzahl parasitärer Erkrankungen könnten wieder zu kleineren und später pubertierenden Jugendlichen führen. Erinnert sei an den *Homo floriensis*, der vor 20 000 Jahren auf der indonesischen Insel Flores lebte und vor allem aufgrund der fortwährenden Unterernährung nur 100 Zentimeter groß wurde.

Die größte Gefahr für eine sich auf soziale Prinzipien berufende Gesellschaft geht von der Überbevölkerung aus. Die Population auf der Erde wird von zurzeit 7 Milliarden auf etwa 10 Milliarden Menschen im Jahre 2050 ansteigen. Würden sich Menschen vernünftig verhalten und nicht einen Großteil lebenswichtiger Ressourcen durch Rüstung und Kriege sinnlos verschleudern, so gäbe es keine Probleme, auch 50 Milliarden Erdbewohner zu ernähren, zu kleiden und auszubilden. Die Hoffnung auf die Dominanz der Vernunft ist noch illusionärer als die Andienung, man könne durch Geburtenkontrolle den Anstieg der Weltbevölkerung begrenzen. Die Gefahr ergibt sich auch weniger durch die Bevölkerungszahl an sich, als vielmehr durch die Tatsache, dass die Geburtenhäufigkeit gerade in den Ländern groß ist, in denen Religion und Regierungssystem gemeinsam zur Verelendung der Menschen beitragen.

Abgesehen von den sogenannten Klimaskeptikern zweifelt heutzutage niemand mehr daran, dass die Erwärmung zumindest größtenteils menschengemacht ist. Klimaschwankungen und die damit einhergehende Verschlechterung der Nahrungsversorgung haben in der Vergangenheit die Existenz der Menschen extrem bedroht und wiederholt zum Aussterben von Arten wie der des *Homo erectus* geführt. Niemand sollte sich der Hoffnung hingeben, man könne in kurzer Zeit durch neuartige Techniken die steigende Erderwärmung abwenden. Schon die Möglichkeit, dass Menschen durch ihr Ressourcen vernichtendes Verhalten eine naturbedingte Erwärmung noch beschleunigen, muss uns nach dem biblischen Motto „Ändert euren Sinn" zum Handeln veranlassen. Somit ist die regenerative Energieerzeugung eine sinnvolle Maßnahme, aber sie muss unbedingt durch eine „Kultur des sparsamen Umgangs mit natürlichen Ressourcen" ergänzt werden.

Wenn die wenigen Vernünftigen unter den Irdischen nicht höllisch aufpassen, schafft uns die Natur in den nächsten 100 Jahren ab oder nur ein paar von uns bleiben in einer demolierten Welt übrig.

## Der Glaube an die Erziehung zum Guten birgt Gefahren

Eine Erziehung zum friedlichen Miteinander, die im Kindergarten beginnt und lebenslang weitergeführt werden sollte, hilft ohne Zweifel, die Zahl und Schwere von Gewalttaten zu mindern. Auch der soziale Ausgleich zwischen Arm und Reich sowie das Leben in einem gerechten Staat sind Mittel, die den Straftaten den Nährboden entziehen. Gefährlich aber ist der Glaube, durch Erziehung und ein Leben in einer problemfreien Gemeinschaft ließe sich Gewalt gegen Andersartige und Andersdenkende gänzlich verhindern. Es geht eher darum, die Anlässe zu vermeiden, die Gewalt auslösen können. Die permanente Verteidigungsbereitschaft, das Freund-Feind-Denken und das Besitzenwollen sind so in unseren Gehirnen verankert, dass keine Erziehung zum Guten dieses im Unterbewusstsein verankerte Verhalten gänzlich löschen kann. Illusionen über die bedingungslose Friedfertigkeit von Menschen haben der Gemeinschaft stets irreparable Schäden zugefügt.

So muss eine möglichst lückenlose Aufklärung von Straftaten mit nachfolgender auf Besserung hin ausgerichteter Bestrafung des Täters hohe Hürden für das Begehen von Straftaten etablieren. Der Staat sollte die Wahrnehmung seines Gewaltmonopols auf keinen Fall einschränken, sondern er muss durch die Zahl, die Ausbildung und die Ausrüstung seiner Ordnungsorgane dafür sorgen, dass eine erfolgreiche Strafverfolgung und Bestrafung gewährleistet wird. Dabei ist zu bedenken, dass der Grat zwischen Rechtsstaatlichkeit und dem Ausarten des Gewaltmonopols schmal ist. Der einzige Garant, dass staatliche Gewalt ihren gesetzlich vorgeschriebenen Rahmen einhält, ist die ständige Kontrolle der Staatsorgane durch die Bürger innerhalb einer Demokratie.

## Der technische Fortschritt während eines Lebensalters

Fragt man einen heute 80-Jährigen nach den wichtigsten technischen Errungenschaften, die sich in seiner bisherigen Lebenszeit ereignet haben, so wird er mit Sicherheit an erster Stelle das Fernsehen, das Mobiltelefon, den Computer und das Internet nennen. Schon das Fahrsystem im Auto, das uns zum Beispiel problemlos zu einem Restaurant in einem abgelegenen Dorf in Südfrankreich führt, ist ein technisches Wunderwerk, das wir zwar nicht verstehen, aber begeistert nutzen. In den nächsten Jahren wird man sich vermutlich auf die Verbesserung bestehender Systeme konzentrieren wie das dreidimensionale Fernsehen, ein noch schnelleres und leichter zu bedienendes Internet und ein Fahrsystem, welches das Auto selbst steuert.

Der Zukunftsforscher Ray Kurzweil sieht die langfristigere Zukunft der Kommunikationssysteme in einer Kooperation zwischen Computer und Gehirn. Nach Kurzweil lässt es die zurzeit rasch anwachsende Entwicklungsgeschwindigkeit von Computern als möglich erscheinen, dass Computer die menschliche Intelligenz mit Bezug auf Geschwindigkeit, Zuverlässigkeit und Speicherkapazität weit überflügeln werden. Die jetzt aktuelle Verbesserung integrierter Schaltkreise wird dann durch dreidimensionale Chips, optische Speichersysteme auf Nanorohren, DNA-Systeme und auf Quantenbasis beruhende Techniken erweitert werden. Im Jahr 2020 wird die Gedächtniskapazität und die Rechenleistung des Gehirns als Chip für etwa 100 Dollar zu haben sein. Supercomputer sind etwa 1000- bis 10 000-mal schneller als das Denkvermögen des Gehirns. Es mag das Glück wie das Elend unseres Gehirns sein, dass es sich aufgrund seiner Intelligenz für seine schönste Aufgabe, die Kreativität, selbst entbehrlich macht.

Roboter übernehmen schon heute sich wiederholende Tätigkeiten, zu denen Menschen entweder aufgrund ihrer begrenzten Muskelkraft nicht in der Lage sind oder die sie nur langweilen. Zunehmend nehmen Roboter auch menschliche Züge an, besonders wenn sie zukünftig vielleicht sogar als Pfleger oder Betreuer älterer Menschen eingesetzt werden sollen. Wird ihre mechanische Struktur mit modernen Kommunikationssystemen kombiniert, so können intelligente Roboter entwickelt werden, die Menschen in vielen Lebensbereichen überlegen sind. Derartige Maschinen machen nicht nur die menschliche Arbeitskraft entbehrlich, sondern dürften dann auch Handlungsabläufe wie etwa den Tagesverlauf bestimmen und Entscheidungen übernehmen, die bisher dem Menschen vorbehalten waren. Mit Sicherheit werden Menschen in Zukunft Maschinen bauen, die intelligenter als ihre Konstrukteure sind und die eventuell sogar über ein eigenes Bewusstsein verfügen. Diese Maschinen sind mit keinem evolutionären Erbe belastet und vermögen es vielleicht damit in Frieden und ohne wechselseitige Diskriminierung zu existieren.

# Welche Schwerpunkte sollte man für die Zukunft setzen?

Wenn man 1000 Bürger nach den wichtigsten Themen für ein spannungsfreies Zusammenleben der Menschen befragt, so ergeben sich aus den Antworten vor allem vier inhaltliche Schwerpunkte: Weltfrieden, Terrorbekämpfung, Klimaschutz und Kampf gegen den Krebs. Bei den ersten drei Themen sind in den letzten 80 Jahren keine nennenswerten Erfolge erzielt worden – im Gegenteil hat sich vieles wie die Zahl der innerstaatlichen Konflikte noch verschlechtert. Und bei der kausalen Therapie von krebsartigen Erkrankungen sind die Fortschritte eher als mager zu bezeichnen. Welche Menschheitsprobleme bedürfen am dringlichsten einer Lösung, welche Prioritäten sollen Wissenschaft und Politik setzen, welche Innovationen versprechen den meisten Nutzen? Um diese Fragen zu beantworten, hat die „National Academy of Engineering" der USA ein 18-köpfiges Expertengremium berufen, dem unter anderem Ray Kurzweil als Experte für künstliche Intelligenz, Craig Venter als Genetik-Guru, der Nobelpreisträger für Chemie Mario Molino sowie Larry Page vom Google-Netzwerk angehören. Vorsitzender des Gremiums ist der ehemalige Verteidigungsminister der USA William Perry. Der vorgelegte Bericht „Grand Challenges for Engineering" benennt diejenigen 14 Herausforderungen, die das größte Potenzial für die Verbesserung der Lebensbedingungen im 21. Jahrhundert haben.

Man merkt, dass die in Abbildung 18.1 aufgelisteten Themen von Wissenschaftlern einer fortschrittsgläubigen Nation stammen, die beim Wohl und Wehe der Menschheit ausschließlich auf Fortentwicklung der Technik setzen. Mit Wissenschaftlern aus Europa und aus Schwellenländern als Mitgliedern der Kommission wären diese Themen zum Beispiel um die Reduzierung der Erderwärmung und die Friedensforschung erweitert worden.

Nach allen Erfahrungen aus der Vergangenheit wird die Qualität im Zusammenleben der Menschen neben den technischen und sozialen Verbesserungen auch von den Emotionen des Einzelnen und weitreichenden Fehlentscheidungen der Mächtigen bestimmt. Leider dominieren nicht immer die in der Aufklärung festgelegten Normen von der Mündigkeit des Bürgers. So folgte auf die kulturelle Hochblüte während der Antike 500 Jahre später der Niedergang der Lebensqualität im Mittelalter. Es dauerte wiederum 500 Jahre, bis sich die Menschen von dem von der katholischen Kirche praktizierten religiösen Fanatismus erholt hatten. Somit kann man nicht ausschließen, dass den Menschen wieder eine länger andauernde Periode der „Finsternis der Humanität" bevorstehen kann.

Optimierung der Solarenergie

Durchbruch in der Kernfusion

Speicherung von $CO_2$

Kontrolle des Stickstoffkreislaufs

Zugang zu sauberem Wasser

Verbesserung der städtischen Infrastruktur

Gesundheitsinformatik

bessere Medikamente

Kopplung von Hirnforschung und Künstlicher Intelligenz

Nuklearsicherheit und Terrorabwehr

Absicherung des Cyberspace

Virtuelle-Realität-Anwendungen

Personalisiertes Lernen

bessere Instrumente für die wissenschaftliche Forschung

18.1 Auflistung der wichtigsten Themen in dem Bericht „Grand Challenges for Engineering" zur Verbesserung der Lebensqualität.

## Die Angst vor einem Krieg der Giganten

An die Schrecken der beiden Weltkriege können sich viele ältere Menschen vorwiegend in Asien und in Europa noch gut erinnern. Sie alle stehen hinter dem Motto „Nie wieder Krieg". Aber auch nach 1945 hat es zahllose interstaatliche Kriege und bürgerkriegsähnliche Auseinandersetzungen gegeben. Die Ausgaben für Rüstung sind in den Jahren 2000 bis 2008 weltweit um rund 50 Prozent auf 1,5 Billionen US-Dollar gestiegen, das waren im Jahr 2000 also 2,7 Prozent des Weltbruttoinlandsprodukts oder ein Aufwand pro Kopf von 224 Dollar. Bei den Militärausgaben sind mit 740 Milliarden Dollar (Stand 2011) die Vereinigten Staaten von Amerika unter allen Staaten führend. Indien mit etwa der fünffachen Bevölkerung verglichen mit den USA gibt nur 37 Milliarden für Rüstung aus.

Voraussichtlich werden militärische Auseinandersetzungen zwischen innerstaatlichen Volksgruppen in den nächsten Jahren an Zahl und Grausamkeit zunehmen. Bedingt durch die Kolonialpolitik der Europäer sind in vielen Teilen der Erde Staatsgrenzen gezogen worden, die Völkergemeinschaften getrennt oder unterschiedliche Stämme in einen Staat gezwungen haben. Traditionelle Feindschaften unter den Stämmen eskalieren dann zu kriegerischen Handlungen, wenn die Ethnien durch religiöse oder politische Führer dazu verführt werden.

Der Kampf um Ackerland, Wasserquellen, Ölfelder oder um einen Meerzugang und neuerdings zunehmend religiöser Fanatismus können Auslöser von Gewalttätigkeiten sein. Die Auseinandersetzungen werden so militant, weil es in den armen Staaten eine schnell anwachsende Zahl von arbeitslosen Jugendlichen ohne Zukunftsaussichten gibt und Waffen wie etwa Maschinenpistolen vom Typ Kalaschnikow günstig über zumeist illegale Kanäle erworben werden können. Leider sind die Vereinten Nationen zu schwach, um dem Handel mit Waffen oder dieser Form der „Entsorgung" von Waffen Einhalt zu gebieten.

Für viele Bürger in den USA oder in Mitteleuropa sind innerstaatliche Auseinandersetzungen von geringem Interesse, wenn sie sich weit genug entfernt vom eigenen Wohnort abspielen und keine eigenen Truppen in die Kampfgebiete geschickt werden müssen. Oft dienen sie sogar als „Reality Show" zur abendlichen Fernsehunterhaltung.

Angst haben dagegen die Bürger in den reichen Industriestaaten vor einem Krieg der Atommächte wie China, Russland und die USA. Bei dem bestehenden Gleichgewicht des Schreckens ist ein Krieg zurzeit unwahrscheinlich, da es keinen Sieger mehr geben kann und die Rivalitäten zwischen den Industriestaaten im wirtschaftlichen Wettbewerb ausgetragen werden. Allerdings kann von kleineren Staaten, die sich in ihrer Existenz bedroht fühlen, ein Bündnisfall ausgelöst werden – vergleichbar dem Auslöser zum Ersten Weltkrieg –, der die Großmächte in einen Krieg gegeneinander verwickeln könnte. Falls ein solcher Fall eintrifft und atomare Waffen eingesetzt werden, würde die Menschheit im Chaos versinken, da selbst nach Beendigung des Kriegs weite Teile der Erde radioaktiv verseucht wären.

# Die Sehnsucht nach einem glücklichen Leben

Wie unsere schlechten Eigenschaften ist uns auch die Sehnsucht nach einem glücklichen Leben angeboren. Wie der Traum vom Paradies oder vom unbeschwerten Leben auf einer tropischen Insel, wissen wir aber, dass solche Träume nie in Erfüllung gehen. Leid und Schmerz wie alle anderen Widrigkeiten des Lebens sind Teil unseres Menschseins. Die Erfahrung des „Glücklichseins" ist vermutlich ohne das Durchleben von widrigen Lebensphasen nicht möglich. Menschen können sich glücklich schätzen, wenn sie es schaffen, ihren Weg „durch die Dunkelheit zu den Sternen" zu gehen.

Wenn wir eine Gruppe unbeschwert spielender Kinder beobachten, überzieht ein Lächeln unser Gesicht und unser Ich fühlt sich mit seinem Selbst im Einklang.

Bleibt den Erwachsenen auch permanentes Glück versagt, so gilt es doch, ein solches Leben unseren Kindern zu ermöglichen. Selbst das Gehirn gewährt dem Status „Kind" besondere Privilegien, vom Werden im Mutterleib bis zum Ende der Pubertät. Es ist unsere sittliche Verpflichtung, Kinder nicht nur zum Guten zu erziehen, sondern ihnen selbst in Zeiten äußerer Not eine glückliche Kindheit zu gewähren. Kinder, die so leben dürfen, zahlen Menschen in ihrer Umgebung manches an Glück zurück.

# Literatur

## Kapitel 1

Feinberg, F. & Shapiro, R. (1980) Life Beyond Earth: The Intelligent Earthling's Guide to Life in the Universe. Morrow

Hasinger, G. (2012) Das Schicksal des Universums – eine Reise vom Anfang bis zum Ende. C. H. Beck, München

Meissner, R. (1999) Geschichte der Erde. Von den Anfängen des Planeten bis zur Entstehung des Lebens, C. H. Beck, München

Michaud, M. (2006) Contact with Alien Civilisations – Our Hopes and Fears about Entcountering Extraterrestrials. Springer, Berlin

Simonis, W. (2004) Über Gott und die Welt. Gottes- und Schöpfungslehre. Patmos, Düsseldorf

Ward, P. & Brownlee, D. (2001) Unsere einsame Erde – warum komplexes Leben im Weltraum unwahrscheinlich ist. Springer, Berlin

## Kapitel 2

Eigen, M. (1993) Stufen zum Leben: Die frühe Evolution im Visier der Molekularbiologie. Piper, München

Habig, K.-H. (2009) Unser Leben – Woher kommen wir? Wie leben wir? Wohin gehen wir? Shaker, Aachen

Schrödinger, E. (2001) Was ist Leben? Piper, München

## Kapitel 3

Diamond, J. (1994) Der Dritte Schimpanse. Evolution und Zukunft des Menschen. S. Fischer, Frankfurt

Junker, T. (2008) Die Evolution des Menschen. C. H. Beck, München

Leakey, R. (1999) Die ersten Spuren: Über den Ursprung des Menschen. Goldmann, München

Niemitz, C. (2004) Das Geheimnis des aufrechten Gangs: Unsere Evolution verlief anders. C. H. Beck, München

Reichholf, H. (2010) Das Rätsel der Menschwerdung. Die Entstehung des

Menschen im Wechselspiel der Natur. Deutscher Taschenbuch Verlag, München

Schrenk, F. (2003) Die Frühzeit des Menschen. C. H. Beck, München

## Kapitel 4

Foley, R. (2000) Menschen vor Homo sapiens. Wie und warum sich unsere Art durchsetzte. Thorbecke, Großfildern

Henke, W. & Rothe, H. (1999) Stammesgeschichte des Menschen. Springer, Hamburg

Schiegl, S. (1997) Feuernutzung durch den Frühmenschen. In: Wagner, G. A. & Beinhauer, K.W. (Hrsg.), Winter, Heidelberg

Spiegel Online (3. April 2012) Eine Million alte Brandspuren. Schon der Homo erectus spielte mit dem Feuer

## Kapitel 5

Auffermann, B. & Orschiedt, J. (2006) Die Neandertaler – Auf dem Weg zum modernen Menschen. Theiss, Stuttgart

Bolus, M. & Schmitz, R.W. (2006) Der Neandertaler. Thorbecke, Ostfildern

Conard, N. J. & Richter, J. (2011) Neanderthal Lifeways, Subsidence and Technology. One hundred and Fifty Jears of Neanderthal Studies. Springer, München

De Waal, F. (1997) Der gute Affe. Der Ursprung von Recht und Unrecht bei Menschen und anderen Tieren. Hanser, München

Gribbin, J. (1992) Kinder der Eiszeit. Beeinflusst das Klima die Evolution des Menschen? Birkhäuser, Basel

Husemann, D. (2005) Die Neandertaler – Genies der Eiszeit. Campus, Frankfurt

Trinkaus, E. & Shipman, P. (1993) Die Neandertaler. Spiegel der Menschheit. Bertelsmann, München

## Kapitel 6

Darwin, Ch. (2005) Die Abstammung des Menschen. Deutsche Übersetzung des Originaltextes. Fischer, Frankfurt

Der Theologe (Nr. 26) Die Aufforderung zum Völkermord in der Bibel

Haeffner, G. (2000) Philosophische Anthropologie. Urban, Stuttgart

Krakauer. J. (2003) Mord im Auftrag Gottes. Eine Reportage über den religiösen Fundamentalismus. Piper, München

Johanson, D. & Edgar, B. (1996) From Lucy to Language. Simon and Schuster, New York

Wulf, C. (2004) Anthropologie. Geschichte, Kultur, Philosophie. Rowohlt, Reinbek

## Kapitel 7

Brown, T. A. (1999) Moderne Genetik. 2. Auflage, Spektrum Akad. Verlag, Stuttgart

Fischbach, K. F. (1998) Lehrbuch der Genetik, Kapitel Neurogenetik. In: Seyffert, W. (Hrsg.), Gustav Fischer, Stuttgart

Gassen, H. G.; Martin, A. & Sachse, G. (1986) Der Stoff aus dem die Gene sind. Bilder und Erklärungen zur Gentechnik. J. Schweitzer Verlag, München

Lange, U. C. & Schneider, R. (2010) What an Epigenome Remembers. Bioassays 32, 659–668

Leroi, A. M. (2004) Tanz der Gene – Von Zwittern, Zwergen und Zyklopen. Spektrum Akad. Verlag, Heidelberg

Lipton, B. (2006) Intelligente Zellen. Wie Erfahrungen unsere Gene steuern. KOHA Verlag, Burgrain

Spitzer, M. (2006) Gott-Gen und Großmutterneuron. Geschichten von Gehirnforschung und Gesellschaft. Schattauer, Stuttgart

## Kapitel 8

Hertwig, O. (1896) Biological Problem of Today: Preformation or Epigenesis? The Basis of a Theory of Organic Development. Heinemann, London

Kegel, B. (2009) Epigenetik. Wie Erfahrungen vererbt werden. Dumont, Köln

Kammerer, P. (1918) Einzeltod, Völkertod, biologische Unsterblichkeit und andere Mahnworte aus schwerer Zeit. Anzengruber, Wien und Leipzig

Spork, P. (2009) Der zweite Code. Epigenetik – oder wie wir unser Erbgut steuern können. Rowohlt, Reinbek

Weismann, A. (1883) Über die Vererbung. Fischer, Jena

## Kapitel 9

Bredenkamp, J. (1998) Lernen, Erinnern, Vergessen. C. H. Beck, München

Draaisma, D. (2004) Warum das Leben schneller vergeht, wenn man älter wird. Von den Rätseln unserer Erinnerung. Eichborn, Göttingen

Ebbinghaus, H. (1992) Über das Gedächtnis. Untersuchungen zur experimentellen Psychologie. WBG, Darmstadt

Engelkamp, J. (1991) Das menschliche Gedächtnis: Das Erinnern von Sprache, Bildern und Handlungen. Hogrefe, Göttingen

Fuchs, T. (2006) Das Gedächtnis unseres Körpers. Psychologie Heute: 33. Jahrgang, Heft 6

Gassen, H. G. (2008) Das Gehirn. WBG, Darmstadt

Kandel, E. R. (2006) Auf der Suche nach dem Gedächtnis. Die Entstehung einer neuen Wissenschaft des Geistes. Siedler, München

Markowitsch, H. J. (2002) Dem Gedächtnis auf der Spur. Primus, Darmstadt

Meyer-Steineg, G. & Sudhoff, K. (1965) Illustrierte Geschichte der Medizin. Gustav Fischer, Stuttgart

Spitzer, M. (2002) Lernen. Gehirnforschung und die Schule des Lebens. Spektrum, Heidelberg

Squire, L. (2003) Fundamental Neuroscience. Academic Press, Amsterdam

Tortora, G. J & Derickson, B. H. (2006) Anatomie und Physiologie. VCH, Weinheim

## Kapitel 10

Buth, C. (2010) Jugendgewalt in Deutschland. http://www.planet-wissen.de/alltag_gesundheit/familie/jugendgewalt_in_deutschland/index.jsp (letzter Zugriff am 17. 1. 2013)

Chamberlain, D. (2001) Woran Babys sich erinnern. Die Anfänge unseres Bewusstseins im Mutterleib. Kösel, München

Janus, L. (2000) Der Seelentraum des Ungeborenen. Pränatale Psychologie und Therapie. Walter, Düsseldorf

Sadler, T. (2003) Medizinische Embryologie. 10. Auflage, Thieme, Stuttgart

## Kapitel 11

Reinwein, D.; Benker, D. & Jockenhovel, F. (2000) Checkliste Endokrinologie und Stoffwechsel. 4. Auflage, Thieme, Stuttgart

## Kapitel 12

Arend, H. (1991) Elemente und Ursprünge totaler Herrschaft. Piper, München

Becker, P. E. (1988) Zur Geschichte der Rassenhygiene. Wege ins Dritte Reich. Thieme, Stuttgart

Darwin, Ch. (1976) Die Entstehung der Arten. Übersetzung der 6. Auflage von 1872, Reclam, Stuttgart

Fest, J. (2006) Hitler. Eine Biographie. Spiegel Verlag, Hamburg

Hachtmann, R. (2012) Das Wirtschaftsimperium der Deutschen Arbeitsfront 1933–1945. Wallstein, Göttingen

Haeckel, E. (1909) Das Weltbild von Darwin und Lamarck. Festrede zur 100-jährigen Geburtstagsfeier von Charles Darwin

Haeckel, E. (1908) Über unsere gegenwärtige Kenntnis vom Ursprung des Menschen. 10. Auflage, Alfred Kröner, Leipzig

Wuketits, F. M. (1982) Grundriss der Evolutionsbiologie. WBG, Darmstadt
Wuketits, F. M. (1984) Evolution, Erkenntnis, Ethik. WBG, Darmstadt
Wuketits, F. M. (1999) Warum uns das Böse fasziniert. Die Natur des Bösen und die Illusionen der Moral. Hirzel, Stuttgart

## Kapitel 13
Harding, D. (2008) Waffenenzyklopädie. 7000 Jahre Waffengeschichte. Motorbuch Verlag, Stuttgart
Lüdeke, A. (2007) Waffentechnik im Zweiten Weltkrieg. Parragon, Köln
Martinetz, D. (1996) Der Gaskrieg 1914–1918. Entwicklung, Herstellung und Einsatz chemischer Kampfstoffe. Das Zusammenwirken von militärischer Führung, Wissenschaft und Industrie. Bernard & Graefe, Bonn
Pöppinghege, R. (Hrsg.) (2009) Tiere im Krieg. Von der Antike bis zur Gegenwart. Schoeningh, Paderborn
Reinwein, D.; Benker, G. & Jockenhovel, F. (2000) Checkliste Endokrinologie und Stoffwechsel. 4. Auflage, Thieme, Stuttgart

## Kapitel 14
Bennett, M. et al. (2009) Kriege im Mittelalter. Schlachten – Taktik – Waffen. Theiss, Stuttgart
Berghahn, V. J. (2003) Der Erste Weltkrieg. C. H. Beck, München
Gat, A. (2008) War in Human Civilisation. Oxford University Press, Oxford
Keeley, L. (1996) War before Civilisation. The Myth of the Peaceful Savage. Oxford University Press, Oxford
Lüdeke, A. (2007) Der Zweite Weltkrieg. Ursachen, Ausbruch, Verlauf, Folgen. Parragon, Köln
Münkler, H. (2004) Die neuen Kriege. Rowohlt, Reinbek
Schreiber, W. (2011) Innerstaatliche Kriege seit 1945. Bundeszentrale für politische Bildung, Bonn
Seeßlen, G. & Metz, M. (2002) Krieg der Bilder – Bilder des Krieges: Abhandlung über die Katastrophe und die mediale Wirklichkeit. Bittermann, Berlin
Van Creveld, M. (2009) Die Gesichter des Krieges. Der Wandel bewaffneter Konflikte von 1900 bis heute. Siedler Verlag, München

## Kapitel 15
Bähr, A. (Hrsg.) (2005) Sterben von eigener Hand. Selbsttötung als kulturelle Praxis. Böhlau, Köln
Bauer, J. (2011) Schmerzgrenze. Karl Blessing, München

Baumann, U. (2001) Das Recht auf den eigenen Tod. Die Geschichte des Suizids vom 18. bis zum 20. Jahrhundert. Böhlau, Weimar

Buss, D. M. (2010) Der Mörder in uns – Warum wir zum Töten programmiert sind. Spektrum Akad. Verlag, Heidelberg

Marneros, A. (2007) Intimizid – Die Tötung des Intimpartners: Ursachen, Tatsituationen und forensische Beurteilung. Schattauer, Stuttgart

Minois, G. (1996) Geschichte des Selbstmords. Artemis & Winkler, Düsseldorf

## Kapitel 16

Baumann, H. D. (1989) Horror. Die Lust am Grauen. Beltz, Weinheim

Köhne, J.; Kuschke, R. & Meteling, A. (2006) Splatter Movies. Essays zum modernen Horrorfilm. Bertz und Fischer, Berlin

Kunczik, M. & Zipfel, A. (2010) Medien und Gewalt. Befunde der Forschung 2004–2009. Berichte für das Ministerium für Familie, Senioren, Frauen und Jugend, Berlin

Spitzer, M. (2005) Vorsicht Bildschirm. Klett, Stuttgart

Weiss, R. H. (2000) Gewalt, Medien und Aggressivität bei Schülern. Hogrefe, Göttingen

## Kapitel 17

Brandt, E. (2003) Mein großes Apfelbuch. Bassermann, München

Simek, R. (2006) Lexikon der germanischen Mythologie. 3. Auflage, Kröner, Stuttgart

Stein, H. (1998) Inseln im Häusermeer. Eine Kulturgeschichte des deutschen Kleingartenwesens bis zum Ende des Zweiten Weltkriegs. Lang, Frankfurt

## Kapitel 18

Fukuyama, F. (2002) Das Ende der Menschen. Deutsche Verlagsanstalt, Stuttgart

Kaku, M. (2011) Physics of the Future. How Science Will Shape Human Destiny and Our Daily Lives by the Year 2100. Doubleday, New York

Vaas, R. (2007) Schöne neue Neuro-Welt. Die Zukunft des Gehirns: Eingriffe, Erklärungen und Ethik. Hirzel, Stuttgart

Walter, U. (2002) Zu Hause im Universum. Rowohlt, Berlin

# Danksagung

Wer das Abenteuer „Buch-Schreiben" unternimmt, durchläuft zumeist drei Phasen: Er startet voller Begeisterung in dem Glauben, etwas Ungewöhnliches zu schaffen, entdeckt dann, dass seine bahnbrechenden Ideen schon von Autoren vor ihm niedergeschrieben wurden, und beendet das Martyrium „Buch-Schreiben" nur aus preußischem Pflichtgefühl heraus.

Mein Dank gilt vorrangig meiner Frau Marianne Rieß-Gassen. Sie hat nicht nur die Rechtschreibung eines Alterslegasthenikers ständig korrigiert, sondern auch die Texte von Gemütsäußerungen befreit und Naturwissenschaftlerdeutsch in Lesbares verwandelt. Danke auch für die vielen nächtlichen Diskussionen zum Thema, wie schlecht der Mensch denn wirklich sei.

Der Lektorin, Frau Dipl.-Geogr. Christiane Martin, danke ich für die sachkundige Überprüfung des Textes sowie die Offenlegung von Widersprüchen. Die Form der Zusammenarbeit war sehr angenehm.

Herrn Dr. Jens Seeling von der Wissenschaftlichen Buchgesellschaft (WBG) in Darmstadt danke ich für die stete Unterstützung während der Entstehung des Buches, für die Neuformulierung des Buchtitels und viele spannende Gespräche. Mit der WBG verbindet mich fast so etwas wie eine Liebesbeziehung. Die Zusammenarbeit zwischen Verlag und Autor kann nirgends besser sein. Deshalb stellvertretend für die weiteren Mitarbeiter mein Dank an die Programmleiterin Frau Dr. Beate Varnhorn und den Verlagsleiter Herrn Andreas Auth.

Ich friste mein Leben als Emeritus, das heißt noch bezahlt, aber von den Pflichten entbunden. Meine Zuneigung gilt auch weiterhin meiner akademischen Heimat, der Technischen Universität Darmstadt.

*Hans Günter Gassen*
*Reinheim, im Frühjahr 2013*

# Abbildungsnachweis

# Stichwortverzeichnis

Autopoiesis 18
Autopsie 170
Auwälder 38
Avalon 193

**B**

Babylon 61
Babyn Jar 145
*Bacillus anthracis* 129
Bakterien 21
Balken 82
Ballonbomben 129
Bändereisenerze 15
Bäume 191
Baumwolle 60
Belgien 140
Belohnungssystem 85
Beschaffungskriminalität 100
Beschneidung, weibliche 169
Besiedlungsdichte 46, 53
Bewegungsskelett 33
Bewusstsein 46, 62, 74, 80ff., 159, 183, 196
Biafra-Krieg 128
Bibel 64
Bienen 123
Binärwaffen 127
biologische Kampfstoffe 128
biologische Kriegsführung 128
Biotop 194
Blaualgen 22
Blombos-Höhle 57
Blütenpflanzen 22
Blutrache 161
Bolschewismus 154
Brandbomben 126
Brandschatzungen 139
Breivik, Anders 170
Brieftaube 123
Broca-Zentrum 88
Bronze 122
Brotrationierung 143
Brücke 82
Brunner, H. G. 104
Buchstabenfolge 69
Bundeskriminalamt 164
Bürgerrechte 108
Burka 169

Buschfeuer 42
Buss, David M. 163, 173, 175
B-Waffen 130

**C**

Cayönü 60
Chamberlain, Houston Stewart 115
chemische Evolution 19f.
chemische Waffen 132
China 40
Chinesen 124
Chlorgas 125
Chorea Huntington 71
Chorion-Gonadotropin 174
Chromosomen 73
Chromosomensatz 72
Ciudad Juárez 167
Cobalt 132
Codex Hammurabi 161
Columbine High School 187
Computerspiele 121, 182, 186
Constitutio Criminalis Carolina 162
Cougnac 58
Coventry 126
Crick, Francis 68
Cristae sagittalis 30
crossing over 73
Cuvier, Georges 76
Cyanobakterien 15, 21
Cybermobbing 189
Cytosin 78

**D**

Darré, Walter 118
Dart, Raymond 24
Darwin, Charles 68, 75, 108
Darwinisten 112
Debellation 136
Dekadenzdichter 141
Demoralisierung 126, 139
Denisova-Mensch 49
Depression 178
Desoxyribonukleinsäure 20, 69
Deszedenz 75
Dihydrotestosteron 106
Dinosaurier 23
Distanzkampf 124
Dmanisi 45

Stichwortverzeichnis

# O

Oberschenkelknochen 32
Oblivionsklausel 158
Obrigkeit 60
Ohnmachthypothese 181
Oktoberrevolution 140
Oldowan 121
Olduvai-Schlucht 39, 121
Online-Videothek 186
Oradour 152
Orang-Utan 27
Ordovizium 21
Organismen, erste 16
Osmanisches Reich 140
Ostfront 148, 151
Ostpreußen 148
Ottawa-Vertrag 127
Ötzi 162
Out-of-Africa-Theorie 41, 55
Ovarfollikel 106
Ovid 122
Ozon 16

# P

Pädagogen 188
Page, Larry 202
Paläoanthropologie 27
Pandemie 129
Pangaea 23
Panslawismus 140
Panspermie-Theorie 20
Panzer 125ff.
Panzerfaust 134
Paracelsus 68
Paradiesgarten 193
*Paranthropus robustus* 37
Parma, Salimbene von 96
Partisanen 151
Partisanenkampf 148
Paulus, Apostel 63
Pax Romana 137
pebble tools 37, 44, 121
Perm 23
Perser 122
Personal Computer 182
Personenminen 127
Persönlichkeit 98
Pesterreger 129

Pesttoten 129
Pfälzische Erbfolgekriege 139
Pfeil 123
Pferde 123
Pflanzen 60
Philosophie 75
Phosgen 125
Phosphorbomben 126
Piltdown 27
*Pithecanthropus alalus* 27
*Pithecanthropus rudolfensis* 39
Plastizität 84
Platon 182
Plattenverschiebung 14
Plünderung 138
Pocken 129
Polystyrol 128
Population 21, 54
Pornofilme 183
Präkambrium 21
Pranger 180
Predator 133
Pressearbeit, völkische 140
Priesterschaft 62
Primaten 31
Printmedien 154, 182
Privatsender 183
Prokaryonten 21
Prometheus 41
Promiskuität 35, 169
Proteine 70
Protektorate 148
Proterozoikum 15
Protestanten 138
Psilophyten 22
Psychopathie 170
Pubertät 106, 166
Punische Kriege 123

# Q

Quartär 23
Quincey, Thomas de 164